REPOSTERÍA CON
ANNA OLSON

REPOSTERÍA
CON

ANNA

200 recetas dulces
para compartir y disfrutar

Anna Olson

BOUTIQUE DE IDEAS

Esta primera reimpresión de 5.000 ejemplares se terminó de
imprimir en China en Junio de 2016.

Impreso en China

WWW.LECTURACOLABORATIVA.COM

Olson, Anna
    Repostería con Anna : 200 recetas dulces para compartir y dis-
frutar / Anna Olson. - 1a ed. - Ciudad Autónoma de Buenos Aires :
Boutique de Ideas, 2015.
    330 p. ; 26 x 21 cm.

    Traducción de: Sofia Moore.
    ISBN 978-987-45787-4-7

    1. Repostería. I. Moore, Sofia , trad. II. Título.
    CDD 641.86

CONTENIDO

1 INTRODUCCIÓN

2 ANTES DE EMPEZAR
   4 || Acciones
   5 || Medir con precisión
   5 || Probando sus medidas
   6 || Tabla de conversión de volumen a peso
   7 || Dominando el arte de mezclar
   7 || Elegir moldes para hornear
   8 || Preparar los moldes
   9 || Consejos para horno convector
   10 || Tips para ingredientes básicos

15 COOKIES
   17 || Congelar o no congelar
   18 || Galletas a la cuchara
   26 || Galletas tradicionales de manteca/mantequilla
   28 || Galletas tradicionales de manteca/mantequilla con formas
   29 || Galletas para heladera/freezer
   34 || Galletas batidas
   39 || Biscotti
   43 || Galletitas rellenas

51 BARRAS Y CUADRADITOS
   53 || Para cortar barras y cuadraditos perfectos
   54 || Brownies
   58 || Cuadraditos con base hortbread
   64 || Barritas tipo tarta
   68 || Barritas como en el kiosco
   73 || Cuadraditos tipo crumble

77 TARTAS Y PASTELES
   79 || La base para tartas perfecta
   82 || Masa básica
   84 || Tartas de frutas
   92 || Tartas con rellenos cocidos
   100 || Tarteletas
   104 || Tartas con masa de tarta dulce (*Tarte Sucrée*)
   108 || Tartas con masa sablée
   113 || Tartas con masa de frutos secos
   118 || Tartas con masa de chocolate
   124 || Crujientes, cobblers y crumbles

128 PASTELES
   131 || Notas sobre pasteles
   132 || Pasteles simples
   135 || Cupcakes
   144 || Pasteles clásicos
   154 || Tortas batidas
   155 || Budines y pasteles de libra
   161 || Cheesecakes
   166 || Pasteles para bodas y ocasiones especiales

189 CREMAS
   191 || Crème Brûlées
   194 || Cremas de caramelo
   199 || Soufflés
   204 || Budines cocidos
   207 || Otras cremas

209 MUFFINS Y OTRAS DELICIAS PARA DESAYUNAR
   211 || Manjares de la mañana
   212 || Muffins
   216 || Tortas para el café
   221 || Panes simples
   226 || Scons
   232 || Rolls/Facturas

237 POSTRES FESTIVOS
   239 || Notas de postres festivos
   240 || Trifles
   245 || Arrollados
   250 || Fruitcakes
   254 || Casa de pan de jengibre

257 POSTRES LIBRES DE LACTOSA
   259 || Notas sobre repostería libre de lactosa

273 POSTRES LIBRES DE HUEVO
   275 || Notas sobre repostería sin huevo

287 POSTRES LIBRES DE GLUTEN
   289 || Notas sobre repostería sin gluten

307 POSTRES BAJOS EN GRASA Y/O AZÚCAR
   309 || Notas sobre repostería baja en grasas y/o azúcar

319 SALSAS Y DECORACIONES
   320 || Salsas
   322 || Decoraciones

323 GLOSARIO

324 INDICE

NOSOTROS, quienes cocinamos cosas dulces, entendemos que la pastelería tiene que ver con la satisfacción y con el compartir. Sobre todo en estos días, cuando el tiempo es precioso y escaso, tomarse un momento para preparar algo que no sirva solamente como alimento para la familia, sino que tenga el sentido de una recompensa, es un regalo que puede ser tan gratificante para quien lo da como para quien lo recibe. Si estás listo para para sentir la sensación de satisfacción y generosidad, entonces es tiempo de volver a la repostería.

El presente libro trata sobre esos extras, esas tentaciones que encuentran su lugar en una dieta balanceada en porciones modestas. Preparar algo vos mismo desde cero te otorga control. Sabés lo que estás haciendo, qué ingredientes van a parar al plato y cómo está siendo preparado. Y hay otro valor agregado en el hecho de que al ser hechas en casa, estas recetas pueden ser consumidas por aquellos con alergias e intolerancias alimentarias.

He dedicado capítulos en este libro a la repostería libre de lactosa, libre de gluten, baja en grasas y azúcares e incluso recetas sin huevo para quienes hacen dietas veganas. Muchas recetas de este tipo están dispersas a lo largo del libro y señaladas oportunamente.

También he incluido algunas preparaciones que funcionan como recetas "fundamentales", en el sentido de que son usadas como base para otras recetas. Por ejemplo, las "Cookies de azúcar negra" (ver página 18) es la base para muchas otras

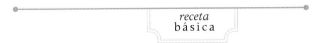

recetas. Las recetas Fundamentales están designadas como tales.

Algunas de las preparaciones de esta colección se inspiran en clásicos, como las "Cookies de chips de chocolate", los "Scons de grosella" y las "Tarteletas de pasas de uva", típicas de la cocina de mi país, Canadá. El libro también incluye recetas de postres más elaborados y formales, como la "Dobos Torte", el "Trifle de peras, chocolate blanco y Grand Marnier" y la "Torta rellena de chocolate con *frosting* de caramelo".

Ya sea que usted es un cocinero novato —quizás una persona joven que desea cocinar su primer tanda de brownies—, o un pastelero más experimentado —alguien que está listo para encarar un pastel de bodas, este libro tiene algo para usted. Provee fórmulas fundamentales y guías de trabajo así como consejos sofisticados, fruto de muchos años de experimentación. Para algunos de ustedes, este volumen servirá como un ayudamemoria con los principios de la pastelería.

A lo largo de mis años de pastelería probé muchas técnicas diferentes; algunas funcionaron y otras no. Cada experiencia fue una oportunidad para aprender cosas nuevas, y ahora puedo compartir lo que aprendí. Las respuestas a las preguntas más comunes que recibí en mi carrera están añadidas como información adicional aquí y allá en este libro. La pastelería no se trata solamente de "qué hacer" sino del "cómo funciona todo de la manera maravillosa que nos permite los resultados cotidianos". Traté de dar la mayor cantidad de respuestas a los "por qués", para que usted sea capaz de llevarse estos consejos a la cocina y pueda trabajar con confianza.

Una nota final: las recetas de este libro no son una compilación de las de mis libros anteriores. Cada una de estas recetas es nueva. Me divertí testeando, cocinando y corrigiendo cada postre y golosina mientras me preguntaba: "¿Cómo la puedo hacer más deliciosa, más simple?" ¡Cocine, comparta, y disfrute!
Anna Olson

antes de empezar

Las recetas de pastelería tienen una serie de ingredientes, utensilios y términos que se repiten. A pesar de que usted quizás se sienta cómodo entrando directamente al libro y preparando una receta, este capítulo proporciona algunas guías para el desarrollo del libro.

Adicionalmente, cada capítulo tiene una introducción propia para las recetas que contiene. Estos recuadros contienen respuestas a preguntas frecuentes de pastelería. Notas específicas, tituladas "notas de la cocina de Anna" acompañan ciertas recetas para cuando usted las está preparando (¡porque no todo el mundo lee los capítulos introductorios de un libro de cocina antes de empezar!).

Las acciones son movimientos que se hacen para producir resultados específicos. Acá van algunas definiciones de las más comunes en la pastelería:

BATIR Revolver con un movimiento vigoroso, sea a mano con una cuchara o espátula, o a máquina (lo que estará en ese caso especificado) con la intención de que algo de aire ingrese en la preparación.

MEZCLAR Combinar los ingredientes hasta lograr una consistencia homogénea. La intensidad o velocidad de esta acción se especificará si es importante.

CREMAR Trabajar uno o más ingredientes, a menudo manteca (mantequilla) y azúcar, en una manera que gasifique los ingredientes al dispersarlos contra los lados de un bol, ya sea con una cuchara de madera, espátula o usando batidora eléctrica a velocidad media o alta hasta que la mezcla sea ligera y esponjosa. La manteca (mantequilla) y el azúcar trabajadas de esta manera le dan estructura sobre todo a las galletas. Típicamente, este proceso es necesario en recetas que llevan cantidades iguales de azúcar y manteca (mantequilla), o aquellas con más azúcar que manteca (mantequilla). Recetas con mayor cantidad de manteca (mantequilla) suelen ser batidas para gasificar la masa.

PINCHAR LA MASA Pinchar un hojaldre u otra masa de tarta o tartaleta con un tenedor sobre una superficie uniforme. Típicamente, esto se practica a las cookies de tipo *shortbread* y a masas que necesitan pre-horneado. Las incisiones permiten que el aire caliente se escape de abajo y de dentro de la masa, previniendo así la formación de burbujas. Este proceso también deja espacio para que la masa se expanda en la cocción, de modo que la masa quede chata mientras se cocina y enfría. Las incisiones se cubren mientras la preparación se cocina, y de esta manera no pierde su relleno.

INCORPORAR Incorporar suavemente los ingredientes mientras se conserva el aire en el ingrediente más ligero. Un ingrediente ligero, como las claras batidas o la crema chantilly, se incorpora usualmente a una base más pesada. El movimiento debería ser circular, con la espátula llegando hasta el fondo del bol para levantar al ingrediente más pesado hasta homogeneizar. No hay un beneficio en trabajar demasiado despacio —de hecho, a veces trabajar con fuerza y decisión le da al ingrediente batido más tiempo para romperse y colapsar. Si la crema batida o las claras son agregadas en varias tandas, como a menudo se dice en las recetas, la primer adición no necesita que se incorporen totalmente ambos ingredientes antes de añadir la tanda siguiente, ya que usted va a volver a repetir el proceso. En la última tanda, la mezcla debería ser homogénea.

MEZCLAR Combinar los ingredientes del modo más sencillo posible. Este término implica que ninguna técnica en particular debe ser considerada.

TAMIZAR Pasar suavemente a través de un tamiz o colador ingredientes secos para airearlos y combinarlos.

REVOLVER Combinar ingredientes con un movimiento circular, habitualmente con una cuchara o espátula, para crear una mezcla homogénea de consistencia pareja.

BATIR ENÉRGICAMENTE Usar un batidor de varillas o batidora eléctrica para airear o gasificar los ingredientes y crear el volumen que especifica la receta.

BATIR LIGERAMENTE Usar un batidor de varillas o batidora eléctrica para aligerar un ingrediente o integrarlo a otros, o para integrar ingredientes fluidos fácilmente para que tengan una consistencia pareja. Este proceso no tiene que ser vigoroso —de hecho, batir es la versión rápida de esta acción.

Usar la intuición e ir probando mientras cocina lo pueden llevar lejos en el mundo de la cocina, pero estos métodos no son siempre posibles en el mundo de la pastelería, ya que un batido crudo no tiene gusto a nada hasta que está terminado y cocido. El éxito en la repostería depende en gran medida de saber medir con precisión. Los chefs en las cocinas profesionales de todo el mundo usan el peso para medir todos los ingredientes, por la razón de su infalible precisión, y esta técnica es usada en los libros de cocina hogareños y profesionales de Europa, Asia, América y cualquier lugar.

En Norteamérica todavía se sigue midiendo por volumen, y este libro refleja esa costumbre. Algunos ingredientes, como el chocolate, deberíam ser siempre medidos por peso, ya que el volumen es muy difícil de calcular —depende de cuán grueso o fino se pique los ingredientes. Lo mismo ocurre con las nueces. Vea la Tabla 5 para un cuadro de conversiones de unidades volumen/peso.

Aquí algunas otras claves para mediir en unidades de volumen con precisión.

. . . .

HÚMEDO VS. SECO Use tazas medidoras diferenciadas para ingredientes secos (típicamente, tazas con un asa en las que se llega a la medida indicada llenando al ras) y para ingredientes líquidos (tazas de vidrio, plástico o metal en las que la medida se marca en el exterior de la taza con gradaciones). Las frutas frescas picadas, nueces y frutos secos pueden medirse en una taza de vidrio para que el volumen pueda verse mejor, y porque el tamaño en volumen de las medidas líquidas es a menudo grande (p. ej.: se usaría una medida de 4-tazas/1 L de las manzanas para una tarta de manzanas mediana).

AZÚCAR NEGRA Siempre medir el azúcar negra en tazas para ingredientes secos al ras, luego nivelar el ras con un cuchillo.

HARINA Agite la harina en el paquete antes de volcarla en la taza medidora. No golpee la taza medidora contra la mesada, ya que esto hace que la harina se asiente y corre el riesgo de añadir de más a la receta. Nivele rápidamente la medida con un cuchillo y siempre mida *antes* de tamizar.

MIEL, ARROPE Y MELAZA Estos deberían medirse en una taza para líquidos. Salvo en el caso de que se vaya a mezclar con claras de huevo, frote el interior de la taza con un poco de aceite antes de añadir estos ingredientes, para que se desprendan fácilmente de los bordes y aseguren mayor precisión.

CUCHARADAS Mida los ingredientes secos hundiendo la cuchara en el ingrediente y luego nivele. Limpie la cuchara luego de cada uso. Mida los ingredientes líquidos sobre un plato cercano al bol de mezcla, no directamente sobre el bol para prevenir que caiga sobre la preparación (piense que unas gotas de más de esencia pueden arruinar unas *cookies*).

El error más extendido en la pastelería es medir equivocadamente, y esto le ocurre tanto a profesionales como a principiantes. Para ganar confianza al trabajar, es importante saber que su equipo de medición es preciso.

Mucha gente se sorprende de que no pueda confiarse en la precisión de los utensilios que miden por volumen (tazas y cucharadas), pero así es y yo misma he sido víctima de ese error. La medida de 1 cucharada (15 mL), que sea ¼ de cucharadita (1 mL) más o menos precisa puede no parecer gran cosa, pero puede tener gran impacto en una receta, sobre todo en ingredientes como la sal o el polvo de hornear.

Cuando compro un juego de tazas y cucharas, empleo mi balanza de cocina para confirmar su precisión (la balanza de cocina es una inversión indispensable). Para verificar esto, simplemente:

. . . .

1. Colocar un bol sobre la balanza de cocina y llevar a cero (en las balanzas eléctricas esto se hace automáticamente).
2. Llenar su medida de 1-taza (8 onzas/236.56 mL) con agua sobre la balanza. Si la taza es precisa, la balanza debe decir 236.56 g (8 oz), ya que el volumen del agua es idéntico al peso del agua (8 onzas/236.56 mL de volumen es igual a 8 onzas/236.56 g de peso).
3. Chequee nuevamente, vaciando el agua de la taza en el bol y luego llenando otra vez la taza. Si la taza es precisa, toda el agua debería llenar la taza hasta el borde.

Si hay alguna diferencia, entonces no debería usar el juego

medidor para pastelería.

Es bueno invertir en juegos de tazas y cucharas de medidoras de calidad. Las marcas reconocidas muchas veces son más confiables que las marcas de bajo costo o los juegos decorativos.

Para consejos sobre cómo medir más apropiadamente sus ingredientes, vea Medir (en página 5).

TABLA DE CONVERSIÓN VOLUMÉTRICA A GRAMOS

Esta tabla convierte las medidas de volumen por taza a la medida métrica y no a la imperial, ya que los gramos permiten más precisión que las onzas.

Esto es para algunos de los ingredientes más comunes en

repostería, y los pesos fueron redondeados a la medida múltiplo de 5 gramos más cercana y están basados en los ingredientes canadienses.

Manteca (mantequilla)
¼ taza (60 mL) = 60 g
⅓ taza (80 mL) = 75 g
½ taza (125 mL) = 115 g
1 taza (250 mL) = 225 g

Harina —común e integral
¼ taza (60 mL) = 35 g
⅓ taza (80 mL) = 50 g
½ taza (125 mL) = 75 g
1 taza (250 mL) = 150 g

Avena arrollada
¼ taza (60 mL) = 25 g
⅓ taza (80 mL) = 35 g
½ taza (125 mL) = 50 g
1 taza (250 mL) = 100 g

Azúcar común
¼ taza (60 mL) = 50 g
⅓ taza (80 mL) = 65 g
½ taza (125 mL) = 105 g
1 taza (250 mL) = 210 g

Azúcar negra
(Puede haber una variación entre los distintos estilos de este ingrediente.)
¼ taza (60 mL) = 50 g
⅓ taza (80 mL) = 70 g
½ taza (125 mL) = 105 g
1 taza (250 mL) = 210 g

Frutos secos
Frutos secos molidos
¼ taza (60 mL) = 30 g
⅓ taza (80 mL) = 40 g
½ taza (125 mL) = 60 g
1 taza (250 mL) = 120 g

Almendras enteras
¼ taza (60 mL) = 40 g
⅓ taza (80 mL) = 50 g
½ taza (125 mL) = 75 g
1 taza (250 mL) = 150 g

Avellanas enteras
¼ taza (60 mL) = 40 g
⅓ taza (80 mL) = 50 g
½ taza (125 mL) = 80 g
1 taza (250 mL) = 155 g

Nueces en trozos
¼ taza (60 mL) = 30 g
⅓ taza (80 mL) = 40 g
½ taza (125 mL) = 60 g
1 taza (250 mL) = 115 g

Pacanas en trozos
¼ taza (60 mL) = 30 g
⅓ taza (80 mL) = 40 g
½ taza (125 mL) = 60 g
1 taza (250 mL) = 115 g

Algunas veces rinde mejores resultados usar batidoras eléctricas de mesa o de mano, pero otras veces un poco de sudor en la frente es mejor. ¿Cómo se decide en cada caso?

. . . .

BATIR A MANO Este es el mejor método para los muffins y panes rápidos, no solo porque es lo más sencillo y no ensucia tantos utensilios. Trabajar estos batidos a mano es una manera de crear muffins y hogazas más tiernas. Con una procesadora de alimentos o la batidora eléctrica corremos el riesgo de batir de más una mezcla tan húmeda, lo que puede influir sobre el gluten (proteínas) de la harina, haciendo que los muffins se comben en el centro y salgan gomosos.

BATIDORA ELÉCTRICA DE MANO Son sobre todo útiles para aquello que necesite una mezcla enérgica y pareja, como el batido de una torta o cheesecake. También pueden servir para trabajar las claras y la crema de leche. Evitar la batidora de mano para masas más duras o secas como la de los scons o algunas a base de levadura (a menos que cuentes con el accesorio amasador).

BATIDORA DE PIE Es una inversión a tener en cuenta. A pesar de que ocupa mucho lugar en la mesada, la fuerza de su motor lo hace apto para cualquier trabajo en la cocina, a veces soportando raciones dobles o triples de la receta original.

PROCESADORA DE ALIMENTOS Nos puede servir para moler frutos secos a la textura adecuada, cortar la manteca (mantequilla) en la masa de un scon o lograr una masa de tarta en un santiamén. No usar para tortas y muffins, ya que la acción de los filos de la cuchilla puede sobreexigir a la masa. Haciendo cheesecakes, asegurarse de raspar los bordes y el fondo del bol para evitar grumos. Es recomendable usar la función pulsar trabajando en repostería: de otro modo la fricción de la cuchilla puede calentar la manteca (mantequilla) y procesarla de más.

ELEGIR MOLDES PARA HORNEAR

Se ha debatido mucho acerca de si el material de los moldes para hornear impacta en los resultados. Aquí ofrecemos un resumen de las opciones de moldes básicos.

La conclusión es que todo molde puede servir para cualquier propósito, y que la diferencia entre los materiales es tan mínima que no hace falta ajustar la temperatura o el tiempo de horneado en función de ellos. Los ingredientes de la receta y la fórmula son los que tienen mayor impacto. Por ejemplo, una tarta con mayor contenido de azúcar y grasa es más susceptible de dorarse en exceso que otra receta con menor contenido de estos ingredientes.

. . . .

CERÁMICA Los moldes de cerámica absorben y conducen el calor más lentamente que el metal y el vidrio. Cualquier receta con leudante tardará más en cocinarse en cerámica y correrá el riesgo de un horneado inconsistente o desparejo. Dicho esto, la conducción térmica más lenta hace que estos moldes sirvan más para las cremas y cobblers y crujientes de frutas; porque se cocinarán más suavemente. Ya que se cascan más fácilmente que los de vidrio, es conveniente almacenar y lavar los moldes de cerámica con cuidado

VIDRIO Los moldes de vidrio sirven también para presentar, y tienen el beneficio de que son fáciles de limpiar y mantener. Pero hay que recordar que el vidrio conduce el calor más rápido que el metal, así que no es apropiado para recetas como los crumbles y granolas de frutas. Prefiero hornear las tartas de frutas en moldes de vidrio para que la costra se dore bien, y poder verificar que el fondo de la costra está adecuadamente cocida.Los moldes de vidrio a menudo tienen bordes curvos, así que no son prácticos para hornear brownies o cuadraditos.

METAL Los moldes de acero aluminizado, acero inoxidable, y metales antiadherentes o teflón son la familia de moldes más disponibles, por lo que la mayoría de las recetas de este libro fueron testeadas en este tipo de molde. A menudo son los más económicos también. A mayor el espesor del molde, más lento se hace que llegue a calentarse en el horno y más tiempo tarda en enfriarse una vez afuera. Tenga en mente que el metal conduce el calor, así que las preparaciones se tostarán, lo que es deseable en masas para el café y cuadraditos. Los metales oscuros no incrementan el tostado más que los metales claros —es el grosor del metal lo que impacta más. Los moldes antiadherentes ayudan a que desmoldar y limpiar sea más fácil, pero asegúrese de no raspar la superficie.

SILICONA Es la opción más reciente en el mundo de la repostería. Y tarda un poco acostumbrarse a ella. La silicona no se calienta en el horno, por lo que no incrementa el tostado. Piezas como los muffins pueden ser inesperadamente blandos, y hasta parecer cocidos al vapor —una costra en el exterior que impida que se despedacen sería deseable. Pero, por esa misma razón, los moldes de silicona son preferibles en otras recetas. Para un budín que tiene que estar entre 60 y 80 minutos en el horno, la silicona ayuda a que no tome demasiado color. Además, dado que no se pega y es flexible, facilita el desmoldado. Cuando use silicona, recuerde colocar el molde sobre una asadera metálica (esto conducirá el calor desde la base del molde), antes de volcarle con la preparación y para sacarlo del horno, y tenga mucho cuidado con las preparaciones muy fluidas, ya que pueden escaparse del molde, y resultar en una alteración de la forma del producto final.

PREPARAR LOS MOLDES

Los diferentes métodos de cocción a menudo determinan cómo se deben preparar los moldes para hornear. Estos son mis consejos para lograr los mejores resultados y para que sea más fácil desmoldar las preparaciones ya frías.

MOLDES SIN ENGRASAR Los pasteles esponjosos, como la genoise, chiffon o *angel food* requieren moldes sin engrasar. Mientras el pastel se hornea y los huevos batidos se levantan y asientan, la superficie sin grasa ofrece algo para que el pastel "trepe" y se sostenga mientras se cocina. Un molde engrasado ocasionaría que el batido resbalara hacia abajo, resultando en una torta chata y densa. Las tartas se hornean también en moldes sin grasa, para que la masa no se deslice o encoja en el molde. Espolvoree un poco de harina en la base de una tartera antes de cubrirla con la masa; de este modo las porciones se podrán cortar y servir fácilmente.

MOLDES ENGRASADOS Engrasar el molde sirve para muffins y tortas, típicamente cualquier masa con mucha humedad.

MOLDES ENGRASADOS Y ENHARINADOS Este proceso es para masas tiernas y delicadas y para tortas que necesitan trepar en el molde pero que se pegarían a los bordes si no estuviera engrasado. Es importante engrasar el molde en forma pareja, asegurarse que todas las superficies estén cubiertas con harina y sacudir cualquier exceso de harina para que no pegotee el pastel en los bordes.

MOLDES ENGRASADOS Y CON PAPEL MANTECA/SULFURIZADO A menudo esto reemplaza la necesidad de espolvorear los moldes con harina, pero debe asegurarse que la superficie completa del molde esté cubierta con papel manteca. Engrasar el molde solo sirve aquí para el propósito de que el papel se adhiera al molde en forma pareja. Los brownies y cuadraditos se benefician con este método, que facilita el desmolde. A veces una mezcla muy húmeda o delicada puede causar que el papel manteca se doble en los bordes, provocando que el pastel tenga bordes irregulares. Es por eso que algunas recetas pedirán que se cubra el fondo con papel manteca pero no los costados del molde, que serán engrasados y enharinados. Las cookies son otra preparación que se hornea mejor sobre papel manteca, ya que el engrasado puede a veces hacer que se doren mucho en la base o chamuscar el molde. Manteca (mantequilla) a temperatura ambiente y aceite en spray son lo mejor para engrasar. Evite usar sprays saborizados, ya que pueden influir demasiado en la receta.

¿Cuándo debe usarse un horno convector y cuándo calor estable para hornear?

Los hornos convectores emplean un ventilador, ubicado usualmente en la pared trasera del horno, para circular el aire caliente en el interior. Esta acción puede acelerar la cocción y a veces esto es conveniente, sobre todo con platos de cocina como las papas o el pollo al horno. No es siempre el caso para las recetas de pastelería.

El desafío de hornear con calor convector es que la costra exterior de las piezas puede dorarse rápidamente (debido al alto contenido de azúcar o grasa), antes de que el interior se encuentre bien cocinado. Y un incremento en la corriente de aire puede provocar que los huevos se inflen como en un soufflé en recetas que no lo necesitan, como una cheesecake, lo que puede ocasionar quiebres y roturas mientras se enfrían. Al mismo tiempo, con una masa muy fluida o esponjosa, la corriente de aire puede mover la preparación, que resultará combada o despareja!

Como regla general o ante la duda, es mejor hornear sin horno convector para tener más control. Pero si desea usarlo, regule la temperatura en menos 10º C (25ºF) de lo que pide la receta (a menos que la receta pida específicamente usar un horno convector). Algunos hornos convectores tienen un programa de horneado para pastelería que usa el ventilador a baja potencia y no requiere compensación de temperatura, pero de todos modos puede resultar en que las piezas estén listas unos minutos antes de lo que especifica la receta.

Aquí va un resumen que puede ayudar:

Para hornear en horno tradicional (No Convector)

» Todas las cremas (*crème brûlée*, crema de caramelo, etc.)
» Cheesecake
» Tartas delicadas
» Masas secas de cookies (tipo *Shortbread*)
» Brownies
» La mayoría de los pasteles

Hornear a convección con cuidado

» Cookies
» Cuadraditos
» Tartas de frutas
» Muffins
» Panes rápidos
» Rolls de pasas o canela
» Tartas con alta proporción de manteca (mantequilla)

Para hornear con convección

» Panes con levadura

Finalmente, tenga en cuenta que meter muchas cosas a la vez en el horno puede impactar en cuánto tiempo o qué tan parejo se hornean las cosas en que diferentes partes del horno pueden variar la temperatura. Como regla general, trate de hornear en el centro del horno, para que el horno se mueva en forma pareja alrededor del molde o la asadera.

INTRODUCCIÓN AL CHOCOLATE

El chocolate es un producto hermoso. Y cuando usted se siente cómodo trabajando con él, todo lo que cocine será igualmente hermoso. Para lograr este nivel de confianza, van unas reglas básicas:

COBERTURA VS. CHIPS El chocolate empleado en las recetas de pastelería debe ser de tipo cobertura. El chocolate cobertura tiene una fórmula especial para derretirse e incorporarse a otros ingredientes, y entrega una textura atractiva y un sabor intenso. Los chips o chispas de chocolate y las barras de chocolate de golosina NO están pensadas para derretirse en el interior de recetas como tortas o brownies. Tienen aditivos (a veces naturales) que están diseñados para estabilizar su forma y su color en, por ejemplo, galletitas de chip de chocolate, lo que es bueno, pero no significa que se integrarán en otras recetas homogéneamente. Adquiera chocolate de la mejor calidad que le sea posible, ya que la calidad de sus piezas será igual de buena que la calidad del chocolate que emplee. Las recetas de este libro fueron testeadas usando un chocolate cobertura de calidad standard, por lo que funcionarán con cualquier chocolate cobertura, pero si puede mejorar la calidad, tanto mejor!

PORCENTAJE ¿Qué quieren decir los números que indican los envases de algunos chocolates? El chocolate está compuesto por pasta de cacao, que es lo que da al chocolate su sabor; manteca (mantequilla) de cacao, que lo hace cremoso; leche; azúcar; vainilla y, a veces, lecitina, lo que conserva a los ingredientes emulsionados. El porcentaje es el número que nos dice sobre la proporción de pasta de cacao en el chocolate, lo que sirve como guía para la intensidad de su sabor. El chocolate con leche tiene alrededor de 35% de pasta de cacao, lo que otorga su sabor suave. El chocolate semidulce se ubica en una proporción de pasta de cacao de entre 51% y 65% y el semiamargo por lo común de entre 68% y 72%. El chocolate no endulzado no especifica ningún porcentaje porque tiene prácticamente un 100% de pasta de cacao, y el chocolate blanco no tiene pasta de cacao en absoluto, por lo que su porcentaje es de 0%.

A mayor el porcentaje de pasta de cacao, más intenso el sabor del chocolate, más estable es y más fácil de ser trabajado, y más alta es la temperatura que necesitamos para derretirlo.

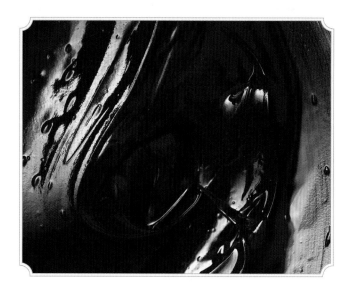

CÓMO DERRETIR CHOCOLATE

El chocolate es un ingrediente delicado, pero no necesariamente dificultoso para manejar si es tratado con delicadeza. Aquí van algunos tips:

1. La mejor manera de derretir chocolate es en un bol metálico colocado sobre un recipiente con agua apenas en ebullición (las burbujas apenas rompen en la superficie del agua). El bol no debe tocar el agua directamente; es el vapor del agua hirviendo lo que derrite el chocolate.

2. Revuelva el chocolate con una espátula o cuchara de madera con movimiento lento y suave. Usar un batidor de varillas o batir vigorosamente puede provocar que el chocolate se ponga espeso y grumoso.

3. Dado que el chocolate con más porcentaje de pasta de cacao es más estable, el chocolate sin endulzar (con prácticamente 100% de pasta de cacao) puede derretirse a fuego directo, aunque bajo.

4. El chocolate con mayor contenido de pasta de cacao requiere una mayor temperatura para derretirse. El chocolate semiamargo se derrite entre los 33°c (92°f) y 34°c (94°f), el chocolate con leche lo hace a entre 32°c y 33°c (90°f-91°f). El chocolate blanco se derrite a 31°c (88°f). Al trabajar con chocolate blanco es mejor retirarlo del calor antes de que se haya derretido completamente, apenas revolviendo suavemente se distribuirá el calor para derretir completamente.

5. Debido a un cambio drástico en la temperatura o por remover

el chocolate con demasiado vigor, ocurrirá que éste perderá brillo, se solidificará y se tornará granulado. Pero no todo está perdido. Añada unas gotas de agua tibia al chocolate y revuelva allí donde se añadió el agua con un pequeño movimiento circular. Amplíe el movimiento circular y añada otra gota o dos de agua, y el chocolate debería retornar a su estado brilloso y homogéneo.

6. También puede derretir el chocolate en el microondas, pero tenga cuidado: conviene usarlo a potencia media y revolverlo en intervalos de 10 segundos para que no se chamusque. Si el chocolate se quema, ya no hay vuelta atrás y no se puede arreglar. .

CACAO EN POLVO: TRADICIONAL VS. PROCESO HOLANDÉS

El cacao en polvo está hecho solamente de trocitos de granos de cacao molidos finamente, sin ninguna grasa ni manteca (mantequilla) de cacao. Algunas recetas piden cacao en polvo tradicional y otras especifican uno molido según el método holandés. ¿Cuál es la diferencia?

MÉTODO TRADICIONAL Este cacao algunas veces se denomina "natural," y es el cacao sin ningún tratamiento adicional salvo el molido; puede tener un tinte rojizo. Su uso se especifica en algunas recetas debido a su bajo nivel de pH (alta acidez) puede necesitarse para activar rápidamente el bicarbonato de sodio y lograr los resultados deseados.

PROCESO HOLANDÉS Este cacao ha sido alcalinizado, bajando el nivel de acidez y otorgando un mayor contenido sobre el leudante que el cacao tradicional. Este proceso de alcalinización también oscurece al cacao, haciéndolo más atractivo a la vista, y suaviza el sabor. Este "proceso holandés" no implica una calidad superior, sino que refleja el tratamiento que ha recibido el cacao y el resultado que cabe esperar de su uso.

El ejemplo más obvio para ilustrar la diferencia son los brownies de chocolate. Usando cacao en polvo normal, los brownies pueden resultar más pálidos en su color pero con sabor bien intenso a chocolate. Usando el cacao de método holandés, los brownies tendrán un color más intenso pero un sabor más suave (pero aun igualmente sabroso y achocolatado).

En el presente libro, si una receta requiere uno u otro tipo de cacao, debería usar ese cacao en especial, pero si no hay ninguna preferencia indicada, cualquiera de los dos debería funcionar.

HUEVOS

Los huevos son una parte fundamental de la repostería y entender cómo funcionan lo ayudará a saber cómo trabajarlos mejor.

1. La mayoría de las recetas (y todas las recetas que usan huevos en este libro) piden huevos grandes. Los huevos son clasificados por su peso, y un huevo grande pesa 60 g (2 onzas) —la yema equivale a 30 g (1 onza) y la clara también a 30 g (1 onza).

2. Los huevos colorados solo difieren de los blancos en el color de la cáscara. Puede usarlos indistintamente en una receta, lo importante es que tengan todos el mismo tamaño.

3. A pesar de que el agua constituye alrededor del 90% de un huevo, las yemas contienen también grasa y le otorgan suavidad y sabor a las recetas. La clara tiene proteína, y da a las masas estructura y fuerza para sostenerse y levantarse.

4. En una receta que pide manteca (mantequilla) a temperatura ambiente, es mejor usar huevos también a temperatura ambiente dado que los ingredientes de temperaturas similares se incorporan en forma más efectiva, produciendo la textura ideal en el resultado final.

5. Los huevos a temperatura cálida levantan más volumen que los huevos fríos. La mejor manera de calentar huevos es sumergirlos con cáscara en agua caliente tal como sale de la canilla. Dentro de los 3 minutos deberían adoptar la temperatura ambiente, y dentro de los 6 minutos deberían estar suficientemente cálidos para ser batidos.

LECHE Y CREMA

Es asombroso lo que unos pocos números porcentuales pueden hacer para cambiar una receta —en la receta de un postre de crema particularmente, ya que la textura y composición de una crema están determinados en primer lugar por la relación porcentual entre huevos y crema o leche. Y dado que los huevos pueden usarse como yemas, claras o enteros y que la elección de leche, crema o una combinación de ambas es la forma en que podemos acomodar el sabor y la textura.

Estas son las reglas básicas:

CREMA PARA BATIR Llamada *crema para batir* en Estados Unidos. Con un 35% de grasa butírica (el contenido graso de la leche), es la única crema que se puede batir sola y sostener su volumen. Es rica y untuosa, a la medida de una *crème brûlée*, pero puede derrumbar la masa de una torta (conviene usar leche para ese caso). Las recetas que contienen alguna forma de acidez, ya sea jugo de limón o vino, requerirán crema doble ya que cualquier lácteo con una proporción mayor de 30% no cuajará. Si substituye la crema doble por una alternativa de menor tenor graso en una receta que contiene un ingrediente ácido terminará obteniendo un lío grumoso y con leche cortada.

CREMA LIVIANA Tiene un contenido graso de alrededor de 18%. A menudo no es la requerida en las recetas porque se pueden obtener resultados similares con una combinación de crema doble y leche, o mitad y mitad.

CREMA MITAD Y MITAD Esta crema tiene un tenor graso de 10%. No está disponible en muchos países en forma industrial. Añade textura a las recetas pero no resulta muy consistente.

CREMA DESCREMADA Esta crema está a mitad de camino entre la leche y la crema, con hasta 5% de contenido graso. A pesar de que es una crema preferible para el café, no ha sido desarrollada del todo en la pastelería.

LECHE ENTERA Con a partir de 3% de tenor graso, la leche entera fue la leche preferida en pastelería, aunque cada vez lo es menos. Le añade sustancia y suavidad a la masa de tortas.

LECHE CON 2% DE GRASA A pesar de que tiene un nombre poco atractivo, esta leche es la más habitual en la cocina y pastelería. Con esta leche han sido testeada las recetas de este libro. Tiene el tenor graso suficiente para dar estrucutra, sustancia y suavidad a la mayoría de las preparaciones.

LECHE CON 1% DE GRASA Quizás usted piense que una diferencia de 1% no altere mucho las recetas, pero en pastelería es así: cuando se usa este tipo de leche se pierde estructura, suavidad y sustancia. Es posible sustituir la leche parcialmente descremada en recetas como panes y muffins, pero también puede parecerle que la miga de los muffins hechos con leche tan liviana no se sostenga tan bien y que les falta humedad. Diseñé algunas recetas con esta leche para el capítulo de recetas Bajas en grasa/Bajas en azúcar, pero cuidé de balancear con otros ingredientes para obtener resultados sabrosos.

LECHE 0% GRASA A veces se dice de este producto que es el "fantasma de la leche" por su tinte blanquiazul. Con virtualmente 0% de contenido graso, es casi lo mismo que usar agua para cocinar dulce. El último 1 porcentual es la diferencia entre una receta tierna, húmeda y sabrosa y otra seca y sin sabor. Si usted disfruta bebiendo leche 0% grasa, continúe haciéndolo, pero cocine con leche parcialmente descremada.

SUERO DE MANTECA (MANTEQUILLA) O BUTTERMILK A pesar de que "manteca (mantequilla)" es parte del nombre de este ingrediente, el suero de manteca (mantequilla) es bajo en grasa, con solo 1% de tenor graso. Debe su nombre a que es el líquido que resulta del proceso de elaboración de la manteca (mantequilla). Tiene una textura espesa (y si la usa envasada es buena idea sacudir el recipiente antes de emplearla) y una marcada acidez, volviéndolo un ingrediente perfecto para activar el leudante en tortas. No se usa en postres de crema, ya que se corta al tomar temperatura.

CREMA CHANTILLY ESTABILIZADA

Ya sea al batir crema para terminar un trifle, cubrir una torta, o simplemente para servir en un bol con frutillas, todos tuvimos siempre el mismo inconveniente: batimos la crema con anticipación y la llevamos a la heladera, luego, al servir, nos encontramos con un charco de líquido en el fondo del bol y apenas revolvemos un poco la crema batida, se desinfla.

A pesar de que la crema puede sin problemas ser batida para usarse de nuevo, tengo un truco muy bueno para estabilizar la crema batida para que pueda aguantar hasta un día entero y sostenga su cuerpo, incluyendo cada rulo o filigrana que le practique.

Cuando esté batiendo, agregue 1 cucharada (15 mL) de leche descremada en polvo por cada 250 mL (1 taza) de crema para batir fluida. El polvo puede añadirse en cualquier punto mientas se bate, y no agrega sabor ni textura. Esto hará que la mezcla mantenga su forma en un bol, sobre una torta o un tazacake.

SAL EN REPOSTERÍA . . . ¿POR QUÉ?

Muchas recetas en paslería requieren sal. ¿Por qué en el mundo de los dulces hace falta este ingrediente? Simplemente, porque la sal realza el sabor de todo, ya sea dulce o no. Realza el sabor del chocolate en los brownies y los pasteles, y hace resaltar la vainilla en una simple cookie para el té. La sal también balancea el gusto en postres con mucho dulce. Como ejemplo bastan las preparaciones con caramelo salado o los chocolates con sal marina —ese contraste dulce/salado es muy llamativo y popular. Sin la sal, los postres serían sosos y chatos en sabor.

Si por razones dietarias necesitara eliminar la sal de su cocina puede hacerlo sin impactar en la ciencia de una preparación, pero sí impactará en el sabor. Sin embargo, la cantidad de sal que se usa típicamente en la repostería no es tan grande como para impactar en los niveles de sodio del cuerpo. Para saber más sobre cómo ajustar la sal en recetas que usan manteca (mantequilla) salada, ver páginas 12-13.

El único lugar en el que la sal *sí cumple* una función científica es en las recetas que llevan levadura, como el pan y las facturas u otras preparaciones de pastelería con levadura. En esos casos, la sal sirve para retardar y controlar la función de la levadura, la cual es desarrollar sabor y textura.

De las opciones disponibles, prefiero para cocinar la sal marina molida fina. La sal marina es natural y no tiene tratamientos especiales, pero el hecho de que esté molida fina   es lo más importante. La sal fina se combina fácilmente en las preparaciones. Las galletas de chips de chocolate pasan apenas 10 minutos en el horno —una molienda gruesa de sal no se podría siquiera derretir en ese tiempo. La sal fina también asegura una medición precisa. Los gránulos de sal gruesa suponen menos cantidad de sal por medida, ya que esos gránulos no se compactan tanto como la sal fina. Si usa un tipo de sal marina en copos tierna, como los copos de sal marca Maldon, aplástelos entre los dedos antes de medir.

INTRODUCCIÓN AL AZÚCAR

Hay infinidad de variedades en el mundo del azúcar, y eso sin mencionar los endulzantes líquidos. A pesar de que el azúcar común es la más usada, las recetas están diseñadas con distintos tipos de azúcar en cantidades determinadas por razones que van más allá del propósito de endulzar.

Mientras las preparaciones se hornean, el azúcar que contienen se torna fluido y la cantidad de azúcar en una receta puede impactar en su tiempo de cocción. Una vez enfriada, la elección del tipo de azúcar y la cantidad utilizada pueden resultar en que, por ejemplo, una cookie sea blanda (como una cookie que contiene melaza/miel de caña), crocante y tierna (como una galletita de limón), o totalmente tierna (como las galletas tipo shortbread). El azúcar también da estructura a los postres, otorgando cuerpo y fuerza a las claras de huevo para que se sostengan en el batido y la cocción, y conservando la textura liviana y esponjosa. El azúcar también ayuda en la conservación de muchos postres, manteniéndolos frescos y húmedos durante largo tiempo.

Como regla general, las variedades de azúcar *no pueden* ser substituidas medida por medida, pero experimentando con las medidas y equivalencias puede hallar resultados que lo complazcan. Tampoco el azúcar puede reducirse en una receta sin que eso impacte en el gusto y la textura, humedad y tiempo de conservación de una preparación. Vaya al capítulo de recetas Bajas en grasa/ Bajas en azúcar para encontrar recetas diseñadas especialmente con menos endulzante.

A continuación, algunas ideas básicas sobre el azúcar:

AZÚCAR NEGRA En sus orígenes, el azúcar negra era azúcar parcialmente refinada, con el proceso de refinamiento detenido en algún punto para que el producto conservara la melaza. En la actualidad, se trata de azúcar refinada con la melaza vuelta a agregar al fin del proceso. El azúcar negra se vende en tonalidad rubia y negra. La diferencia está en la intensidad del sabor de la melaza, lo que puede impactar en las recetas. Es importante al medir el azúcar negra en tazas, llenar las tazas al ras para lograr la medida adecuada.

AZÚCAR DEMERARA Este es azúcar de caña, como el azúcar turbinado, pero presenta un color más oscuro y un poco de humedad. Casi siempre, este azúcar puede usarse para reemplazar al azúcar negra en la misma medida.

AZÚCAR COMÚN O azúcar granulado. Es el tipo de azúcar más común. Y puede refinarse a partir de la caña, la remolacha o el maíz.

AZÚCAR IMPALPABLE También conocido como azúcar glas, azúcar flor, azúcar nevada o azúcar en polvo. Es el azúcar refinada y molida, con un pequeño porcentaje de almidón de maíz para prevenir que se le formen grumos debido a la humedad. Su textura fina le brinda densidad a las masas de galletas y las mantiene tiernas a la vez.

MELAZA Se trata del subproducto que resulta del refinamiento de azúcar. Puede comprarse en una presentación más procesada, que es la más comúnmente usada y de sabor más suave, o más cruda, que es más fuerte y tiene un poco de amargura (a menudo usada en la elaboración de pan).

AZÚCAR MASCABADO Es un tipo de azúcar negra de caña sin refinar. Tiene un gusto a caramelo más pronunciado que el azúcar negra, debido a la mayor cantidad de melaza que contiene, pero puede ser usado como reemplazo del azúcar negra si lo que se desea obtener es sabor intenso.

AZÚCAR DE PALMA Obtenido de la palmera de coco o la palmera sagú, el azúcar de palma tiene el mismo nivel de dulzura que el azúcar común pero se ha demostrado que registra menor índice glucémico. Típicamente se vende en forma de un bloque sólido y puede rallarse sobre postres usando un rallador de cítricos, a pesar de que se populariza crecientemente su comercialización en forma molida.

AZÚCAR TURBINADO Este azúcar de caña presenta un granulado grueso y se puede conseguir en forma orgánica. Tiene el color del azúcar rubia, pero es seca como el azúcar común. A menudo se usa para espolvorear sobre cookies o muffins para crear el efecto de costra crocante. Si desea usarlo para integrar a las masas, es mejor procesarla primero para hacerla más fina y corrediza y facilitar el batido.

MANTECA (MANTEQUILLA) SIN SAL . . . ¿POR QUÉ?

Esta es quizás la pregunta sobre repostería que más he recibido, y ciertamente tiene su lógica, porque: dado que la mayoría de las recetas requieren sal, ¿cuál es el sentido de usar manteca (mantequilla) sin sal en repostería?

Estas son las tres razones principales:

1. El contenido de sal en la manteca (mantequilla) varía de marca a marca, y en última instancia es usted quien debe tener control sobre la cantidad de sal en sus preparaciones.
2. Las medidas de manteca (mantequilla) varían de receta a receta: algunas requieren una cucharadita y otras 450 gramos. Y también la cantidad de sal varía de receta a receta. La única manera de controlar las proporciones de sal y manteca (mantequilla) es mantener separadas las medidas de sal y manteca (mantequilla).
3. La sal es un conservante natural, y extiende el tiempo de conservación de la manteca (mantequilla) en la heladera de los comercios y en la suya propia. Dicho esto, a mayor tiempo sin usar mayor la chance de que la manteca (mantequilla) tome "sabor a heladera". Quizás usted no sienta el sabor a viejo de la manteca (mantequilla) cuando la unta sobre el pan en el desayuno, pero resaltará cuando use una taza en la receta de una cookie tipo shortbread. La manteca (mantequilla) sin sal es siempre más fresca y tiene un gusto más dulce.

Si usted desea emplear manteca (mantequilla) salada en el uso diario y manteca (mantequilla) sin sal para uso ocasional en repostería, simplemente envuelva y congele los restos de manteca (mantequilla) sin sal hasta 4 meses. Si prefiere usar manteca (mantequilla) salada o no consigue manteca (mantequilla) sin sal, para reducir la cantidad de sal en una receta debería restar ¼ cucharadita (1 mL) por cada 1 taza (250 mL) de manteca (mantequilla) empleada.

CRÈME FRAÎCHE Y YOGUR

La crème fraîche (ver pág. 321) y el yogur son maneras sabrosas de agregar humedad y sustancia a los pasteles para el café y los muffins, pero la clave para tener éxito en la repostería es usar yogur y crema entera. La crème fraîche apropiada tiene un tenor graso de 14% y el yogur un 6% de grasa idealmente, pero a partir de 3% está bien. La razón para estos altos porcentajes es que las opciones con menos grasa son reforzadas con otros espesantes como goma guar, almidón y hasta gelatina. Una vez calentados, los agentes espesantes se disuelven y el yogur o la crema se vuelven acuosos. Por lo tanto, las preparaciones pueden salir del horno demasiado densas y chatas, y desmigajarse una vez frías.

EL USO DE LA VAINILLA

La vainilla es el ingrediente base en muchas recetas dulces. A menudo se emplea para amplificar otros sabores, por lo que es a veces relegada a ser apenas una nota de fondo, a pesar de que actúa efectivamente para complementar sabores dulces, ya sea de chocolate, caramelo o fruta. Pero la vainilla por sí misma es de todo menos ordinaria o desabrida. Cuando voy a probar una nueva tienda de helados o *gelatería*, siempre elijo en primer lugar la crema de vainilla para darme cuenta de la calidad del lugar. Como ocurre con el chocolate, la calidad del ingrediente usado resalta al instante, y a pesar de que las vainas de vainilla no son baratas, con poquita cantidad se logra mucho, así que la inversión es duradera.

- VAINA Las vainas curadas de la planta de vainilla (una orquídea) deben buscarse con estas características: tienen que ser brillantes, y ser hasta un poco aceitosas al tacto, muy flexibles. Las semillas del interior de la vaina necesitan un tiempo en contacto con un líquido caliente o un buen rato de horneado para desarrollar su sabor, por lo que son buena pareja para una *crème brûlée* o cheesecake. El exterior de la vaina también contiene mucho sabor, incluso sin las semillas. Coloque la cáscara en un frasco con azúcar y dentro de las 2 semanas tendrá un azúcar perfumado increíble para usar con postres o en el café.
- EXTRACTO El alcohol es el líquido base en el extracto de vainilla, lo que explica que cuando prepara una receta que lleva hervor se añada extracto al final para evitar la evaporación. Debido al alcohol, el extracto de vainilla no se vence, a pesar de que pierde intensidad año tras año.
- PASTA Se logra cuando las semillas son suspendidas en un extracto espesado con azúcar y goma natural. Este producto le ahorra tener que raspar las semillas de la vaina, y es más económico que comprar las vainas. 1 cucharada (15 mL) de pasta de vainilla equivale al contenido de 1 vaina de vainilla.

cookies

17 ‖ Congelar o no congelar

GALLETAS A LA CUCHARA

18 ‖ Cookies de azúcar negra
19 ‖ Cookies de chips de chocolate
21 ‖ Cookies de avena y pasas
21 ‖ Cookies de melaza
23 ‖ Cookies de manteca/mantequilla de maní
23 ‖ Masa básica de azúcar blanca
24 ‖ Snickerdoodles
24 ‖ Toffees
25 ‖ Gallettitas de jengibre

GALLETAS TRADICIONALES DE MANTECA
(MANTEQUILLA)

26 ‖ Shortbread tradicionales
27 ‖ Triángulos de vainilla y harina de maíz
27 ‖ Triángulos de azúcar demerara

GALLETAS DE MANTECA (MANTEQUILLA) CON FORMAS

28 ‖ Bolas de nieve de pistacho
28 ‖ Mantecadas de chocolate
29 ‖ Medallones de lima y coco

GALLETAS PARA HELADERA/FREEZER

30 ‖ Ruedas de canela
31 ‖ Galletas de naranja y toffee con sal
32 ‖ Cookies de té verde, sésamo y jengibre
33 ‖ Galletas de avena y arándanos secos

GALLETAS LIVIANAS

34 ‖ Tuiles
35 ‖ Amaretti
36 ‖ Masitas de almendras
36 ‖ Lenguas de gato
37 ‖ Cookies de encaje con nueces pecan
38 ‖ Madeleines de naranja bañadas en chocolate

BISCOTTI

39 ‖ Biscotti de chocolate y almendras
40 ‖ Biscotti de coco y avellanas
42 ‖ Biscotti de limón y nueces macadamia

GALLETITAS RELLENAS

43 ‖ Linzer Cookies de avellanas y frambuesas
44 ‖ Linzer Cookies de chocolate y malvaviscos
45 ‖ Masitas de grosella con crema de limón
46 ‖ Rugelach de frambuesa y chocolate blanco
48 ‖ Pepas de avellana y damasco
49 ‖ Galletas de jengibre
50 ‖ Galletitas de canela

CONGELAR O NO CONGELAR

A todos nos gusta ganar tiempo en la cocina, sobre todo cuando se acercan las fiestas. Pero como seguramente usted habrá descubierto, algunas galletas tienen más afinidad con la heladera que otras.

Como regla a tener en cuenta, las galletas que tienen un bajo contenido de azúcar, como las *shortbread* de manteca (mantequilla), se conservan bien en el freezer o la heladera; pero a mayor contenido de azúcar en la receta más probable es que no resistan el freezer. Una vez congeladas y descongeladas, el azúcar en las galletas se vuelve fluido, volviéndolas muy blandas e incluso pegajosas. Cuanto más azúcar tengan, más blandas serán una vez descongeladas.

Lo que yo prefiero es congelar la masa de cookies cruda y no cocida.

La masa de cookie cruda mantiene la textura y calidad por hasta 6 meses en el congelador. Simplemente baje la masa a la heladera para las galletas de la sección Galletas para heladera (como las Ruedas de canela, de página 30), o descongele sobre la mesada si son galletas a la cuchara (como las de Chips de chocolate, página 19).

La masa de galletas cruda ocupa menos espacio en el freezer que las ya cocidas. Símplemente etiquete y ponga la fecha en la masa. Hasta puede escribir las instrucciones de horneado en la etiqueta para no tener que buscar la receta una vez que la masa se descongeló.

Puede hornear la cantidad de masa que necesite. Por ejemplo, antes de poner a congelar una masa de Chips de chocolate, dele forma de cookies con una cuchara racionadora de helado, luego enfríe en la heladera hasta que esté firme, envuelva en una bolsa hermética y lleve al congelador. Luego puede retirar las galletas que necesite.

Para las fiestas, hacer la masa con anticipación es lo ideal. Cuando llega Diciembre, simplemente saco la masa del freezer, la corto, estiro o vuelco en la asadera y relleno.

COOKIES DE AZÚCAR NEGRA
• Para preparar de 2 a 3 docenas de galletas •

receta
básica

Esta receta de masa para cookie es la base de algunas de mis favoritas: la de Chips de chocolate, Avena y pasas, Melaza y Manteca (mantequilla) de maní. Luego de cocinar un par de hornadas, es probable que sepa estas proporciones de memoria y sea capaz de prepararlas con los ojos vendados. Antes de hacer cualquiera de las recetas para las que esta masa sirve como base, lea las instrucciones específicas para esa variación por si hace falta añadir ingredientes a esta masa básica.

1. Integre la manteca (mantequilla), el azúcar negra y el azúcar común hasta que la mezcla esté esponjosa.
2. Añada revolviendo el huevo y la vainilla.
3. En un bol aparte, agregue la harina, almidón de maíz, bicarbonato y sal.
4. Combine las dos preparaciones y revuelva hasta homogeneizar.
5. Siga las instrucciones para hacer Cookies de chips de chocolate (pág. 19), Cookies de avena y pasas (página 21), Cookies de melaza (página 21) o Cookies de manteca (mantequilla) de maní (página 23).

½ taza (125 mL) manteca (mantequilla) sin sal, a temperatura ambiente
½ taza (125 mL) azúcar negra
¼ taza (60 mL) azúcar
1 huevo, a temperatura ambiente
1 cdta (5 mL) extracto de vainilla
1¼ tazas (310 mL) harina común
2 Cdas (30 mL) almidón de maíz
½ cdta (2 mL) bicarbonato de sodio
½ cdta (2 mL) sal

nota de la cocina de Anna

1. El almidón de maíz es el secreto de esta receta. No importa qué variación de cookie sobre esta receta Ud. elija, gracias a este ingrediente las cookies quedarán blandas en el centro y sabrosamente tiernas.
2. Si se le acaba el azúcar negra, puede recrearla usando azúcar común, pero adicionándole 1 cucharada (15 mL) de miel de caña por cada 1 taza (250 mL) de azúcar negra que pide la receta que esté preparando. La miel de caña creará el sabor y la textura que el azúcar negro le agregaría a la receta.

COOKIES DE CHIPS DE CHOCOLATE
• Para alrededor de 2½ docenas de cookies •

*N*o hay nada más casero que ésto: una rica masa básica de cookies y un montón de chips de chocolate.

1 receta de Masa básica de azúcar negra (página 17)

1 taza (250 mL) de chips de chocolate

1. Precaliente el horno a 175°c (350°f), y prepare dos placas para horno con papel manteca (mantequilla)/sulfurizado o simplemente engráselas ligeramente.

2. Prepare la masa básica de cookies de la página 18 y luego integre los chips de chocolate, revolviendo.

3. Eche la masa de a cucharadas sobre las placas, dejando 4 cm (1 ½ pulgadas) de espacio entre las cookies.

4. Hornee durante alrededor de 10 minutos, hasta que las cookies tengan un color dorado intenso. Deje enfriar en la placa 5 minutos, luego transfiéralas a una rejilla para que se enfríen completamente. Se pueden conservar en un recipiente hermético por hasta 3 días.

nota de la cocina de Anna

En esencia, es el tamaño del bol y de la cuchara lo que da forma la galleta. A pesar de que medir los ingredientes es importante en la repostería, las medidas de masa que vuelque en la placa permiten un poco más de flexibilidad. Cuando de forma alas galletas con cucharaditas de té (5 mL), las cookies medirán aproximadamente una cucharada (15 mL), y cuando hornee de a cucharadas de masa (15 mL), obtendrá cookies del tamaño de unas 2 cucharadas (30 mL) de masa. Los tiempos de cocción se dan en un rango basado en las variables que ocurren cuando se vuelca la masa en la placa.

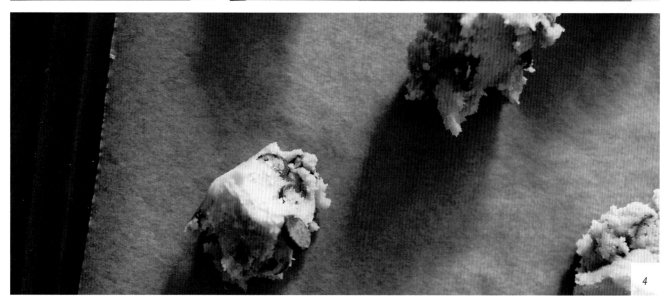

Dando forma a la masa para hacer galletas a la cuchara

COOKIES DE AVENA Y PASAS
• *Para alrededor de 2½ docenas de cookies* •

Estas cookies son gratificantes y tienen la textura justa. Pueden acomodarse al gusto de todos simplemente cambiando la cantidad de pasas por otros frutos secos o por chocolate.

1 receta de Masa básica de azúcar negra (página 18)
½ taza (125 mL) de azúcar negra
1 taza (250 mL) de avena arrollada (no instantánea)
½ taza (125 mL) de pasas de uva
½ cdta (2 mL) de canela molida

1. Precaliente el horno a 175° c (350°f), y prepare 2 placas para horno con papel manteca/sulfurizado o engráselas ligeramente.
2. En el paso 1 de la Masa básica de azúcar negra, añada la cantidad adicional de ½ taza (125 mL) de azúcar negra a los otros azúcares.
3. Complete el paso 2 de la masa básica. Agregue la avena, pasas y canela y revuelva hasta que estén todos los ingredientes incorporados.
4. Eche la masa de a cucharadas soperas en las placas preparadas, dejando un espacio de 4 cm (1½ pulgadas) entre las cookies.
5. Hornee de 10 a 12 minutos, hasta que estén doradas en forma pareja (las cookies estarán muy blandas al salir del horno). Deje enfriar en la placa 5 minutos, luego transfiéralas a una rejilla para que se enfríen completamente. Se pueden conservar en un recipiente hermético por hasta 3 días.

nota de la cocina de Anna

Trabajar con avena arrollada común le da mejor textura a las preparaciones, y de paso aporta más fibra que las avenas más procesadas. Dado que las avenas de cocción rápida están precocidas y secadas, absorben la humedad más rápido, por lo que las cookies, muffins y otras piezas pueden salir secas o tener poca estructura. La avena común hace que las galletas se sostengan bien y se conserven húmedas.

COOKIES DE MELAZA
• *Para alrededor de 2½ docenas de cookies* •

Un favorito de mi infancia, con esta receta se puede hacer unos excelentes sándwiches de helado.

1 receta de Masa básica de azúcar negra (página 18)
¼ taza (60 mL) de melaza/miel de caña clara
2 cdtas (10 mL) de jengibre molido
½ cdta (2 mL) de canela molida
⅛ cdta (0.5 mL) de clavo de olor molido
⅓ taza (80 mL) de azúcar, para cubrir las cookies

1. Precaliente el horno a 175° c (350°f), y prepare 2 placas para horno con papel manteca/sulfurizado o engráselas ligeramente.
2. Prepare el paso 1 de la Masa básica de azúcar negra, y luego de integrar la manteca (mantequilla) y los azúcares, añada revolviendo la ¼ taza (60 mL) de melaza.
3. Siga el paso 2 de la Masa básica, añadiendo las especias adicionales a la mezcla de harina.
4. Eche la masa de a cucharadas soperas y páselas por azúcar para recubrirlas, dejando un espacio de 4 cm (1½ pulgadas) entre las cookies.
5. Hornee de 10 a 12 minutos, hasta que estén ligeramente doradas en los bordes. Deje enfriar en la placa 10 minutos, luego transfiéralas a una rejilla para que se enfríen completamente. Se pueden conservar en un recipiente hermético por hasta 3 días.

COOKIES DE MANTECA (MANTEQUILLA) DE MANÍ
• Para alrededor de 2½ docenas de cookies •

MASA BÁSICA DE AZÚCAR BLANCO
• Alcanza para 2 a 3 docenas de cookies •

receta
b á s i c a

*L*os cortes en rejilla con los que en Estados Unidos terminan estas galletas de manteca (mantequilla) de maní cumplen en realidad la función de volverlas chatas, ya que por sí mismas no se aplanarían durante la cocción.

1 receta de Masa básica de azúcar negra (página 18)
½ taza (125 mL) de manteca (mantequilla) de maní, de cualquier variedad

1. Precaliente el horno a 175° c (350°f), y prepare 2 placas para horno con papel manteca/sulfurizado o engráselas ligeramente.
2. Prepare el paso 1 de la Masa básica de azúcar negra. Agregue revolviendo la manteca (mantequilla) de maní, luego complete los pasos siguientes de la Masa básica.
3. Eche la masa de a cucharadas soperas y páselas por azúcar para recubrirlas, dejando un espacio de 4 cm (1 ½ pulgadas) entre las cookies. Usando un tenedor pasado por harina, presione las cookies y trace un patrón de rejilla sobre cada cookie.
4. Hornee de 12 a 14 minutos, hasta que estén ligeramente doradas. Deje enfriar en la placa 5 minutos, luego transfiéralas a una rejilla para que se enfríen completamente. Se pueden conservar en un recipiente hermético por hasta 3 días.

nota de la cocina de Anna
Si usa manteca (mantequilla) de maní sin endulzar para esta receta, asegúrese primero de que esté a temperatura ambiente, y luego agite bien el frasco. Solo una vez que haya hecho esto, mida en tazas medidoras. El sentido de este proceso es que los aceites que naturalmente se separan en el frasco se vuelvan a unir antes de usar el ingrediente.

*B*ase para un montón de preparaciones muy populares, esta masa simple y clásica puede ser sumamente gratificante, no importa la variación (a pesar de que los Snickerdoodles, de página 24, parecen ser el favorito universal). Antes de cocinar cualquier de estas cookies para las que esta masa sirve de base, lea la receta específica de cada variación para verificar si hace falta adicionarle ingredientes.

1 taza (250 mL) de manteca (mantequilla) sin sal, ablandada pero aun fría
1 taza (250 mL) de azúcar
2 huevos, sacados directamente de la heladera
1 cdta (5 mL) de extracto de vainilla
2½ tazas (625 mL) de harina común
1 cdta (5 mL) de cremor tártaro
½ cdta (2 mL) de sal

1. Trabaje la manteca (mantequilla) y el azúcar hasta lograr una crema liviana y esponjosa.
2. Añada los huevos de a uno, mezclando bien luego de cada adición. Agregue la vainilla.
3. En un bol aparte, mezcle la harina, el cremor tártaro y la sal. Luego integre a la preparación de manteca (mantequilla) y homogeneíce.
4. Siga las instrucciones para Snickerdoodles (página 24), Toffees (página 24), o Galletitas de jengibre (página 25).

nota de la cocina de Anna
Para consejos sobre cómo utilizar la vainilla en sus recetas, relea los apuntes de página 14.

Cookies de avena y pasas (pág. 20),
Cookies de chips de chocolate (pág. 18),
Cookies de Manteca (mantequilla) de
maní (pág. 22), y de Melaza (pág. 20)

Oatmeal Raisin

Chocolate Chip

Peanut Butter

Molasses

SNICKERDOODLES
• Para alrededor de 3 docenas cookies •

*P*asadas por azúcar y canela antes de hornear, estas cookies son tan tiernas que se derretirán en su boca.

1 receta de Masa básica de azúcar blanco (página 23)
½ taza (125 mL) de azúcar
1 cdta (5 mL) de canela molida

1. Precaliente el horno a 175º c (350ºf), y prepare 2 placas para horno con papel manteca/sulfurizado.
2. Prepare la Masa básica de azúcar blanco.
3. Mezcle juntos el azúcar y la canela en un bol pequeño.
4. Forme las galletas tomando porciones de masa con una cuchara, luego páselas por la mezcla de azúcar con canela. Haga rodar suavemente cada cookie para cubrirla con el azúcar y déle forma de bola, luego disponga las bolas en la placa preparada, dejando 4 cm de espacio entre ellas. Antes de hornear, presione suavemente las cookies con la palma de su mano para achatarlas.
5. Hornee durante 12 a 14 minutos, hasta que las cookies estén ligeramente doradas en la base. Deje enfriar 2 minutos en la placa antes de retirarlas y dejarlas enfriar completamente sobre una rejilla. Los *Snickerdoodles* pueden guardarse en un recipiente hermético hasta 3 días.

TOFFEES
• Para alrededor de 3 docenas cookies •

*A*l añadir pedacitos de toffee a la Masa básica de azúcar blanco le estará agregando sabor a manteca salada, y a pesar de que una vez enfriados estos trocitos son crocantes, la cookie permanece tierna.

1 receta de Masa básica de azúcar blanco (página 22)
¾ taza (185 mL) de caramelos duros tipo Butter Toffees, picados
½ taza (125 mL) de azúcar turbinado o azúcar común

1. Precaliente el horno a 175º c (350ºf), y prepare 2 placas para horno con papel manteca/sulfurizado.
2. Prepare la Masa básica de azúcar blanco.
3. Mezcle los pedacitos de caramelo en la masa.
4. Forme las galletas tomando porciones de masa con una cuchara, luego páselas por la mezcla de azúcar con canela. Haga rodar suavemente cada cookie para cubrirla con el azúcar y déle forma de bola, luego disponga las bolas en la placa, dejando 4 cm de espacio entre ellas. Antes de hornear, presione las cookies con la palma para achatarlas.
5. Hornee durante 12 a 14 minutos, hasta que las cookies estén ligeramente doradas en la base. Deje enfriar 2 minutos en la placa antes de retirarlas y dejarlas enfriar completamente sobre una rejilla. Se conservan en un recipiente hermético hasta 3 días.

GALLETITAS DE JENGIBRE
• Para alrededor de 3 docenas de cookies •

Estas cookies desprenden un rico aroma a especias, pero son mucho más tiernas que las galletas de jengibre tradicionales.

1. Precaliente el horno a 175° c (350°f), y prepare 2 placas para horno con papel manteca/sulfurizado.
2. En el paso 1 de la Masa básica de azúcar blanco, añada la cucharada de jengibre fresco rallado con la manteca (mantequilla) y el azúcar. Prepare la masa siguiendo el resto de los pasos.
3. Agregue el jengibre confitado al resto de la masa.
4. Forme bolitas tomando porciones de masa con una cucharadita. Pase las bolas por el azúcar y colóquelas en la placa, dejando 2,5 cm de espacio entre ellas.
5. Hornee por alrededor de 12 minutos, hasta que estén ligeramente doradas en los bordes. Pueden conservarse en un recipiente hermético hasta tres días.

1 receta de Masa básica de azúcar blanco (página 23)

1 cda (15 mL) de jengibre fresco rallado

2 cdas (30 mL) de jengibre confitado picado en brunoise (receta en pág. 322)

⅓ taza (80 mL) de azúcar

SHORTBREAD TRADICIONAL
• *Para 36 shortbread cuadrados*•

libre de **huevo**

*T*odas las caracerísticas de las típicas galletas shortbread están aquí: son ricas en manteca (mantequilla) y tiernas, y mejoran luego de pasar unos días en la lata de las galletas.

1. Precaliente el horno a 190°c (375° f) y engrase un molde cuadrado de 20 cm (8 pulgadas).
2. Bata la manteca (mantequilla) durante 2 minutos hasta que esté ligera y esponjosa. Añada el azúcar impalpable y el azúcar común, bata otra vez por 2 minutos, hasta que esté esponjoso, luego agregue la vainilla sin dejar de batir.
3. Tamice la harina, la harina de arroz y la sal. Integre a los ingredientes húmedos, revolviendo hasta homogeneizar.
4. Con una espátula, vuelque la masa en la placa y presione para achatar (la masa será bastante firme, pero si se le pegaran los dedos, páselos por un poco de harina para seguir trabajando). Pinche la masa con un tenedor dejando espacios de 2,5 cm.
5. Hornee 25 minutos, hasta que los bordes exteriores se hayan dorado un poco.
6. Deje enfriar 10 minutos, luego corte en cuadrados. Deje que las galletas se enfríen completamente antes de retirarlas del molde. Se conservan hasta 10 días en un recipiente hermético.

1 taza (250 mL) de manteca (mantequilla) sin sal, a temperatura ambiente

½ taza (125 mL) de azúcar impalpable, tamizada

¼ taza (60 mL) de azúcar

1 cdta (5 mL) de extracto de vainilla

2¼ tazas (560 mL) de harina común

¼ taza (60 mL) de harina de arroz

¼ cdta (1 mL) de sal

nota de la cocina de Anna

1. Cuando prepares estas galletas, la clave es batir muy bien la manteca (mantequilla) antes de añadir el azúcar. Ya que no llevan huevos ni polvo de hornear, la esponjosidad de la manteca (mantequilla) mantiene a estas cookies livianas y tiernas.
2. Para que el pinchado con el tenedor sea efectivo, asegúrese de que el tenedor atraviese la masa. Esta acción previene que se formen burbujas de aire que empujarían la masa hacia arriba y le da espacio a la masa para que se expanda y hornee en forma pareja.

TRIÁNGULOS DE POLENTA Y VAINILLA
• Para 32 shortbread •

libre de huevo

*L*as semillas de vainilla motean estas galletitas triangulares, y la polenta acentúa el color amarillo pálido de la manteca (mantequilla), añade un delicado crocante a la textura, y luego se deshace suavemente.

1 taza (250 mL) de manteca (mantequilla) sin sal, a temperatura ambiente
⅔ taza (160 mL) de azúcar
2 cdta (10 mL) de extracto de vainilla o vainilla en pasta
⅓ taza (80 mL) de polenta
2 cda (30 mL) de almidón de maíz
¼ cda (1 mL) de sal
1⅔ tazas (410 mL) de harina común

1. Precaliente el horno a 175° C (350°f). Engrase ligeramente dos tarteras de base desmontable de 23 cm (9 pulgadas) de diámetro, y coloque las tarteras sobre una asadera.
2. Bata la manteca (mantequilla) 2 minutos, luego añada el azúcar y bata 2 minutos más. Añada la vainilla, revolviendo sin batir.
3. Agregue, sin dejar de revolver, la polenta, almidón de maíz y la sal. Agregue la harina en dos tandas, homogeneizando.
4. Divida la masa en los dos moldes (la masa estará blanda) y presione con los dedos enharinados para cubrir totalmente la base de los moldes. Cortar para formar 16 triángulos.
5. Hornear 20 minutos, hasta que los bordes empiecen a dorar. Retire los moldes del horno. Con las galletas todavía tibias, refuerce el corte en triángulos y deje enfriar totalmente. Se conservará hasta una semana en recipiente hermético.

nota de la cocina de Anna
Si usted se pregunta por qué las recetas de repostería piden manteca (mantequilla) sin sal y la sal aparte, vea pág. 12.

TRIÁNGULOS DE AZÚCAR DEMERARA
• Para 16 triángulos •

libre de huevo

*B*rinda el azúcar demerara a estos triángulos de shortbread un rico sabor de caramelo, perfecto para acompañar un bol de helado de vainilla.

1 taza (250 mL) de manteca (mantequilla) sin sal, a temperatura ambiente
½ taza (125 mL) azúcar demerara o negra
¼ cdta (1 mL) de sal
⅛ cdta (0.5 mL) de nuez moscada molida
2 tazas (500 mL) de harina común
Azúcar turbinado o azúcar negro, para espolvorear

1. Precaliente el horno a 160° c (325°f) y engrase una tartera de 23 cm (9 pulgadas).
2. Bata la manteca (mantequilla) 2 minutos, luego añada el azúcar demerara y bata 2 minutos más. Agregue la sal y la nuez moscada, luego sume la harina y homogeneíce.
3. Presione la masa en la base de la tartera, cubriendo los dedos con harina si hiciera falta. Espolvoree la masa con azúcar turbinado, luego corte la masa para lograr 16 triángulos.
4. Hornee por 50 a 60 minutos, hasta que los bordes de las galletas se hayan dorado bien. Deje enfriar 10 minutos, luego refuerce el corte de los 16 triángulos. Deje enfriar completamente en el molde antes de retirar para conservar. Estas shortbread se conservarán en recipiente hermético hasta 10 días.

nota de la cocina de Anna
Puede usar tanto azúcar demorara como azúcar negra en esta receta, funcionarán igualmente bien. Para más consejos sobre el azúcar, refiérase a páginas 12–13.

BOLAS DE NIEVE DE PISTACHO
• *Para 4 docenas de galletitas* •

libre de
huevo

*P*istachos: su sabor intenso complementa muy bien la suavidad de la manteca (mantequilla) de estas cookies que se derriten en la boca.

2⅓ tazas (580 mL) de harina común
1 taza (250 mL) de pistachos tostados, sin cáscara y sin sal
⅓ taza (80 mL) de azúcar
¼ cdta (1 mL) de sal
1¼ taza (310 mL) de manteca (mantequilla) sin sal, fría y en trozos
1 cdta (5 mL) de extracto de vainilla
Azúcar impalpable, para cubrir las galletas

1. Precaliente el horno a 160° c (325°f) y prepare 2 placas con papel manteca (mantequilla)/ sulfurizado.
2. Pulse en una procesadora de alimentos la harina, pistachos, azúcar y sal hasta que los pistachos estén molidos e integrados a la mezcla.
3. Agregue la manteca (mantequilla) y vainilla. Pulse hasta que la masa se forme.
4. Forme esferas de 2,5 cm (1 pulgada) y dispóngalas con una distancia de 2,5 cm en las placas.
5. Hornee de 15 a 18 minutos, hasta que la base de las galletas comiencen a tomar color. Enfríelas completamente en las placas, luego páselas por el azúcar impalpable para cubrirlas. Las cookies pueden conservarse en un recipiente hermético hasta una semana.

nota de la cocina de Anna
Los frutos secos blandos, como pistachos, pacanas, nueces y piñones pueden típicamente intercambiarse en las recetas. Puede modificar las recetas con lo que tenga a mano teniendo esto en cuenta. Los aceites en estas variedades de nueces son delicados y con rapidez se tornan rancios. Si no planea usar estos frutos secos dentro de los 2 meses, es mejor conservarlos bien envueltos en el freezer.

SHORTBREADS DE CHOCOLATE
• *Para alrededor de 5 docenas de galletitas* •

libre de
huevo

*U*na intensidad de chocolate que balancea el sabor de la manteca (mantequilla) es lo que caracteriza a estas cookies. Cuando con la manga las ubicamos en la placa, parecen besos de chocolate. Como todas las galletas shortbread de este capítulo, son perfectas para servir en las fiestas.

1 taza (250 mL) de manteca (mantequilla) sin sal, a temperatura ambiente
1 taza (250 mL) de azúcar impalpable, tamizada
1 cda (15 mL) de extracto de vainilla
1½ tazas (375 mL) de harina común
⅓ taza (80 mL) de cacao amargo, tamizado
2 cdas (30 mL) de almidón de maíz
½ cdta (2 mL) de sal

1. Precaliente el horno a 160° c (325°f) y prepare 2 placas con papel manteca (mantequilla)/ sulfurizado.
2. Bata la manteca (mantequilla) y el azúcar impalpable hasta lograr una crema suave. Sume, batiendo, el extracto de vainilla.
3. Añada la harina, cacao, almidón de maíz y sal. Bata hasta que se hayan incorporado homogéneamente.
4. Con una cuchara inserte la masa en una manga con boquilla lisa grande. Presione la manga sobre la placa para formar "besos" de 2,5 cm de diámetro, dejando 5 cm de espacio entre las cookies.
5. Hornee de 12 a 14 minutos, hasta que se desprendan del papel manteca (mantequilla)/sulfurizado sin pegarse. Deje enfriar completamente en la placa antes de retirar. Se conservarán en recipiente hermético hasta 3 días.

nota de la cocina de Anna
En forma alternativa, la masa de cookie puede formarse en 2 troncos, cada uno 2,5 cm de diámetro, y refrigerarse durante 2 horas antes de cortar en rodajas de 6 mm (¼-de pulgada) y horneadas como dice arriba.

MEDALLONES DE LIMA Y COCO
• Para alrededor de 2½ docenas de cookies •

baja en
azúcar

La preparación de estas cookies es similar a las galletas aptas para freezer, pero entran en la categoría de shortbread porque su receta no contiene huevos (la clara usada para sujetar el coco rallado en la superficie no cuenta en realidad). Este estilo de cortar-y-hornear hace que la masa sea apropiada para hacer con anticipación y refrigerar, y retirar media hora antes de la heladera antes de cortar en rodajas y hornear.

1 taza (250 mL) de coco rallado sin azúcar

1 taza + 2 Cda (280 mL) de harina común

¼ taza (60 mL) de azúcar

2 cdtas (10 mL) de cáscara de lima rallada

¼ cdta (1 mL) de sal

½ taza (125 mL) de manteca (mantequilla) sin sal, a temperatura ambiente y en trozos

1 clara de huevo, ligeramente batida

1. Precalentar el horno a 175° c (350°f). Esparza ½ taza (125 mL) del coco rallado en una placa para horno sin engrasar y tueste 10 minutos, revolviendo una vez. Deje enfriar.

2. Pulse hasta combinar la harina, azúcar, cáscara de lima y sal en una procesadora de alimentos.

3. Añada la manteca (mantequilla) y pulse hasta que la masa esté arenosa. Agregue la ½ taza (125 mL) de coco rallado tostado ya frío y vuelva a pulsar hasta que se forme la masa. Haga con la masa dos cilindros de 3 cm de ancho (1¼ pulgadas) y 15 cm (6 pulgadas) de largo. Envuélvalos en film transparente, refrigere hasta que estén firmes, alrededor de 2 horas.

4. Precaliente el horno a 175° c (350°f) y prepare 2 placas de hornear con papel manteca/sulfurizado. Retire la masa de la heladera 20 minutos antes de cortar en rodajas.

5. Coloque la ½ taza (125 mL) restante de coco rallado tostado en una bandeja. Desenvuelva la masa y pincele suavemente cada cilindro con la clara batida, luego páselos por el coco para cubrir. Forme medallones con las cookies, cortando el cilindro en rodajas de 6 mm (¼ pulgada) de grueso y disponga en las placas dejando 2,5 cm de espacio entre ellas.

6. Hornee 10 a 12 minutos, hasta que estén apenas tostadas en las bases. Enfríe en la placa antes de retirar. Se conservarán en recipiente hermético hasta 3 días.

variación
sin huevo

Para preparar una versión libre de huevo use 2 cucharadas (30 mL) de manteca (mantequilla) derretida en lugar de la clara batida para que el coco se adhiera a la superficie o directamente evite directamente la cobertura de coco.

RUEDAS DE CANELA
• *Para 6 docenas de cookies* •

libre de **huevo**

Estas cookies son grandes compañeras para una buena taza de café caliente (pero quizás no para el desayuno).

1. Haga la masa: pulse hasta combinar la harina, azúcar y sal en una procesadora de alimentos (también puede usar batidora eléctrica de mano). Añada la manteca (mantequilla) y pulse hasta que la masa tenga una textura arenosa. Agregue la crema y pulse hasta que se forme la masa.

2. Divida la masa en 2 piezas, envuélvalas, y reserve mientras prepara el relleno (no la refrigere todavía).

3. Para el relleno, simplemente combine revolviendo todos los ingredientes.

4. En una superficie de trabajo ligeramente enharinada, estire una de las piezas en un rectángulo de 20 cm (8 pulgadas) por 30 cm (12 pulgadas). Esparza el relleno en forma pareja sobre la superficie de la masa. Enrolle la masa de cookies en el estilo de un pionono o roll de canela, empezando por el lado más largo. Repita con la segunda pieza de masa, envuelva cada una y refrigere durante 2 horas.

5. Precaliente el horno a 175° c (350°f) y prepare 2 placas con papel manteca (mantequilla)/sulfurizado.

6. Desenvuelva y corte los cilindros de masa en ruedas de 6 mm de grosor. Dispóngalas sobre las placas dejando 2,5 cm de espacio entre ellas.

7. Hornee 15 minutos, o hasta que apenas se empiecen a dorar. Enfríe las cookies completamente en las placas antes de retirarlas. Pueden conservarse hasta 5 días en un recipiente hermético.

PARA LA MASA:

2 tazas + 4 cdta (520 mL) harina común

½ taza (125 mL) de azúcar

¼ cdta (1 mL) de sal

¾ taza + 2 cdta (215 mL) de manteca (mantequilla) sin sal, fresca pero no fría, en trozos

2 cdas (30 mL) de crema para batir

PARA EL RELLENO:

1 taza (250 mL) de azúcar rubia

2 cdas (30 mL) de manteca (mantequilla) sin sal, a temperatura ambiente

2 cdas (30 mL) de jarabe de arce, o 20 ml de miel

1 cda (15 mL) de harina común

1 cdta (5 ml) de canela

GALLETAS DE NARANJA Y TOFFEE CON SAL

• *Para alrededor de 4 docenas de cookies* •

En mi casa, estas cookies se han convertido en un clásico hogareño — sofisticadas y elegantes, pero que en última instacia recuerdan la niñez.

1. Bata la manteca (mantequilla), azúcar común, azúcar negra y la cáscara de naranja hasta que la mezcla esté homogénea. Agregue el huevo y bata hasta combinar.

2. Agregue, tamizando, la harina y el bicarbonato. Revuelva hasta que esté combinado, luego integre los trocitos de toffee revolviendo.

3. Forme con la masa dos cilindros de 23 cm de largo (9 pulgadas) por 5 cm (2 pulgadas) de ancho, y envuélvalos en film transparente. Luego, achate suavemente la masa por sus cuatro lados para crear un cuadrado parejo. Refrigere la masa por lo menos 2 horas previo a hornear.

4. Precaliente el horno a 175° c (350°f) y prepare 3 placas con papel manteca/ sulfurizado.

5. Corte los cilindros en galletitas de 6 mm de grosor y dispóngalas sobre las placas, dejando 5 cm de espacio entre ellas (se van a expandir mientras se hornean). Espolvoree la superficie de cada cookie con un poquito de sal marina.

6. Hornee durante alrededor de 13 minutos, o hasta que se hayan dorado apenas un poco en la base. Enfríelas en las placas y luego guárdelas en un recipiente hermético. Estas cookies se mantendrán de esta manera hasta una semana.

¾ taza (185 ml) manteca (mantequilla) sin sal, a temperatura ambiente

½ taza (125 mL) de azúcar

½ taza (125 mL) de azúcar negra

2 cdtas (10 mL) de cáscara de naranja rallada

1 huevo, a temperatura ambiente

2 tazas (500 mL) de harina común

½ cdta (2 mL) de bicarbonato de sodio

½ taza (125 mL) de caramelos duros tipo toffees en pedacitos

Sal marina fina, para espolvorear

COOKIES DE TÉ VERDE, SÉSAMO Y JENGIBRE
• *Para alrededor de 4 docenas de galletas* •

Las semillas de sésamo tostadas que cubren el exterior de estas galletas tienen un sabor profundo y hacen que éstas sean un complemento perfecto para un plato simple de helado o bayas frescas.

1. Bata la manteca (mantequilla), azúcar impalpable y el jengibre, hasta lograr una crema homogénea. Añada el huevo y extracto de vainilla sin dejar de batir.
2. Tamice la harina, el polvo de té verde, el cremor tártaro y la sal sobre la mezcla de manteca (mantequilla) y revuelva hasta combinar bien los ingredientes.
3. Divida la masa en 3 piezas iguales y deles forma de cilindros de 25 cm de largo por 2,5 cm de diámetro. Envuelva y refrigere hasta que estén firmes, por lo menos 3 horas.
4. Precaliente el horno a 160°c (325°f) y prepare una placa con papel manteca/sulfurizado.
5. Espolvoree las semillas de sésamo en una bandeja, desenvuelva los cilindros de masa y pase por las semillas de sésamo hasta que estén cubiertos. Corte rodajas lo más finas posible (alrededor de 3 mm), y dispóngalas con una distancia de 2,5 cm entre ellas sobre la placa.
6. Hornee 8 a 10 minutos, hasta que los bordes externos de las cookies empiecen a tomar color. Deje enfriar las cookies en la placa antes de retirar. Pueden conservarse en recipiente hermético hasta 5 días. Cualquier masa sin cocinar puede ser envuelta herméticamente y luego congelada hasta 3 meses.

1 taza (250 mL) manteca (mantequilla) sin sal, a temperatura ambiente

1 taza (250 mL) azúcar impalpable, tamizada

1 cda (15 mL) de jengibre rallado

1 huevo

1 cdta (5 mL) de extracto de vainilla

2⅔ tazas (660 mL) de harina para pastelería (0000)

1 cdta (5 mL) de polvo de te verde

¾ cdta (4 mL) de cremor tártaro

¼ cdta (1 mL) de sal

¼ taza (60 mL) de semillas de sésamo

nota de la cocina de Anna

El polvo de té verde (*matcha*) puede encontrarse en tiendas especializadas en productos asiáticos y también en algunas dietéticas. Pruebe usar un poco de este ingrediente en otras recetas, como helados o cheesecakes, para lograr ese color y sabor familiar a té verde.

GALLETAS DE AVENA Y ARÁNDANOS SECOS
• *Rinden 4 a 5 docenas* •

Mientras algunos perciben a las galletas de heladera como anticuadas, lo cierto es que éstas en concreto son muy contemporáneas. Los arándanos secos contribuyen a darle un sabor a fruta concentrada, y la avena aporta la sutileza de su sabor a fruto seco, además del consuelo de que hay algo de fibra en esta receta.

1. Eche 2 tazas (500 mL) de agua hirviendo sobre los arándanos secos y deje en remojo 15 minutos. Luego cuele los arándanos y séquelos con toallas de papel de cocina.

2. Bata juntos la manteca (mantequilla), azúcar impalpable y el azúcar común hasta que la mezcla esté esponjosa, luego añada batiendo el huevo y la vainilla. En un bol aparte, revuelva la harina, la avena, el polvo de hornear y la sal. Luego mezcle las dos preparaciones y revuelva hasta que estén bien combinadas. Añada revolviendo los arándanos. De a la masa la forma de 3 cilindros, cada uno de 4 cm de diámetro, envuelva cada uno en film transparente, enróllelos y refrigere hasta que estén firmes, más o menos 2 horas.

3. Precaliente el horno a 175°c (350º f) y prepare 2 placas con papel manteca/sulfurizado. Corte la masa en rodajas de 6 mm y dispóngalas sobre las placas, dejando 2,5 cm de espacio entre ellas (quizás tenga que hornearlas en un par de tandas). Hornee las cookies por 10 minutos, o hasta que tengan un color dorado pálido en la base. Mientras estén calientes, transfiéralas a una rejilla para enfriar y repita el paso 3 con lo que reste de masa. Se mantendrán en recipiente hermético hasta 4 días.

1 taza (250 mL) de arándanos secos

1 taza (250 mL) manteca (mantequilla) sin sal, a temperatura ambiente

½ taza (125 mL) de azúcar impalpable, tamizada

½ taza (125 mL) de azúcar

1 huevo, a temperatura ambiente

2 cdtas (10 mL) de extracto de vainilla

2¼ tazas (560 mL) de harina común

⅔ taza (160 mL) de avena arrollada

½ cdta (2 mL) de polvo de hornear

¼ cdta (1 mL) de sal

TUILES
• Para 3 docenas de galletas •

T uile es la palabra en francés para "teja". Estas finas galletitas tenían originalmente la forma de tejas. Pero ahora se le da a esta masa cualquier forma, ya que su estructura permite doblarlas en cualquier dirección, acompañando los platos de postres con su delicadeza y carácter.

1. Precaliente el horno a 190° c (375°f) y prepare 2 placas con papel manteca/sulfurizado. Si desea darle forma a las cookies, elija los moldes o cortantes que quiera: de corazón, hoja, etc.

2. Derrita la manteca (mantequilla) y reserve mientras se enfría.

3. Bata las claras hasta que estén espumosas, luego añada el azúcar impalpable y bata (empezando a baja velocidad para que se combinen los ingredientes) hasta lograr el punto nueve (los picos serán firmes y brillantes y se inclinarán un poco cuando levante el batidor). Incorpore la harina batiendo a mano, junto con la cáscara y jugo de naranja (o brandy). Añada batiendo la manteca (mantequilla) derretida, ya fría.

4. Si usa un cortante o molde, colóquelo sobre la placa y esparza una capa fina de masa dentro del mismo. Levante el molde para revelar la forma, luego colóquelo cerca de la galleta que acaba de formar sin tocarla, y repita el proceso hasta que haya logrado tantas galletas como entren en la placa.

5. Hornee de 3 a 6 minutos, rotando las placas en el horno a media cocción. Una vez que tengan un color dorado intenso en los bordes, retire la placa del horno. Para lograr cookies curvadas, levántelas inmediatamente con una espátula mientras están calientes, y luego dispóngalas sobre un palo de amasar hasta que estén frías y asentadas en la curva del palo. Una vez frías, retire con cuidado (son delicadas) y conserve en recipiente hermético. Las tuiles se mantendrán así 1 a 3 días.

¼ taza (60 mL) de manteca (mantequilla) sin sal

2 claras, a temperatura ambiente

⅔ taza (160 mL) azúcar impalpable, tamizada

½ taza (125 mL) de harina común

1 cdta (5 mL) de cáscara de naranja rallada

2 cdtas (10 mL) de jugo de naranja o brandy

nota de la cocina de Anna

Las cookies delicadas como tuiles y galletas de encaje son sensibles a la humedad, por lo que necesitan conservarse en recipientes bien sellados. Es mejor consumirlas en el día, pero la masa cruda se mantiene bien en el freezer.

AMARETTI

• *Para alrededor de 6 docenas de bizcochitos* •

libre de lactosa   *libre de* gluten   *baja en* grasa

os tradicionales amaretti se envuelven de a dos en papeles coloridos. Si cocina estos amaretti para regalar, usted puede hacer lo mismo. Son increíbles para desmigajar sobre helados, o para comer con el café.

2 claras, a temperatura ambiente

⅓ taza (80 mL) de azúcar

1⅓ tazas (330 mL) de almendras molidas

1 taza (250 mL) de azúcar impalpable, tamizada

1 cda (15 mL) de almidón de maíz

¾ cdta (4 mL) de extracto de almendra

1. Precaliente el horno a 150° c (300°f) y prepare 3 placas con papel manteca/sulfurizado.

2. Bata las claras a alta velocidad hasta que estén esponjosas, luego vierta suavemente el azúcar sobre ellas mientras sigue batiendo, hasta que las claras se monten a punto nieve.

3. En un bol aparte, combine las almendras molidas, el azúcar impalpable y el almidón de maíz. Añada la mitad de esta mezcla a las claras batidas e incorpore, luego repita el proceso con la mitad restante. Añada el extracto de almendra y combine.

4. Transfiera la masa a una manga de pastelería con boquilla grande y plana y presione para formar bizcochitos de 2,5 cm de diámetro en las placas, dejando 2,5 cm de espacio entre cada uno.

5. Deje reposar 10 minutos para que se sequen con la temperatura ambiente, luego hornee alrededor de 20 minutos, o hasta que comiencen a dorarse. Deje enfriar completamente en la placa antes de conservarlos en un recipiente hermético. Los amaretti se mantendrán hasta 2 semanas.

MASITAS DE ALMENDRAS
• *Para 4 docenas de galletas* •

*U*sar manteca (mantequilla) de almendras hace que esta masa de cookies sea suave y fácil de extrudir de la manga. Chequee que la manteca (mantequilla) de almendra está a temperatura ambiente antes de medir y batir.

5 cdas (75 mL) de manteca (mantequilla) sin sal, a temperatura ambiente
½ taza (125 mL) de manteca (mantequilla) de almendra a temperatura ambiente o manteca de maní
⅓ taza (80 mL) de azúcar impalpable, tamizada
1 yema
½ cdta (2 mL) de extracto de vainilla
½ cdta (2 mL) de extracto de almendra
½ taza (125 mL) de harina común
¼ cdta (1 mL) de sal

1. Precaliente el horno to 160°c (325°f) y prepare 2 placas con papel manteca/sulfurizado.
2. Con batidora eléctrica, bata hasta lograr una crema esponjosa con la manteca (mantequilla), la manteca (mantequilla) de almendra y el azúcar impalpable. Agregue la yema y los extractos sin dejar de batir.
3. Reduzca la velocidad a media-baja y agregue la harina y la sal, mezclando hasta que los ingredientes estén bien combinados (la masa estará suave).
4. Transfiera la masa a una manga con boquilla pequeña de estrella, o a un molde para galletas, y presione sobre la placa cookies de 2 cm dejando 2,5 cm de espacio entre ellas.
5. Hornee de 10 a 12 minutos, o hasta que las cookies estén ligeramente doradas en los bordes. Deje enfriar en las placas y conserve en recipiente hermético. Se mantendrán hasta 5 días.

LENGUAS DE GATO
• *Para alrededor de 2 docenas de cookies* •

*L*as lenguas de gato *(langues de chat)* son de la misma familia francesa que las tuiles, y se usan como guarnición en postres o servidas con el café, a modo de los biscotti italianos.

1 receta de masa de Tuiles (página 34)

1. Siga los pasos 1 a 3 de la masa de Tuiles.
2. Precaliente el horno a 190°c (375° f) y prepare 2 placas con papel manteca/sulfurizado.
3. Transfiera la masa a una manga de pastelería con boquilla plana. Presione sobre la placa deditos de 5 cm de largo dejando 2,5 cm de espacio entre cada uno.
4. Hornee de 5 a 8 minutos, hasta que tengan un color dorado intenso en la base y los bordes. Enfríe completamente antes de conservar en un recipiente hermético. Las lenguas de gato se conservarán de 1 a 3 días.

COOKIES DE ENCAJE CON NUECES PECAN
• Para 2 docenas de cookies grandes •

sin huevo

stas cookies tienen el estilo de los Florentinos, y se les puede dar forma o enrollar mientras están calientes.

1. Precaliente el horno a 175° c (350°f) y prepare 3 placas con papel manteca (mantequilla)/sulfurizado.
2. Coloque el azúcar, la manteca (mantequilla), la crema y la miel en una cacerola pequeña, y lleve a hervor, revolviendo a menudo. Una vez que se hubo alcanzado el punto de ebullición, deje de revolver y cocine la mezcla, pincelando ocasionalmente con agua los lados de la cacerola hasta que alcance los (115° c (239°f) en un termómetro. Retire la cacerola del calor y añada, revolviendo, la avena, nueces pecan y arándanos rojos.
3. Sumerja una cuchara de té en agua y úsela para disponer la masa en la placa, dejando 10 cm de espacio entre cada cookie, ya que se expanden mucho en el horno (es esperable que le salgan 8 cookies por placa). Con los dedos húmedos, presione suavemente las cookies para achatarlas, luego horneelas de 8 a 10 minutos, hasta que tengan un tono dorado intenso. Deles forma según dice en la nota debajo, o enfríelas por completo en la placa antes de retirar. Se conservarán hasta 3 días en recipiente hermético.

¾ taza (185 mL) de azúcar

½ taza (125 mL) de manteca (mantequilla) sin sal

⅓ taza (80 mL) de crema para batir

2 cdas (30 mL) de miel

1 taza (250 mL) de avena arrollada

1 taza (250 mL) de nueces pecan (picadas al mismo tamaño que la avena)

½ taza (125 mL) de arándanos rojos secos

nota de la cocina de Anna

Para dar forma a las galletas de encaje, déjelas enfriar unos 2 minutos una vez que salieron del horno. Luego levántelas con una espátula y colóquelas sobre un palo de amasar para crear una curva, o en el reverso de un molde metálico para muffins si quiere crear una capelina para servir helado, o enróllelas en un cilindro del grosor de un cigarillo para servir con cremas o tortas.

Esta masa se puede preparar con antelación y refrigerarse hasta una semana antes de hornear. También puede congelarse hasta 3 meses y descongelarse en la heladera antes de hornear.

MADELEINES DE NARANJA BAÑADAS EN CHOCOLATE
• *Para alrededor de 2 docenas* •

Casi como pequeñas tortas, estas cookies requieren un molde especial de magdalenas, más que nada por su dibujo de ostión marino. Esta receta usa una naranja entera, con piel y todo, para darle sabor cítrico.

1. Precaliente el horno a 175° c (350°f). Engrase y enharine un molde para magdalenas, sacudiendo para descartar el exceso de harina.

2. Pique grueso la naranja, quitando las semillas, y coloque en una cacerola pequeña. Cubra la naranja con agua y deje hervir hasta que el líquido se haya casi evaporado, alrededor de 8 minutos. Retire del fuego, enfríe, luego licúe hasta lograr un puré (para esto la licuadora es mejor que la procesadora de alimentos). Mida $\frac{1}{2}$ taza (125 mL) del puré de naranja para usar en las magdalenas.

3. Bata la manteca (mantequilla) y el azúcar hasta que estén esponjosas. Sin dejar de batir, añada los huevos.

4. En un bol aparte, combine la harina, almendras molidas, polvo de hornear y sal. Agregue esta mezcla a la preparación de manteca (mantequilla), revolviendo hasta que estén combinadas. Agregue la medida de puré de naranja y revuelva hasta integrar.

5. Con una cuchara, transfiera la masa al molde de magdalenas y hornee por alrededor de 20 minutos, hasta que tengan un dorado intenso. Deje enfriar antes de retirarlas del molde.

6. Derrita, revolviendo, los chips de chocolate en un bol de metal colocado sobre una cacerola con agua apenas en ebullición. Sumerja cada magdalena hasta la mitad en el chocolate derretido, sacuda el exceso y colóquelas en una hoja de papel manteca/sulfurizado para que se asienten. Las magdalenas se mantendrán unos 4 días en un recipiente hermético.

1 naranja ombligo mediana
½ taza (125 mL) de manteca (mantequilla) sin sal, a temperatura ambiente
¾ taza (185 mL) de azúcar
2 huevos, a temperatura ambiente
½ taza (125 mL) de harina común
½ taza (125 mL) de almendras molidas
½ cdta (2 mL) de polvo de hornear
¼ cdta (1 mL) de sal
¾ taza (185 mL) chips de chocolate

BISCOTTI DE CHOCOLATE Y ALMENDRAS
• Para 6 docenas de biscotti •

libres de
lactosa

baja en
grasas

*S*uaves y al mismo tiempo crocantes, estos bizcochos salen así porque los huevos y el azúcar se baten juntos hasta estar espumosos y logran casi una calidad de merengue, conservando un sabor intenso a chocolate.

1. Precaliente el horno a 175º c (350ºf) y prepare 2 placas con papel manteca (mantequilla)/sulfurizado.

2. Usando batidora eléctrica de pie o de mano con el accesorio batidor, bata los huevos y el azúcar a alta velocidad hasta lograr el punto letra (cuando al volcar una cucharada de mezcla sobre la preparación se formen dibujos firmes), unos 3 minutos. Añada la vainilla sin dejar de batir.

3. Sobre un bol aparte, tamice la harina, cacao, polvo de hornear y sal; luego integre esta mezcla con la de huevos batidos.

4. Transfiera la masa (que tendrá la consistencia de una masa de torta) a una manga de pastelería con boquilla plana grande, y presione sobre cada una de las placas para formar 3 filas de masa, de alrededor de 30 cm de largo y 4 cm de ancho, dejando 5 cm de espacio entre cada fila. Espolvoree los biscotti con almendras fileteadas.

5. Hornee por alrededor de 16 minutos, hasta que la superficie de los biscotti aparezca seca (se sentirán todavía blandos) y retire del horno. Deje que se enfríen en las placas a temperatura ambiente y reduzca la temperatura del horno a 160º c (325ºf).

6. En una tabla de picar, use un cuchillo afilado para cortar la masa cocida en biscotti de 2 cm de ancho y llévelos nuevamente a la placa.

7. Hornee unos 20 minutos (los bizcochos se sentirán aún un poco blandos al salir del horno, pero apenas se enfríen se secarán). Si cuando tomen la temperatura ambiente siguen blandos, vuélvalos a horno de 160º c unos 5 minutos más. Una vez fríos, guarde los bizcochos en un recipiente hermético. Se conservarán así hasta 3 semanas.

4 huevos, a temperatura ambiente
¾ taza (185 mL) de azúcar
1 cdta (5 mL) de extracto de vainilla
1 taza (250 mL) de harina común
½ taza (125 mL) de cacao en polvo
¼ cdta (1 mL) de polvo de hornear
⅛ cdta (0.5 mL) de sal
½ taza (125 mL) de almendras fileteadas

BISCOTTI DE COCO Y AVELLANAS
• Para alrededor de 3 docenas de biscotti •

libres de
lactosa

Con la calidad y el aspecto de los bizcochos de las confiterías, esta receta lo hará lucirse ante quien los presente. El sutil retrogusto de las semillas de anís realmente limpian el paladar luego de un sorbo de café.

1. Precaliente el horno a 160°c (325°f) y prepare 2 placas con papel manteca (mantequilla)/sulfurizado.

2. Bata juntos el aceite, azúcar, el huevo, clara de huevo y los extractos hasta que estén homogéneos (puede hacer esto a mano o con batidora eléctrica). Añada revolviendo las avellanas, el coco, y las semillas de anís o hinojo.

3. En un bol aparte, revuelva la harina, polvo de hornear y sal hasta combinar. Integre las dos preparaciones, hasta homogeneizar (la masa estará pegajosa). Divida la masa en forma pareja en 2 placas preparadas y, con las manos enharinadas, forme 2 cilindros con el mismo largo de la placa. Mezcle el huevo y el agua, con esta mezcla pincelará la superficie de la masa.

4. Hornee durante 30 minutos, o hasta que los cilindros estén dorados en forma pareja (se habrán expandido). Deje que los cilindros se enfríen durante 15 minutos.

5. Mientras los cilindros están calientes, córtelos en rodajas de 1 cm de grueso con un cuchillo afilado sobre una tabla de corte, luego colóquelos acostados en las placas para horno, dejando un pequeño espacio entre ellos. Hornee otros 25 minutos, o hasta que empiecen a dorarse en los bordes. Enfríe los biscotti en la placa. Pueden conservarse en recipientes herméticos hasta 1 mes.

½ taza (125 mL) de aceite vegetal
¾ taza (185 mL) azúcar
1 huevo
1 clara
1 cdta (5 mL) de extracto de vainilla
¼ cdta (1 mL) de extracto de almendra
1 taza (250 mL) de avellanas enteras, tostadas y peladas
½ taza (125 mL) de coco rallado
1 cda (15 mL) de semillas de anís o hinojo
1½ tazas (375 mL) de harina común
1½ cdta (7 mL) de polvo de hornear
½ cdta (2 mL) de sal

PARA PINCELAR:
1 huevo
1 cda (15 mL) de agua

Cookies de encaje con nueces pecan (pág. 37), Biscotti de chocolate y almendras (pág. 39), Masitas de almendras (pág. 36), y Biscotti de coco y avellanas (pág. 40)

BISCOTTI DE LIMÓN Y NUECES MACADAMIA
• Para alrededor de 4 docenas de biscotti •

*M*ás tradicionales que otros biscotti de esta sección, estos bizcochos tienen una agradable crocantez, pero aún así resultan tiernos.

1. Precaliente el horno a 175° c (350°f) y prepare 3 placas con papel manteca/sulfurizado.

2. Bata la manteca (mantequilla), el azúcar y la cáscara de limón, luego añada los huevos de a uno, batiendo bien luego de cada adición.

3. En un bol aparte, revuelva la harina, polenta y polvo de hornear e integre a la preparación anterior. Revuelva bien hasta que estén bien combinadas. Añada, revolviendo, las nueces de macadamia.

4. Esparza la preparación en 3 cilindros, uno para cada placa. Esta masa es muy suave, así que trabaje con las manos enharinadas para dar forma a los cilindros, que deben tener 35 cm (14 pulgadas) de largo.

5. Hornee durante 25 a 30 minutos, hasta que la superficie de los cilindros esté dorada en forma pareja y retire. Deje que los biscotti se enfríen 15 minutos y reduzca la temperatura del horno a 160° c (325°f).

6. Sobre una tabla de corte, use un cuchillo para pan para cortar en rodajas cada uno de los cilindros. Debe lograr biscotti que sean 1 cm de ancho ($\frac{1}{2}$ pulgada), y colóquelos de nuevo en las placas. Hornee 10 a 15 minutos adicionales, o hasta que comiencen a estar marrones en los bordes. Deje enfriar completamente en las placas y luego consérvelos en un recipiente hermético. Se conservarán así hasta 3 semanas.

½ taza (125 mL) manteca (mantequilla) sin sal, a temperatura ambiente

1 taza (250 mL) de azúcar

1 cda (15 mL) cáscara de limón rallada fina

2 huevos, a temperatura ambiente

1¾ tazas (435 mL) de harina común

½ taza (125 mL) de polenta

1½ cdta (7,5 mL) de polvo de hornear

1 taza (250 mL) de nueces de macadamia tostadas y saladas

LINZER COOKIES DE AVELLANAS Y FRAMBUESA
• Para alrededor de 2½ docenas de cookies •

baja en azúcar

*U*nas galletitas rellenas tiernas y delicadas que se pueden cortar con cortantes de cualquier silueta, para la temporada u ocasión deseada.

1. En una procesadora de alimentos, pulse las avellanas junto con ½ taza (125 mL) de la harina, hasta que las avellanas estén finamente molidas. Luego pulse la restante ½ taza de harina. Añada el azúcar, cacao, canela, clavo y sal; pulse hasta combinar todos los ingredientes.

2. Agregue la manteca (mantequilla) y pulse hasta que la mezcla tenga una textura arenosa. Sume la yema y la vainilla, pulse hasta que se forme la masa.

3. Haga 2 discos con la masa, envuelva cada uno, y refrigere hasta que la masa esté firme, alrededor de 1 hora.

4. Precaliente el horno a 190ºc (375°f) y prepare 2 placas con papel manteca/sulfurizado.

5. Enharine ligeramente una mesada y estire el primer disco de masa (puede amasar 10 segundos para que sea más fácil estirar sin que se formen grietas) hasta lograr un grosor de 6 mm (¼ pulgada). Con un cortante de 5 cm (2 pulgadas), corte tantas cookies como pueda, luego reagrupe los sobrantes de masa y continúe estirando. Coloque estas cookies en una placa (de esta tanda se obtendrán las bases de las galletitas). Repita el procedimiento con el segundo disco de masa pero antes de poner en la placa, usando un cortante de 2,5 cm con forma de hoja o corazón, corte un agujero en el centro de cada cookie (estas serán las tapas). Coloque estas cookies en la segunda placa. Continue estirando y cortando las galletitas hasta que no quede más masa, pero vaya llevando la cuenta para que no queden galletitas impares.

6. Hornee las cookies con agujero durante unos 10 minutos y las que no tienen agujero unos 12 minutos, hasta que estén apenas doradas. Deje que las cookies se enfríen completamente en las bandejas.

7. Para el armado, espolvoree las tapas con azúcar impalpable mientras están en la placa. Revuelva la mermelada para aligerarla, luego esparza un poquito (alrededor de ¾ cdta) en cada base. Presione suavemente las tapas contra la mermelada y deje asentar una hora antes de llevar al recipiente donde las va a conservar. Se guardan en recipiente hermético hasta 4 días.

1 taza (250 mL) de avellanas

1 taza (250 mL) de harina común

½ taza (125 mL) de azúcar

1 cda (15 mL) de cacao en polvo, tamizado

¼ cdta (1 mL) de canela molida

⅛ cdta (0,5 mL) de clavo de olor molido

⅛ cdta (0,5 mL) de sal

½ taza (125 mL) de manteca (mantequilla) sin sal, fría y cortada en trozos

1 yema

1 cdta (5 mL) de extracto de vainilla

ARMADO:

Azúcar impalpable, para espolvorear

½ taza (125 mL) de mermelada de frambuesas

LINZER COOKIES DE CHOCOLATE Y MALVAVISCO

• Para alrededor de 2 docenas cookies •

El secreto de estas galletitas es la mezcla de chocolate en la masa, que da un sabor muy parecido al del chocolate en taza, mientras que el relleno de malvaviscos aporta el resto de la magia.

1. Bata la manteca (mantequilla) hasta que esté esponjosa, luego tamice sobre ella el azúcar impalpable y el cacao en polvo, y bata hasta combinar. Agregue la vainilla y el huevo.

2. Añada, revolviendo, la harina y la sal. Siga revolviendo hasta que se forme la masa. Haga 2 discos con la masa, envuelva cada uno, y refrigere durante al menos una hora.

3. Precaliente el horno a 175°c (350°f) y prepare 2 placas con papel manteca/sulfurizado.

4. En una superficie ligeramente enharinada, estire la masa hasta lograr un grosor de 6 mm ($\frac{1}{4}$ pulgada), y corte con un cortante circular de 6 cm ($2\frac{1}{2}$ pulgadas), corte tantas cookies como pueda, luego reagrupe los sobrantes de masa y continúe estirando. Coloque estas cookies en una placa dejando 1 cm de espacio entre cada una.

   Repita el procedimiento con el segundo disco de masa pero antes de poner en la placa, usando un cortante de 2,5 cm con forma de hoja o corazón, corte un agujero en el centro de cada cookie (estas serán las tapas). Coloque estas cookies en la segunda placa.

5. Hornee de 10 a 12 minutos (las cookies con los agujeros tardan 10 minutos; las que no tienen agujero tardarán 12 minutos), hasta que se puedan desprender fácilmente de la placa.

   Deje enfriar.

6. Para el armado, ubique crema de malvavisco en la base de la cookie y disponga encima la cookie con el agujero, presionando ligeramente para que se adhiera. Deje que las cookies descansen 2 horas para secarse antes de guardarla en el recipiente hermético en el que las conservará hasta una semana.

¾ taza (185 mL) de manteca (mantequilla) sin sal, a temperatura ambiente

¾ taza (185 mL) de azúcar impalpable

½ taza (125 mL) de cacao en polvo

1 cdta (5 mL) de extracto de vainilla

1 huevo

1¾ tazas (435 mL) de harina común

¼ cdta (1 mL) de sal

ARMADO:

¾ taza (185 mL) de crema de malvaviscos/nubes/marshmallows

MASITAS DE GROSELLA CON CREMA DE LIMÓN
• Para 27 cookies •

*P*uede resultar extraño que esta receta rinda exactamente 27 cookies, pero si usted estira, mide y corta estos perfectas masitas con forma de dedos, así dan los números. Si prefiere galletas por la docena, como muchos reposteros prefieren, simplemente cómase 3 y no le diga a nadie.

1. Precaliente el horno a 175° c (350°f) y prepare 2 placas con papel manteca/sulfurizado.

2. Bata juntos la manteca (mantequilla) y el azúcar hasta que estén ligeros y esponjosos. Agregue batiendo las yemas, la crema ácida, la vainilla y la cáscara de limón. Tamice la harina y la sal, y revuelva hasta que estén bien combinados todos los ingredientes (la masa tendrá la textura de migas grandes). Añada las grosellas y luego transfiera la masa a una superficie de trabajo para amasarla suavemente hasta que esté homogénea. Haga con la masa 2 discos, envuelva cada uno en film transparente, y deje descansar 15 minutos.

3. En una superficie enharinada, estire el primer disco de masa en forma de un cuadrado de 28 cm por lado. Use una regla para cortar y descartar los sobrantes hasta lograr un cuadrado de 23x23 cm. Corte el cuadrado en "deditos" —rectángulos 8 cm de largo por 2,5 cm de ancho— ayudándose con la regla. Con una pequeña espátula, transfiera estos deditos a las placas preparadas, dejando 2,5 cm de espacio entre las galletas. Repita el procedimiento con el segundo second disco de masa. Cualquier sobrante puede reagruparse, estirarse y cortar para hacer más cookies.

4. Hornee durante alrededor de 15 minutos, hasta que las bases tengan un tono dorado tirando al marrón. Enfríe las galletitas mientras prepara el relleno de crema de limón.

5. Para el relleno, bata la manteca (mantequilla) con $\frac{1}{2}$ taza (125 mL) del azúcar impalpable hasta que esté esponjoso. Agregue batiendo la cáscara y jugo de limón, la vainilla y agregue la restante taza (250 mL) de azúcar impalpable.

6. Para armar los masitas, esparza una cucharadita colmada de relleno en cada una de las bases y luego presione las tapas sobre el contenido. Repita el procedimiento hasta que todas las cookies estén rellenas. Pueden almacenarse en un recipiente hermético hasta 3 días.

COOKIES:

- ¾ taza (185 mL) de manteca (mantequilla) sin sal, a temperatura ambiente
- ¾ taza (185 mL) de azúcar
- 5 yemas
- 2 cdas (30 mL) de crema ácida
- 1 cdta (5 mL) de extracto de vainilla
- 1 cdta (5 mL) de cáscara de limón, rallada
- 3¼ tazas (810 mL) de harina común
- ¼ cdta (1 mL) de sal
- ¾ taza (185 mL) de grosellas secas

RELLENO DE CREMA DE LIMÓN:

- ½ taza (125 mL) de manteca (mantequilla) sin sal, a temperatura ambiente
- 1½ tazas (375 mL) de azúcar impalpable, tamizada
- 2 cdta (10 mL) de cáscara de limón, rallada
- ¼ taza (60 mL) de jugo de limón
- 1 cdta (5 mL) de extracto de vainilla

RUGELACH DE FRAMBUESA, LIMÓN Y CHOCOLATE BLANCO
• Para 16 cookies grandes •

El queso crema es el secreto para lograr las cookies de estilo rugelach sabrosas y hojaldradas. Ya que la masa está apenas endulzada, contrapesa la dulzura que aporta la mermelada y el chocolate blanco.

1. Bata la manteca (mantequilla) y el queso crema hasta que esté homogéneo. Agregue batiendo 2 cdtas (10 mL) de la cáscara de limón y el azúcar.
2. Añada la harina y la sal, y revuelva hasta que se forme una masa homogénea.
3. Haga 2 discos, envuelva cada uno en film y refrigere 1 hora como mínimo.
4. Precaliente el horno a 175°c y prepare una placa con papel manteca/sulfurizado.
5. En una superficie enharinada, estire el primer disco en un círculo de 30 cm de diámetro y apenas 6 mm de grueso. Recorte y descarte los bordes irregulares.
6. Revuelva la mermelada para aligerarla, luego añada revolviendo la restante 1 cdta (5 mL) de cáscara de limón. Esparza la mitad de la mermelada sobre la masa, hasta los bordes. Espolvoree la mitad del chocolate blanco encima.
7. Corte la masa en 8 triángulos, y enrolle cada cookie del lado más largo hasta la punta, como si fuera una medialuna. Disponga las cookies dejando 2,5 cm de espacio entre ellas sobre una placa. Repita los pasos 6 y 7 con el disco de masa restante.
8. Bata enérgicamente la clara hasta que esté esponjosa y pincele cada cookie. Espolvoree las cookies con azúcar.
9. Hornee las rugelach de 20 a 25 minutos, hasta que tengan un color dorado parejo. Deje enfriar en la placa antes de retirar para conservar. Las cookies se mantendrán en un recipiente hermético hasta 3 días.

¾ taza (185 mL) manteca (mantequilla) sin sal, a temperatura ambiente

125 g de queso crema, a temperatura ambiente

3 cdtas (15 mL) cáscara de limón rallada

1 Cda (15 mL) azúcar, más cantidad extra para espolvorear

2 tazas (500 mL) harina común

¼ cdta (1 mL) de sal

⅔ taza (160 mL) de mermelada de frambuesa

60 g (2 onzas) de chocolate blanco, cortado en trozos, o ½ taza (125 mL) de chips de chocolate blanco

PARA PINCELAR:

1 clara

---

variación
sin huevo

Para hacer estas cookies sin huevo, simplemente pincele las tapas de las cookies con leche en lugar de claras.

nota de la cocina de Anna

Para lograr cookies más pequeñas, haga con la masa 4 discos en vez de 2 y siga el procedimiento. Obtendrá 32 galletas más pequeñas que se hornearán 16 - 20 minutos.

Chocolate

Marshmallow
--

Rugelach
-

Tea Fingers
--

Apricot

Thumbprint

*Linzer Cookies de chocolate y malvavisco (pág. 44),
Rugelach de frambuesa, limón y chocolate blanco
(pág. 46), Masitas de grosella con crema de limón (pág.
44), y Pepas de damasco y nueces (pág. 48)*

PEPAS DE DAMASCO Y NUECES
• Para alrededor de 3 docenas de cookies •

*M*i madre solía hacer pepas (también llamadas "huellas digitales") como éstas para cada Navidad. Me recuerdan mucho a mi infancia y juventud.

1. Precaliente el horno a 175°c (350°f) y prepare 2 placas con papel manteca/ sulfurizado.
2. Bata a mano o con batidora eléctrica de mano o de pie, la manteca (mantequilla) con el azúcar rubio hasta que esté homogéneo. Agregue, sin dejar de batir, la yema, la cáscara de naranja y la vainilla.
3. Agregue la harina y la sal, y mezcle hasta que la preparación esté homogénea. Tome la masa de a cucharadas y forme con cada porción una esfera. Agregue batiendo la clara. Sumerja cada cookie en la clara y luego páselas por las nueces picadas. Disponga las cookies en las placas preparadas, dejando 2,5 cm de espacio entre ellas. Cuando haya colocado todas, use el nudillo del dedo índice para hundir el centro de cada una.
4. Hornee alrededor de 15 minutos, hasta que los trozos de nuez y las bases de las cookies estén ligeramente tostados.
5. Mientras siguen calientes, presione el centro de las cookies una vez más para hacer más lugar para la mermelada. Revuelva la mermelada para aligerarla, luego rellene con un poquito de ella cada cookie. Deje secar a temperatura ambiente alrededor de 2 horas, luego guárdelas en un recipiente hermético, donde se conservarán hasta 5 días.

1 taza (250 mL) manteca (mantequilla) sin sal, a temperatura ambiente

½ taza (125 mL) de azúcar rubia

1 huevo, separado

2 cdtas (10 mL) de cáscara de naranja, rallada

1 cdta (5 mL) de extracto de vainilla

2 tazas (500 mL) de harina común

¼ cdta (1 mL) de sal

¾ taza (185 mL) de nueces, picadas finas

⅓ taza (80 mL) de mermelada de damascos

GALLETAS DE JENGIBRE
• *Para alrededor de 5 docenas* •

El jarabe de arce y la miel le agregan a estas cookies un sabor más suave que el de las tradicionales galletas de jengibre hechas con melaza.

1. Bata a mano o con batidora eléctrica de mano o de pie, la manteca (mantequilla) con el azúcar rubia y la miel o jarabe de arce hasta que esté homogéneo. Agregue, sin dejar de batir, el huevo, jengibre y cáscara de limón.

2. En un bol aparte, tamice la harina con la canela y la pimienta de jamaica molidas, el bicarbonato de sodio y la sal. Agregue la mezcla de harina a la preparación de manteca (mantequilla) en 3 adiciones, batiendo a baja velocidad y mezclando bien luego de cada adición (la masa estará muy suave). Divida la masa en 3 y transfiera a 3 piezas de film transparente, envuelva, y presione hasta lograr 3 discos. Refrigere hasta que esté firme, más o menos 2 horas.

3. Precaliente el horno a 175° c (350°f) y prepare 2 placas con papel manteca/sulfurizado.

4. Estire el primer disco de masa en una superficie enharinada hasta lograr un grosor de 3 mm y corte con un cortante de 5 cm con la forma deseada. Disponga las cookies en la placa, dejando un espacio de 1 cm entre cada una, y repita el procedimiento con los 2 discos restantes. Las sobras de masa se pueden volver a refrigerar durante 10 minutos, y volver a estirarse.

5. Hornee de 12 a 14 minutos, hasta que las cookies estén ligeramente tostadas. Enfríe sobre las placas antes de transferir a recipientes herméticos. Se conservarán hasta una semana y pueden decorarse con glasé o simplemente espolvorearse con azúcar impalpable.

½ taza (125 mL) de manteca (mantequilla) sin sal, a temperatura ambiente

½ taza (125 mL) de azúcar rubia

½ taza (125 mL) de jarabe de arce, o 95 ml de miel

1 huevo

1 Cda (15 mL) de raíz de jengibre rallada

1 cdta (5 mL) de cáscara de limón rallada

2⅓ tazas (580 mL) de harina común

¾ cdta (4 mL) de pimienta de jamaica molida

½ cdta (2 mL) de canela molida

½ cdta (2 mL) de bicarbonato de sodio

½ cdta (2 mL) de sal

GALLETITAS DE CANELA
• Para alrededor de 3 docenas•

²⁄₃ taza (160 mL) manteca (mantequilla)
  sin sal,
  a temperatura ambiente

²⁄₃ taza (160 mL) + 2 Cda (30 mL) de azúcar

2 yemas

1 cdta (5 mL) de extracto de vainilla

2 tazas (500 mL) de harina común

1 cdta (5 mL) de polvo de hornear

½ cdta (2 mL) + ⅛ cdta (0.5 mL)
  de canela molida

¼ cdta (1 mL) de sal

1 clara

*U*na variación de las clásicas galletitas dulces de vainilla. El agregado de canela es sutil tanto en color como en sabor, pero si quiere lograr unas galletitas de vainilla tradicionales, simplemente omítala.

1. Bata la manteca (mantequilla) y 160g del azúcar hasta que esté ligera y esponjosa. Añada batiendo las yemas y la vainilla. En un bol aparte, tamice la harina, polvo de hornear y ½ cucharadita de la canela, y la sal. Integre las dos preparaciones hasta que los ingredientes estén bien combinados y se forme una masa. Haga con la masa 2 discos, envuelva cada uno en film transparente y deje descansar a temperatura ambiente 20 minutos.

2. Precaliente el horno a 175º c (350°f) y prepare 2 placas con papel manteca (mantequilla)/sulfurizado.

3. Estire el primer disco de masa sobre una superficie de trabajo enharinada, hasta lograr 6 mm de espesor. Use un cortante de galletitas de 6 cm, circular o de la forma que prefiera, y corte las cookies. Con una pequeña espátula levante las galletitas y disponga en la placa, dejando 2,5 cm de espacio entre ellas. Repita el procedimiento con el segundo disco de masa. Las sobras pueden reagruparse y estirar luego de dejarlas 15 minutos descansando.

4. Bata la clara para aligerarla y pincele con ella la parte superior de las cookies. Revuelva las 2 cucharadas restantes (30 mL) del azúcar con la ⅛ restante de canela, y espolvoree esto sobre las cookies.

5. Hornee de 12 a 15 minutos, hasta que los bordes estén ligeramente dorados. Enfríe en la placa antes de retirar. Las cookies pueden conservarse en un recipiente hermético hasta 4 días.

nota de la cocina de Anna

Tanto estas cookies como las Galletitas de jengibre (pág. 49) son muy apropiadas para decorar con glasé. Simplemente omita el paso de pincelar con claras y espolvorear con azúcar, y prepare una tanda de glasé siguiendo las instrucciones de página 253. Transfiera el glasé a una manga de pastelería con boquilla y decore las cookies.

barras y cuadraditos

53 ‖ Para cortar barras y cuadraditos perfectos

BROWNIES

54 ‖ Brownies de fudge de chocolate

54 ‖ Blondies de manteca de maní

55 ‖ Brownies de moka con harina integral

56 ‖ Brownies cargados de arándanos, coco y malvavisco

CUADRADITOS CON BASE SHORTBREAD

58 ‖ Cuadraditos de crema de limón

59 ‖ Cuadraditos de limón

60 ‖ Cuadrados de jarabe de arce, nueces pecan y chocolate

62 ‖ Shortbreads de caramelo y nuez

BARRITAS TIPO TARTA

64 ‖ Barras de manzana, nuez y pasas

65 ‖ Cuadraditos de dátiles

66 ‖ Barras de banana y nuez

BARRITAS COMO EN EL KIOSCO

68 ‖ Barras de manteca de maní de Namaimo

69 ‖ Barras D'Artagnan

70 ‖ Barras de chocolate y coco

72 ‖ Cuadraditos de chocolate, maní y pretzels

CUADRADITOS TIPO CRUMBLE

73 ‖ Barras de crumble de frambuesa

73 ‖ Cuadraditos de canela, manzana y almendras con Streusel

74 ‖ Cuadraditos de avena y frutos secos

76 ‖ Crumble de duraznos y harina Kamut®

PARA CORTAR BARRAS Y CUADRADITOS PERFECTOS

Aquí van algunos consejos para cortar las barras y cuadraditos con facilidad, precisión y con un mínimo desperdicio:

1. Prepare la placa con papel manteca (mantequilla)/sulfurizado, de manera que este asome por los bordes de la placa. Cuando la preparación se asiente, usted podrá de este modo llevar la plancha entera de barras o cuadraditos a una tabla de corte para que porcionarla en forma pareja sea simple y no raspe la placa.

2. Use una regla para marcar la línea de corte y para trazar intervalos iguales, de ese modo logrará el mismo ancho en los cuatro bordes de la preparación.

3. Use un cuchillo de chef bien afilado para seguir la línea que trazó con la regla y hacer un corte limpio.

4. Si va a cortar barras o cuadraditos de una receta que está cubierta con chocolate o tiene un relleno muy denso, inserte el cuchillo en una jarra con agua caliente durante 1 minuto. Seque el cuchillo y deje que el calor haga el trabajo de ablandar la preparación, permitiendo un corte limpio que no quiebre la costra de chocolate.

5. Si desea espolvorear con azúcar impalpable como adorno, primero corte la preparación y luego espolvoree (pero note que el azúcar impalpable se derrite cuando es refrigerada).

BROWNIES DE FUDGE DE CHOCOLATE
• *Para un molde de 22 × 32 cm (3.5 L)* •
Cortar en 24 cuadraditos

libre de
lactosa

*L*a clave para estos sustanciosos y chocolatosos brownies es…¡la mayonesa! Este inesperado ingrediente toma el lugar de la manteca (mantequilla) y ayuda a mantener la humedad. Esta es la receta de brownies que rinde más, y además se *freezan* muy bien.

125 g (4 oz) de chocolate sin azúcar, picado
160 mL (⅔ taza) de agua hirviendo
2 tazas (500 mL) de azúcar
⅔ taza (160 mL) de mayonesa
3 huevos, a temperatura ambiente
1 cdta (5 mL) de extracto de vainilla
1 taza (250 mL) de harina común
½ taza (125 mL) de cacao en polvo, tamizado
½ cdta (2 mL) de sal
1 taza (250 mL) de chips de chocolate

1. Precaliente el horno a 175º c (350º). Engrase y prepare un molde de 22 x 32 cm (3.5 L) con papel manteca/sulfurizado de modo que el papel asome un poco por los bordes.
2. Coloque el chocolate picado en un bol grande y vierta el agua hirviendo encima. Deje que se asiente 1 minuto, luego bata hasta derretir. Agregue batiendo el azúcar, luego la mayonesa y los huevos, de a uno por vez; y la vainilla.
3. Con una cuchara de madera añada revolviendo la harina, el cacao y la sal hasta que estén combinados los ingredientes. Sume los chips de chocolate y revuelva.
4. Transfiera la mezcla al molde y esparza en forma pareja. Hornee 30 minutos, hasta que un palillo insertado en el centro salga limpio. Enfríe a temperatura ambiente. Se pueden conservar hasta 5 días en recipiente hermético.

nota de la cocina de Anna
Estos brownies se cortan mejor refrigerados, pero saben mejor a temperatura ambiente. Para consejos sobre cacao vaya a página 11.

BLONDIES DE MANTEQUILLA DE MANÍ
• *Para un molde cuadrado de 20 cm (8 pulgadas)* •
Cortar en 25 cuadraditos

*B*londies se los llama, porque contienen chocolate blanco o incluso carecen de chocolate. Esta versión de manteca de maní es húmeda y no demasiado dulce.

½ taza (125 mL) de manteca (mantequilla) sin sal, a temperatura ambiente
½ taza (125 mL) de azúcar
½ taza (125 mL) de azúcar rubia
⅔ taza (160 mL) de manteca (mantequilla) (mantequilla) de maní
2 huevos, a temperatura ambiente
1 cdta (5 mL) de extracto de vainilla
1 taza (250 mL) de harina común
1 cdta (5 mL) de polvo de hornear
¼ cdta (1 mL) de bicarbonato de sodio
¼ cdta (1 mL) de sal
1 taza (250 mL) de chips de chocolate blanco o negro

1. Precaliente el horno a 175º c (350ºf). Engrase un molde cuadrado de 20 cm y cúbralo con papel manteca/sulfurizado de modo que el papel asome de los bordes.
2. Haga un cremado con la manteca (mantequilla), el azúcar y el azúcar rubia. Añada batiendo la manteca de maní. Agregue los huevos de a uno por vez, revolviendo bien luego de cada adición. Agregue batiendo la vainilla.
3. En un bol aparte, agregue revolviendo la harina, el polvo de hornear, el bicarbonato de sodio y la sal. Combine bien los ingredientes, luego integre con la preparación de manteca (mantequilla), revolviendo hasta que estén bien integradas. Agregue revolviendo los chips de chocolate, luego transfiera la mezcla al molde preparado.
4. Hornee durante 30 minutos, hasta que los bordes tengan un dorado intenso (es esperable que se inflen un poco como un soufflé mientras están en el horno y se bajen una vez afuera). Enfríe en el molde por completo antes de retirar para cortar en porciones. Los blondies se mantendrán hasta 3dias en recipiente hermético.

BROWNIES DE MOKA CON HARINA INTEGRAL

• Para un molde cuadrado de 20 cm (8 pulgadas) •
Cortar en 25 cuadraditos

La harina integral de trigo ofrece un sabor a frutos secos que complementa a las nueces de esta receta (y nos da menos culpa). Estos brownies tienen además un gusto intenso a chocolate y nueces. Por otro lado, esta receta ensucia poco, ya que la masa se puede armar en el mismo recipiente en el que se derrite el chocolate...¡la combinación mágica!

1. Precaliente el horno a 175° c (350°f). Engrase un molde cuadrado de 20 cm (8 pulgadas) y prepárelo con papel manteca (mantequilla)/sulfurizado de modo que el papel asome un poco por los bordes.

2. Derrita la manteca (mantequilla), los chocolates, y el café instantáneo en una cacerola mediana a fuego bajo, revolviendo constantemente. Retire del fuego.

3. Agregue revolviendo el azúcar, luego añada los huevos de a uno, revolviendo bien luego de cada adición. Agregue revolviendo la vainilla.

4. Eche la harina, el bicarbonato de sodio y la sal dentro de la mezcla de chocolate, mezclando hasta que estén bien combinados los ingredientes. Agregue revolviendo las nueces y transfiera la masa al molde, esparciendo para que tenga un grosor parejo.

5. Hornee los brownies durante 35 minutos, hasta que la parte superior tome un tinte opaco. Enfríe completamente en el molde antes de cubrirlos.

6. Para la cobertura, derrita el chocolate, manteca (mantequilla) y café instantáneo en un bol de vidrio o metal sobre una cacerola con agua apenas hirviendo, revolviendo hasta que estén derretidos. Bata el queso crema para aligerarlo, y eche encima el chocolate derretido; bata hasta que estén bien combinados. Agregue el azúcar impalpable y mezcle bien. Retire los brownies del molde (usando los bordes del papel manteca (mantequilla)/sulfurizado para levantarlos) y aplique la cobertura por toda la superficie. Deje descansar una hora antes de cortar. Se conservan hasta 3 días en recipiente hermético.

BROWNIES:

½ taza (125 mL) de manteca (mantequilla) sin sal

120 g de chocolate semiamargo o sin azúcar, picado

90 g de chocolate sin azúcar, picado

1 Cda (15 mL) de café instantáneo

1 taza (250 mL) de azúcar

2 huevos, a temperatura ambiente

1 cdta (5 mL) de extracto de vainilla

⅔ taza (160 mL) de harina de trigo integral

¼ cdta (1 mL) bicarbonato de sodio

¼ cdta (1 mL) de sal

1 taza (250 mL) de nueces en trozos, ligeramente tostadas

FROSTING:

90 g de chocolate semiamargo o sin azúcar, picado

2 Cdas (30 mL) de manteca (mantequilla) sin sal

1 cdta (5 mL) de café instantáneo

125 g de queso crema, a temperatura ambiente

1 taza (250 mL) de azúcar impalpable, tamizada

nota de la cocina de Anna

Para recetas como ésta, en las que las nueces no se exponen directamente al calor del horno, me gusta pre-tostar las nueces antes de añadirlas a la preparación. El tostado agrega una profundidad al sabor de la nuez y le aporta textura. Simplemente esparza las nueces en una placa sin engrasar y hornee a 175° c (350°F) durante 10 minutos o hasta que tengan un tono marrón dorado.

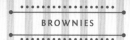
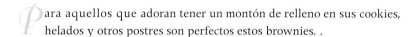

BROWNIES CARGADOS DE ARÁNDANOS, COCO Y MALVAVISCO
• *Para un molde cuadrado de 20 cm* • *Cortar en 25 cuadraditos*

*P*ara aquellos que adoran tener un montón de relleno en sus cookies, helados y otros postres son perfectos estos brownies. .

1. Precaliente el horno a 175°c (350°f). Engrase un molde cuadrado de 20 cm (8 pulgadas) y prepárelo con papel manteca (mantequilla)/sulfurizado de modo que el papel asome de los bordes.
2. Derrita la manteca (mantequilla) y los dos tipos de chocolate en una cacerola mediana a fuego bajo, revolviendo constantemente. Retire del fuego y agregue revolviendo el azúcar, luego añada los huevos de a uno, revolviendo bien luego de cada adición. Agregue revolviendo la vainilla.
3. Tamice la harina, cacao y la sal, y agregue esto a la mezcla de chocolate. Integre el coco, arándanos y mini malvaviscos, asegurándose de que todo quede bien cubierto por la mezcla de brownie.
4. Transfiera la masa al molde preparado, y espárzala parejo. Hornee de 25 a 30 minutos, hasta que un palillo insertado en el centro salga limpio. Deje enfriar los brownies en el molde antes de retirar y cortar.
5. Los brownies se mantendrán hasta 3 días en un recipiente hermético.

½ taza (125 mL) de manteca (mantequilla) sin sal

90 g de chocolate semiamargo, picado

90 g de chocolate sin azúcar, picado

1 taza (250 mL) de azúcar

3 huevos, a temperatura ambiente

1 cdta (5 mL) de extracto de vainilla

½ taza (125 mL) de harina común

¼ taza (60 mL) de cacao en polvo, tamizado

½ cdta (2 mL) de sal

½ taza (125 mL) de coco rallado

½ taza (125 mL) de arándanos secos, remojados en agua caliente 5 minutos y luego colados

2 tazas (500 mL) de mini malvaviscos

nota de la cocina de Anna

Usar huevos a temperatura ambiente es muy importante para hacer brownies. Los huevos fríos pueden enfriar el chocolate derretido, haciendo que se ponga demasiado firme como para trabajarlo, lo que resulta en un brownie seco. Si el chocolate se pusiera como acabamos de mencionar, agregue revolviendo suavemente 2-3 cucharadas (30 to 45 mL) de agua caliente a la masa luego de haber agregado los huevos.

Brownies de moka con harina integral
(pág. 55) y Brownies de *Fudge*
de chocolate (pág. 54)

CUADRADITOS DE CREMA DE LIMÓN
• Para un molde cuadrado de 20 cm •
Cortar en 25 o 36 cuadraditos

El queso crema es el verdadero secreto de estos cuadraditos de limón refrigerados —le brinda sustancia y enriquece la acidez del limón. También le otorga estructura al relleno de limón, para que no se chorree hacia abajo o adentro de la base de masa shortbread. Además ¡son muy rápidos de hacer en una procesadora!

1. Precaliente el horno a 175° c (350°f). Engrase y prepare un molde cuadrado de 20 cm con papel manteca/sulfurizado de modo que el papel asome por los bordes.

2. Para preparar la base, pulse en una procesadora la harina y el azúcar hasta combinar. Agregue la manteca (mantequilla) y pulse hasta que la mezcla esté pareja, y tenga una textura de migas. Sin embargo, no debe formarse una masa. Transfiera la preparación al molde.

3. Hornee de 15 a 18 minutos, hasta que la base se vuelva dorada alrededor de los bordes. Prepare la capa de limón mientras se enfría la masa.

4. En la procesadora, pulse el queso crema con $\frac{1}{2}$ taza (125 mL) del azúcar, hasta que esté homogénea. Añada los 250 mL de azúcar restantes, la harina, cáscara de limón y polvo de hornear, y procese hasta combinar. Añada el jugo de limón y los huevos, y mezcle hasta homogeneizar, raspando una o dos veces los bordes de la procesadora. Vierta el relleno sobre la masa ya fría.

5. Hornee de 35 a 40 minutos, hasta que los bordes estén asentados y el relleno empiecen a mostrar signos de elevarse un poco en el centro (como un soufflé). Enfríe los cuadraditos a temperatura ambiente y luego refrigere por lo menos 3 horas antes de cortar. Se conserva hasta 3 días en la heladera.

BASE:

1 taza (250 mL) de harina común
¼ taza (60 mL) de azúcar
½ taza (125 mL) de manteca
   (mantequilla) sin sal,
   cortada en trozos

CAPA DE LIMÓN:

125 g (4 oz) de queso crema,
   a temperatura ambiente
1½ taza (375 mL) de azúcar
¼ taza (60 mL) de harina común
2 cdtas (10 mL) de cáscara de limón
   rallada
½ cdta (2 mL) de polvo de hornear
½ taza (125 mL) de jugo de limón
4 huevos

notas de la cocina de Anna

1. Una clave para lograr cuadraditos perfectos con base de shortbread es no sobre trabajar el arenado. Un shortbread típico debe ser seco, no denso y tener aún la textura de migas cuando se lo coloca en el molde —se va a unir con el calor en el horno. Si trata de trabajar la manteca (mantequilla) para que se forme una masa como de tarta, la base puede encogerse mientras se hornea, dejando huecos que harán que el relleno líquido humedezca la masa.

2. Si usted teme haber sobre trabajado la masa, estire con los dedos la masa hacia los bordes del molde (a unos 6 mm) y deje descansar 20 minutos antes de hornear. Esto va a relajar el gluten de la harina y prevendrá que la masa se encoja.

CUADRADITOS DE LIMÓN Y NUEZ
• Para un molde cuadrado de 20 cm • Cortar en 16 o 25 cuadraditos

Mientras que los cuadraditos de crema de limón (página 58) deben mantenerse en la heladera y son delicados, esta versión de los cuadraditos de limón se conservan sin problemas a temperatura ambiente.

1. Precaliente el horno a 175° c (350°f). Engrase ligeramente un molde cuadrado de 20 cm y prepare la base y los bordes con papel manteca/sulfurizado de modo que el papel asome desde los bordes algunos centímetros.

2. Para la base, combine la harina y los trozos de nuez en una procesadora hasta que las nueces estén finamente molidas. Añada el azúcar impalpable, la ralladura de limón y la sal, y pulse. Agregue la manteca (mantequilla) fría, y pulse hasta que la mezcla tenga una textura de miga gruesa. Vierta la preparación en el molde y presione para que se mantenga unida. Empuje la masa para que suba por las paredes del molde (apenas un poco, unos 6 mm).

3. Hornee durante 25 minutos, hasta que esté apenas tostada. Deje enfriar antes de rellenar.

4. Para la capa de limón, bata los huevos y el jarabe de maíz hasta combinar. En un bol aparte, mezcle batiendo enérgicamente el jugo de limón con el almidón de maíz. Agregue revolviendo la ralladura y el polvo de hornear, y rápidamente integre esto a la mezcla de huevo. Vierte el relleno sobre la superficie de la masa ya fría.

5. Hornee hasta que esté firme, pero con el centro aún un poco tremblequeante, alrededor de 25 minutos. Deje enfriar a temperatura ambiente, retire del molde, corte, luego espolvoree con azúcar impalpable. Los cuadraditos pueden conservarse en recipiente hermético en un lugar fresco hasta 3 días, o congelados, sin apilarlos, hasta 2 meses.

BASE:

1½ tazas (375 mL) de harina común

¾ taza (185 mL) de nueces picadas gruesas

⅓ taza (80 mL) de azúcar impalpable

½ cdta (2 mL) de cáscara de limón rallada

¼ cdta (1 mL) de sal

½ taza (125 mL) de manteca (mantequilla) sin sal fría, cortada en trozos

CAPA DE LIMÓN:

2 huevos, a temperatura ambiente

¾ taza (185 mL) de jarabe de maíz

½ taza (125 mL) de jugo de limón fresco

2 Cdas (30 mL) de almidón de maíz

1 cdta (5 mL) de cáscara de limón rallada

½ cdta (2 mL) de polvo de hornear

Azúcar impalpable, para espolvorear

CUADRADOS DE JARABE DE ARCE, PACANAS Y CHOCOLATE

• *Para un molde cuadrado de 20 cm (8")* • *Cortar en 25 o 36 cuadrados* •

$\mathcal{E}$stos cuadraditos son muy similares a los cuadraditos de coco y dulce de leche, pero el agregado de chocolate los hace más fáciles de cortar y conservar.

1. Precaliente el horno a 175° c (350°f). Engrase y prepare un molde cuadrado de 20 cm con papel manteca/sulfurizado, de modo que el papel asome un poco por los costados.

2. Prepare la base mezclando la harina, azúcar impalpable y la sal. Agregue la manteca (mantequilla) hasta que la mezcla tenga una textura homogénea en forma de migas (esto se puede hacer a mano, con batidores o en una procesadora). Lleve la mezcla al molde preparado, presionando.

3. Hornee 15 minutos, hasta que los bordes comiencen a dorarse. Deje enfriar la base mientras prepara el relleno.

4. En un bol grande, mezcle el azúcar negro con el almidón de maíz, el polvo de hornear y la canela. Agregue batiendo los huevos, el jarabe de arce o miel, manteca (mantequilla), vainilla y el vinagre o jugo de limón. Agregue revolviendo las nueces pecan y los chips de chocolate. Vierta esto sobre la base ya fría.

5. Hornee alrededor de 25 minutos, hasta que los bordes exteriores del relleno estén burbujeando y el centro se mueva un poco al sacudir suavemente el molde. Deje enfriar a temperatura ambiente, luego enfríe completamente antes de cortar. Se conservan en heladera hasta 5 días.

BASE:

1¼ tazas (310 mL) de harina común

½ taza (125 mL) de azúcar impalpable, tamizada

¼ cdta (1 mL) de sal

½ taza (125 mL) de manteca (mantequilla) sin sal, fría

RELLENO:

½ taza (125 mL) de azúcar negro

1 Cda (15 mL) de almidón de maíz

½ cdta (2 mL) de polvo de hornear

¼ cdta (1 mL) de canela molida

2 huevos

½ taza (125 mL) de jarabe de arce o 95 ml de miel

¼ taza (60 mL) de manteca (mantequilla) sin sal, derretida

1 cdta (5 mL) de extracto de vainilla

1 cdta (5 mL) de vinagre de alcohol o jugo de limón

2 tazas (500 mL) de nueces pecan, en mitades

1 taza (250 mL) de chips de chocolate

nota de la cocina de Anna

Como usted bien sabe, medir es súper importante en la pastelería, pero muy a menudo damos por sentado que nuestras tazas y cucharas miden bien cuando quizás no es el caso. Para consejos sobre cómo medir la precisión de los utensilios, vaya a las páginas 5-6.

Cuadraditos de limón y nuez, arriba a la izquierda (pag. 59) y *Cuadraditos de crema de limón*, arriba en el centro (pag. 58)

SHORTBREADS DE CARAMELO Y NUEZ
• *Para un molde cuadrado de 20 cm (8 pulg)* | *Cortar en 25 a 36 cuadrados* •

Culpablemente deliciosos, estos cuadraditos de se rellenan con un auténtico caramelo casero que envuelve trozos de nuez bien crocantes.

1. Precaliente el horno a 175° c (350°f). Engrase y prepare un molde cuadrado de 20 cm papel manteca/sulfurizado de modo que el papel asome por los costados.

2. Mezcle la harina, el azúcar y la sal. Agregue la manteca (mantequilla) hasta lograr una textura de migas gruesas (no debe formarse una masa). Presione esta preparación sobre el molde preparado y hornee por 15 minutos, hasta que comience a tostarse en los bordes. Enfríe mientras prepara el relleno.

3. En una cacerola pequeña sobre fuego fuerte, lleve a hervor el azúcar, agua y cremor tártaro. Deje la cacerola descubierta y no revuelva, cada tanto pincele los costados exteriores de la cacerola con agua, hasta que el azúcar se caramelice y tome un color ambarino intenso, alrededor de 4 minutos. Retire la cacerola del fuego y, con ciudado a causa del vapor caliente, añada batiendo enérgicamente la crema y la manteca (mantequilla) y bata hasta que la manteca (mantequilla) esté derretida. Si el azúcar se pega al batidor o a la cacerola, vuelva la cacerola al fuego suave y revuelva hasta que esté bien derretida. Deje que el caramelo se enfríe 10 minutos.

4. En un bol mediano, bata el huevo, luego integre batiendo enérgicamente el azúcar rubia y la vainilla. Agregue revolviendo el caramelo, luego añada revolviendo las nueces. Vierta esta mezcla sobre la masa y esparza las nueces en forma pareja. Hornee 20 minutos, hasta que los bordes exteriores estén burbujeantes. Enfríe los cuadraditos a temperatura ambiente antes de cortar. Se conservan en recipiente hermético hasta 6 días.

BASE:

1 taza (250 mL) de harina común
¼ taza (60 mL) de azúcar
¼ cdta (1 mL) de sal
½ taza (125 mL) de manteca (mantequilla) sin sal,
  fría y cortada en trozos

RELLENO:

½ taza (125 mL) de azúcar
½ cdta (2 mL) de cremor tártaro
2 Cdas (30 mL) de agua
¼ taza (60 mL) de crema para batir
2 Cdas (30 mL) de manteca (mantequilla) sin sal
1 huevo
½ taza (125 mL) de azúcar rubia
1 cdta (5 mL) de extracto de vainilla
1½ tazas (375 mL) de nueces, en mitades

nota de la cocina de Anna

Algunos cuadraditos resisten mejor el congelador que otros, y la misma regla que usamos para congelar cookies se aplica aquí: cuanta más azúcar contenga una preparación, más suave se volverá cuando se descongele.

Los cuadraditos de Chocolate y nueces de página 61, éstos de caramelo y nueces y los otros que tienen el estilo de golosinas se vuelven muy pegajosos al salir del congelador, pero los cuadraditos que tienen estilo de torta y los crumbles se descongelan mucho mejor.

Cuadrados de jarabe de arce,
nueces pecan y chocolate,
arriba (pag. 60) y *Shortbread de
caramelo y nuez*, abajo (pag. 62)

BARRAS DE MANZANA, NUEZ Y PASAS
• Para un molde cuadrado de 20 cm (8 pulg) | Cortar en 24 barras •

Esta receta brinda una torta con una buena altura de unos 4 cm. Puede parecer una buena idea para tomar con el café de la mañana, pero por su dulzura es más apropiada para la hora del postre.

1. Precaliente el horno a 175° c (350°f). Engrase y prepare un molde cuadrado de 20 cm con papel manteca/sulfurizado de modo que el papel asome por los costados.

2. Bata juntos la manteca (mantequilla) y el azúcar y luego añada los huevos de a uno, batiendo bien luego de cada adición. Agregue revolviendo el puré de manzana y la vainilla.

3. En un bol aparte, mezcle la harina, avena, polvo de hornear, canela, bicarbonato de sodio, pimienta de Jamaica y sal. Añada esto a la mezcla de manteca (mantequilla), revolviendo hasta combinar. Agregue revolviendo la manzana rallada, las pasas de uva y las nueces, y transfiera la preparación al molde. Hornee por 40 minutos, o hasta que al insertar un palillo en el centro, éste salga limpio. Mientras se terminan de hornear las barritas, prepare el glaseado.

4. Para el glaseado, revuelva todos los ingredientes excepto la vainilla en una cacerola pequeña y lleve a hervor, revolviendo a menudo. Continue cocinando 2 minutos, luego retire la cacerola del fuego para que se enfríe un poco. Agregue revolviendo la vainilla.

5. Cuando haya salido del horno, vierta el glaseado sobre la torta aun caliente y deje enfriar completamente en el molde antes de cortar en forma de barritas. Las barras se mantendrán hasta 4 días en un recipiente hermético.

BASE:

½ taza (125 mL) manteca (mantequilla) sin sal, a temperatura ambiente

1 taza (250 mL) de azúcar rubia

2 huevos, a temperatura ambiente

½ taza (125 mL) de puré de manzana

1 cdta (5 mL) de extracto de vainilla

1 taza (250 mL) de harina común

½ taza (125 mL) de avena arrollada

1 cdta (5 mL) de polvo de hornear

¾ cdta (4 mL) de canela molida

¼ cdta (1 mL) de bicarbonato de sodio

¼ cdta (1 mL) de pimienta de Jamaica molida

¼ cdta (1 mL) de sal

1 manzana grande, pelada y rallada gruesa

½ taza (125 mL) de uvas pasas

½ taza (125 mL) de nueces picadas

GLASEADO:

⅓ taza (80 mL) de azúcar rubia

3 Cdas (45 mL) de crema para batir

3 Cdas (45 mL) de manteca (mantequilla) sin sal

1 cdta (5 mL) de jugo de limón o manzana

CUADRADITOS DE DÁTILES
• Para un molde cuadrado de 20 cm (8 pulg)| Cortar en 25 a 36 cuadrados•

Los dátiles hidratados que son la base de esta receta, crean una barra sustanciosa y dulce, ideal para reconfortarnos en otoño o invierno.

1. Precaliente el horno a 175° c (350°f). Engrase y prepare un molde cuadrado de 20 cm papel manteca/sulfurizado de modo que el papel asome por los bordes.

2. En una cacerola pequeña, caliente la sidra (o jugo de manzana) y los dátiles hasta el punto antes de la ebullición. Apague el fuego y deje que la mezcla se enfríe a temperatura ambiente. Haga un puré con los dátiles y la sidra y transfiera la mezcla a un bol grande.

3. Incorpore batiendo el azúcar, aceite, huevo y jengibre al puré de dátiles.

4. En un bol aparte, tamice la harina, cacao, polvo de hornear, canela, sal, nuez moscada y pimienta de Jamaica, e integre a la mezcla de dátiles, revolviendo hasta que esté homogénea. Esparza la preparación en el molde.

5. Hornee de 35 a 40 minutos, hasta que un palillo insertado en el centro salga limpio. Enfríe completamente antes de aplicar la cobertura de buttercream.

6. Para el glasé, bata la manteca (mantequilla) y $\frac{1}{2}$ taza (125 mL) del azúcar impalpable hasta que esté homogénea. Añada la leche y la vainilla, e integre a la manteca (mantequilla). Agregue la restante $\frac{1}{2}$ taza (125 mL) del azúcar impalpable y bata hasta combinar. Esparza la cobertura sobre la superficie de el pastel fría y deje asentar al menos una hora antes de cortar en cuadraditos. Se mantendrán en recipiente hermético hasta 3 días.

variación sin lactosa

Para una versión libre de leche, omita la cobertura o use margarina en lugar de manteca (mantequilla) y reemplace la leche por leche de almendra o soja.

BASE:

¾ taza (185 mL) de dátiles descarozados, picados

¾ taza (185 mL) de sidra o jugo de manzana

¾ taza (185 mL) de azúcar

¼ taza (60 mL) de aceite

1 huevo

2 cdtas (10 mL) de jengibre fresco, rallado

1 taza (250 mL) de harina común

1 Cda (15 mL) de cacao en polvo

¾ cdta (4 mL) de polvo de hornear

½ cdta (2 mL) de canela molida

½ cdta (2 mL) de sal

¼ cdta (1 mL) de nuez moscada molida

¼ cdta (1 mL) de pimienta de Jamaica molida

COBERTURA DE ·BUTTERCREAM:

2 Cdas (30 mL) manteca (mantequilla) sin sal, a temperatura ambiente

1 taza (250 mL) azúcar impalpable, tamizada

1 Cda (15 mL) de leche

½ cdta (2 mL) de extracto de vainilla

BARRAS DE BANANA Y NUEZ
• Para un molde cuadrado de 20 cm (8 pulg) | Cortar en 18 barras •

Estas barras son diferentes al pan de banana y nuez —son más dulces y con una textura más densa, y se cortan en trocitos. La ralladura de naranja brinda un rico matiz a las barras y el buttercream de naranja las viste.

1. Precaliente el horno a 175º c (350°f). Engrase ligeramente y prepare un molde cuadrado de 20 cm con papel manteca/sulfurizado de modo que el papel asome por los bordes.

2. Haga un cremado con la manteca (mantequilla) y el azúcar, luego añada batiendo el huevo, seguido por la vainilla y la ralladura. Agregue revolviendo la banana y el jugo.

3. En un bol aparte, tamice la harina, polvo de hornear y la sal. Añada esto a la mezcla de manteca (mantequilla), revolviendo hasta combinar. Agregue las nueces y revuelva. Transfiera la masa al molde y esparza parejo.

4. Hornee de 25 a 30 minutos, o hasta que al insertar un palillo en el centro, éste salga limpio. Deje enfriar el pastel a temperatura ambiente en el molde.

5. Para la cobertura de buttercream: bata la manteca (mantequilla) con 1 taza (250 mL) del azúcar impalpable hasta que esté homogénea. Agregue revolviendo el jugo de naranja, ralladura y vainilla, luego agregue batiendo la ½ taza (125 mL) restante de azúcar impalpable. Retire del molde y desprenda del papel manteca/sulfurizado. Cubra la parte superior de la torta con el buttercream de naranja y espolvoree con nueces. Deje asentar la cobertura sin tapar durante 1 hora antes de cortar en 18 barras. Conserve en un recipiente hermético hasta 3 días.

BASE:
¼ taza (60 mL) de manteca (mantequilla) sin sal, a temperatura ambiente

½ taza (125 mL) de azúcar rubia

1 huevo, a temperatura ambiente

1 cdta (5 mL) de extracto de vainilla

1 cdta (5 mL) de ralladura de naranja

⅔ taza (160 mL) de banana madura pisada (1 grande o 2 pequeñas)

2 Cdas (30 mL) de jugo de naranja

1 taza (250 mL) de harina común

½ cdta (2 mL) de polvo de hornear

¼ cdta (1 mL) de sal

½ taza (125 mL) de nueces ligeramente tostadas, y cantidad extra para decorar

BUTTERCREAM DE NARANJA:
3 Cdas (45 mL) de manteca (mantequilla) sin sal, a temperatura ambiente

1½ tazas (375 mL) de azúcar impalpable, tamizada

1 Cda (15 mL) de jugo de naranja

1 cdta (5 mL) de ralladura de naranja

½ cdta (2 mL) de extracto de vainilla

Barras de banana y nuez, a la derecha (pag. 66) y *Cuadraditos de dátiles*, en el centro (pag. 65)

BARRAS DE MANTECA (MANTEQUILLA) DE MANÍ DE NAMAIMO
• Para un molde cuadrado de 20 cm (8 pulg) | Cortar en 25 o 36 barras •

*N*anaimo, una localidad de Columbia Británica en Canadá, se hizo famosa por estas barras que ganaron un concurso de postres y que hoy son parte de la cultura gastronómica canadiense. El toque de manteca (mantequilla) de maní que le agregué a este clásico le da una vuelta de tuerca.

1. Precaliente el horno a 160° c (325°f). Engrase y prepare un molde cuadrado de 20 cm con papel manteca/sulfurizado de modo que el papel asome por los costados.

2. Para la base: mezcle las migas de galletita, el azúcar y el coco. Agregue revolviendo la manteca (mantequilla) derretida, luego agregue revolviendo el huevo y la vainilla. Sume los maníes, y presione la preparación contra el molde. La base estará suave, por lo que le conviene usar los dedos húmedos para presionar en forma pareja. Hornee la base 15 minutos, luego enfríela mientras prepara el relleno.

3. Para el relleno, bata la manteca (mantequilla), el azúcar impalpable y el *custard powder* hasta que se forme una pasta espesa. Agregue la manteca de maní, crema y vainilla, y bata hasta homogeneizar. Esparza esto sobre la base fría, cubra con film transparente (puede hacer que el film toque la manteca de maní y frotarlo para que se esparza parejo), y refrigere unas 2 horas, hasta que esté firme.

4. Para la decoración, coloque el chocolate y la manteca (mantequilla) en un bol de metal o vidrio sobre una cacerola con agua apenas hirviendo y revuelva hasta derretir. Esparza la mezcla sobre el relleno de manteca de maní ya refrigerado y refrigere nuevamente hasta que se asiente, más o menos una hora. Recién después corte en forma de barras. Las barras se mantendrán en heladera hasta 6 días.

nota de la cocina de Anna
El *custard powder* del relleno es uno de los ingredientes clave que hacen que estas barras Nanaimo califiquen como tales, pero en realidad se pueden omitir tranquilamente sin comprometer el sabor ni la textura.

BASE:
- 2 tazas (500 mL) de migas de galletitas de chocolate
- ¼ taza (60 mL) de azúcar
- ⅓ taza (80 mL) de cacao en polvo, tamizado
- 1 taza (250 mL) de coco rallado
- ½ taza (125 mL) de manteca (mantequilla) sin sal, derretida
- 1 huevo
- 1 cdta (5 mL) de extracto de vainilla
- ½ taza (125 mL) de maníes tostados salados, picados grueso

RELLENO:
- 3 Cdas (45 mL) de manteca (mantequilla) sin sal, a temperatura ambiente
- ⅔ taza (160 mL) de azúcar impalpable, tamizada
- 2 Cdas (30 mL) de *custard powder* (opcional)
- ⅓ taza (80 mL) de manteca (mantequilla) de maní
- 2 cdtas (10 mL) de crema mitad y mitad (ver pág. 12)
- 1 cdta (5 mL) de extracto de vainilla

DECORACIÓN:
- 175 g de chocolate semiamargo, picado
- 2 Cdas (30 mL) de manteca (mantequilla) sin sal

BARRAS D'ARTAGNAN
• Para un molde cuadrado de 20 cm (8 pulg) | Cortar en 25 o 36 barras •

Esta es la versión casera de la famosa golosina "3 Musketeers", un favorito de mi infancia. El relleno de chocolate súper dulce es, de hecho, una variación de un tradicional relleno de merengue. Un termómetro para caramelo es recomendado para esta receta, para asegurar que la capa de merengue logre ese resultado típico de derretirse en la boca.

1. Precaliente el horno a 175° c (350°f). Engrase y prepare un molde cuadrado de 20 cm con papel manteca/sulfurizado de modo que el papel asome por los costados.

2. Prepare la base: mezcle las migas de galletita, el azúcar impalpable, el cacao y la harina. Agregue la manteca (mantequilla) derretida y revuelva hasta que estén bien combinadas. Presione esta mezcla contra el fondo del molde preparado y hornee 10 minutos. Enfríe la masa mientras prepara el relleno.

3. Para el relleno, derrita el chocolate en un bol de vidrio o metal sobre una cacerola con agua apenas hirviendo, revolviendo hasta derretir. Deje enfriar a un costado. Bata las claras y la sal en un bol grande a punto nieve, y reserve.

4. Vierta el agua en una cacerola mediana, luego añada el azúcar y el jarabe. Lleve la mezcla a hervor sin revolver, y continúe hirviendo a fuego fuerte mientras pincela los costados de la cacerola con agua hasta que el azúcar llegue a los 124° c (255°f). Retire el azúcar del fuego y cuidadosamente viértalas en las claras batidas mientras bate a velocidad media hasta terminar de agregarlas. Continúe batiendo hasta que la mezcla se enfríe hasta casi alcanzar la temperatura ambiente, unos 7 minutos. Agregue batiendo el chocolate y la vainilla, y esparza esto sobre la base fría (puede usar una espátula ligeramente engrasada para esparcir mejor) y refrigere 1 hora.

5. Para la cobertura: derrita el chocolate con leche en un bol de metal o vidrio sobre una cacerola con agua apenas hirviendo y revuelva hasta derretir. Esparza el chocolate fluido sobre el relleno, sacuda el molde para que cubra el relleno en forma pareja y refrigere hasta que se asiente, unas 3 horas. Corte las barras mientras están refrigeradas. Pueden conservarse en recipiente hermético a temperatura ambiente hasta 3 días.

BASE:
1¾ tazas (435 mL) de migas de galletita de chocolate
¼ taza (60 mL) de azúcar impalpable, tamizada
2 Cdas (30 mL) de cacao en polvo, tamizado
2 Cdas (30 mL) de harina común
½ taza (125 mL) de manteca (mantequilla) sin sal, derretida

RELLENO:
125 g de chocolate semiamargo, picado
2 claras, a temperatura ambiente
¼ cdta (1 mL) de sal
½ taza (125 mL) de agua
2 tazas (500 mL) de azúcar
½ taza (125 mL) de jarabe de maíz
1 cdta (5 mL) de extracto de vainilla

COBERTURA:
175 g de chocolate con leche, picado

nota de la cocina de Anna
Para consejos sobre trabajar con chocolate vea la introducción en página 10.

BARRAS DE CHOCOLATE Y COCO
• Para un molde cuadrado de 20 cm (8 pulg) | Cortar en 25 o 36 barras •

*L*a base blanda de chocolate de estas barras sostienen un relleno de coco similar a un macaron francés. Cubierto con una capa de chocolate, son una auténtica golosina.

1. Precaliente el horno a 175° c (350°f). Engrase y prepare un molde cuadrado de 20 cm con papel manteca (mantequilla)/sulfurizado de modo que el papel asome por los costados.

2. Derrita la manteca (mantequilla) y el chocolate en una cacerola pequeña a fuego bajo, revolviendo hasta que esté homogéneo, luego retire del fuego. Agregue revolviendo el azúcar, luego agregue el huevo y la vainilla, siempre revolviendo hasta combinar los ingredientes. Sume la harina y revuelva. Esparza esta mezcla en el fondo del molde preparado (va a ser una capa muy fina) y hornee 10 minutos hasta que pierda el brillo. Enfríe mientras prepara el relleno.

3. Para el relleno: combine el coco, almendras, leche condensada, vainilla y sal. Esparza esto sobre la base fría. Hornee por 25 minutos, hasta que tenga un suave color marrón dorado. Deje enfriar a temperatura ambiente antes de añadir la cobertura.

4. Para la cobertura: coloque el chocolate y la manteca (mantequilla) en un bol de metal o vidrio sobre una cacerola con agua apenas hirviendo y revuelva hasta derretir. Vuelque esta mezcla sobre el relleno de coco frío y esparza en forma pareja.

5. Refrigere el molde unas 2 horas para que el chocolate se asiente. Corte las barras mientras están refrigeradas, pero disfrútelas a temperatura ambiente. Las barritas se mantendrán en un recipiente hermético por hasta 5 días.

BASE:

¼ taza (60 mL) de manteca (mantequilla) sin sal

30 g de chocolate sin azúcar, picado

½ taza (125 mL) de azúcar

1 huevo

½ cdta (2 mL) de extracto de vainilla

⅓ taza (80 mL) de harina común

RELLENO:

1⅓ tazas (330 mL) de coco rallado

1 taza (250 mL) de almendras fileteadas

300 mL de leche condensada

1 cdta (5 mL) de extracto de vainilla

¼ cdta (1 mL) de sal

COBERTURA:

150 g de chocolate semiamargo, picado

2 Cdas (30 mL) de manteca (mantequilla) sin sal

Barritas D'Artagnan (pag. 69) y Barras de manteca de maní de *Nanaimo* (pag. 68)

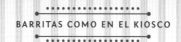
CUADRADITOS DE CHOCOLATE, MANÍ Y PRETZELS

• Para un molde cuadrado de 20 cm (8") | Cortar en 25 cuadrados •

Salados y crocantes, dulces y blandos, estos cuadraditos cumplen con casi cualquier antojo. La base es bastante similar a la de la masa de cookies de chips de chocolate, y la cobertura recuerda a los florentinos.

1. Precaliente el horno a 175° c (350°f). Engrase ligeramente un molde cuadrado de 20 cm y forre la base y los bordes con papel manteca/ sulfurizado de modo que el papel asome por los costados unos centímetros.

2. Haga un cremado suave y esponjoso con la manteca (mantequilla) y los azúcares. Añada batiendo las yemas y la vainilla.

3. En un bol aparte, combine la harina, avena y la sal, luego integre esto a la mezcla de manteca (mantequilla) hasta que esté combinada. Esparza la masa en el molde preparado.

4. Hornee por 30 minutos, hasta que esté ligeramente tostado. Mientras la base se hornea, prepare la cobertura.

5. Para la cobertura: derrita el chocolate con la manteca (mantequilla) y el jarabe en un bol de metal o vidrio sobre una cacerola con agua apenas hirviendo y revuelva hasta derretir.

6. Retire el bol del fuego y agregue revolviendo los pretzels en trozos y los maníes. Pinche la base tibia con un cuchillo pequeño (esto permite que la cobertura se aferre) y esparza la mezcla de chocolate sobre la base. Refrigere hasta que se asiente el chocolate, al menos 2 horas. Corte los cuadraditos con un cuchillo caliente y seco. Sirva a temperatura ambiente. Los cuadraditos se mantendrán en un recipiente hermético refrigerados hasta 5 días.

BASE:

1 taza (250 mL) de manteca (mantequilla) sin sal, a temperatura ambiente

½ taza (125 mL) azúcar negra o azúcar demerara

½ taza (125 mL) de azúcar

2 yemas

1 cdta (5 mL) de extracto de vainilla

1 taza (250 mL) de harina común

1 taza (250 mL) de avena

½ cdta (2 mL) de sal

COBERTURA:

240 g de chocolate semiamargo, picado

3 Cdas (45 mL) de manteca (mantequilla) sin sal, a temperatura ambiente

2 Cdas (30 mL) de jarabe de maíz

1 taza (250 mL) de pretzel picados, ligeramente aplastados

¾ taza (185 mL) de maníes picados (con o sin sal)

BARRAS DE CRUMBLE DE FRAMBUESA
• *Para un molde cuadrado de 20 cm | Cortar en 18 barras* •

libre de
huevo

Por el cardamomo, estos cuadraditos tienen un golpe inesperado que complementa la mermelada de frambuesa, pero si no tiene cardamomo, la pimienta de Jamaica también funcionará.

2½ tazas (625 mL) de harina común
½ taza (125 mL) de azúcar
2 Cdas (30 mL) de polenta
½ cdta (2 mL) de polvo de hornear
½ cdta (2 mL) de sal
¼ cdta de cardamomo o pimienta de Jamaica molidos
1 taza (250 mL) de manteca (mantequilla) sin sal, fría y cortada en trozos
1 taza (250 mL) de mermelada de frambuesa

1. Precaliente el horno a 175° c y prepare un molde cuadrado de 20 cm con papel manteca/sulfurizado de modo que el papel asome por los costados un poco.
2. Combine la harina, azúcar, polenta, polvo de hornear, sal y cardamomo o pimienta de Jamaica. Agregue manteca (mantequilla) hasta que la mezcla tenga una textura de migas gruesas (se puede hacer en una procesadora, pulsando hasta lograr la textura indicada). Coloque 3 tazas del crumble en la base del molde y presione bien. Revuelva la mermelada para aligerarla y esparza en forma pareja sobre el crumble. Espolvoree encima el crumble restante y presione suavemente.
3. Hornee las barras 30 minutos, hasta que comience a tostarse en los bordes. Enfríe las barras a temperatura ambiente, luego refrigere por al menos 2 horas antes de cortar en 18 barras. Se mantendrán en la heladera hasta 5 días.

nota de la cocina de Anna

La mayoría de los crumbles siguen una técnica común de armado. El truco para que los cuadraditos se mantenga unidos al cortar es presionar firmemente la capa de la base, cubrir con la fruta, espolvorear la capa superior, y luego con suavidad presionar la capa superior.

CUADRADITOS DE CANELA, MANZANA Y ALMENDRAS CON STREUSEL
• *Para un molde cuadrado de 20 cm • Cortar en 25 barras* •

libre de
huevo

Si tengo antojo de pastel de manzana pero estoy sin tiempo, preparo estos cuadraditos en su lugar.

BASE:
¾ taza (185 mL) de almendras molidas
⅔ taza (160 mL) de harina común
¼ taza (60 mL) de azúcar impalpable, tamizada
½ taza (125 mL) de manteca (mantequilla) sin sal, fría y cortada en trozos

STREUSEL:
1½ tazas (375 mL) de harina común
⅓ taza (80 mL) de azúcar rubia
1 cdta (5 mL) de canela molida
¼ cdta (1 mL) de nuez moscada molida
¼ cdta (1 mL) de polvo de hornear
6 Cdas (90 mL) de manteca (mantequilla) sin sal, fría y cortada en trozos
1½ tazas (375 mL) de manzanas ácidas como Granny Smith, peladas y ralladas gruesas
Azúcar impalpable, para espolvorear

1. Precaliente el horno a 175° c. Preare un molde cuadrado de 20 cm con papel manteca/sulfurizado de modo que el papel asome de los costados un poco.
2. Para la base, mezcle las almendras molidas, harina, y azúcar impalpable. Agregue la manteca (mantequilla) (a mano, con batidores o con procesadora) hasta lograr la textura de migas. Presione esto contra el fondo del molde y refrigere mientras prepara el streusel.
3. Para el streusel: mezcle la harina, azúcar rubia, canela, nuez moscada y polvo de hornear. Agregue la manteca a mano hasta lograr la textura de migas gruesas. Agregue revolviendo la manzana rallada para cubrirla bien. Presione suavemente contra la base refrigerada.
4. Hornee por 35 minutos, hasta que comience a tornarse dorado. Enfríe completamente antes de cortar, y espolvoree con azúcar impalpable para decorar. Los cuadraditos pueden conservarse en un recipiente hermético por hasta 3 días.

CUADRADITOS DE AVENA Y FRUTOS SECOS
• *Para un molde cuadrado de 20 cm (8 pulg)* | *Cortar en 25 cuadrados•*

libre de
huevo

En la misma familia que los cuadraditos de dátiles, estos bocaditos ofrecen una complejidad de sabor y texturas debido a la mezcla de frutos secos. Pero son aún más fáciles de preparar que los tradicionales cuadrados de dátiles porque la fruta seca simplemente se rocía sobre la capa de avena, sin necesidad de cocinarlos.

1. Precaliente el horno a 190º c (375°f) (190°c) y prepare un molde cuadrado de 20 cm con papel manteca/sulfurizado de modo que el papel asome un poco por los costados.
2. Derrita la manteca (mantequilla) en una cacerola pequeña. Retire la cacerola del fuego y agregue revolviendo el azúcar rubia y el jarabe de maíz hasta que estén bien combinados. En un bol, combine la avena y las especias, vierta la mezcla de manteca (mantequilla) encima y revuelva para integrar.
3. Presione la mitad de esta mezcla contra la base del molde preparado. Eche encima la fruta seca en forma pareja, luego cubra con la mezcla restante de avena, presionando suavemente (no hay problema si la fruta asoma un poco a través de la capa superior).
4. Hornee los cuadraditos unos 20 minutos, hasta que tengan un color marrón dorado parejo. Enfríe el molde completamente antes de usar el papel manteca/sulfurizado para retirar la preparación entera del molde, luego corte. Los cuadraditos se mantendrán en un recipiente hermético hasta 4 días.

¾ taza (185 mL) de manteca (mantequilla) sin sal

¼ taza (60 mL) de azúcar rubia

¼ taza (60 mL) de jarabe de maíz

2¾ tazas (685 mL) de avena arrollada

½ cdta (2 mL) de canela molida

¼ cdta (1 mL) de pimienta de Jamaica molida

⅔ taza (160 mL) de dátiles sin carozo, picados grueso

½ taza (125 mL) de ciruelas pasas sin carozo, picadas gruesas

⅓ taza (80 mL) de frambuesas secas

Cuadraditos de avena y frutos secos (pag. 74) y Crumble de duraznos y harina Kamut® (pag. 76)

CRUMBLE DE DURAZNOS Y HARINA KAMUT®

• Para un molde cuadrado de 20 cm (8 pulg) |Cuts into 36 squares •

*K*amut® es la marca registrada para un tipo de trigo de la Antigüedad, que se presta mejor al cultivo orgánico. Tiene un sabor terroso y a frutos secos, similar a la harina de trigo integral, pero otorga una estrucutra más delicada a las preparaciones.

1. Precaliente el horno a 175° c (350°f). Engrase y prepare un molde cuadrado de 20 cm papel manteca (mantequilla)/sulfurizado de modo que el papel asome un poco por los bordes.

2. Mezcle la harina de trigo Kamut o la semolina, el azúcar demerara, almidón de maíz, semilla de lino, canela y pimienta de Jamaica. Agregue la manteca (mantequilla) hasta que la mezcla tenga la textura de migas gruesas. Bata la clara con un tenedor y agréguela revolviendo al crumble (que seguirá teniendo la textura de migas). Presione dos tercios de esta mezcla contra la base del molde. Revuelva la mermelada para aligerarla y esparza sobre la superficie de la base. Espolvoree la restante masa de crumble sobre la mermelada y presione suavemente.

3. Hornee 20 a 25 minutos, hasta que se tueste un poquito. Deje enfriar a temperatura ambiente antes de refrigerar para cortar. Los cuadraditos pueden conservarse refrigerados hasta 5 días.

1½ tazas (375 mL) de harina de trigo Kamut® o semolina

⅓ taza (80 mL) de azúcar demerara o azúcar negra

¼ taza (60 mL) de almidón de maíz

2 Cda (30 mL) de semillas de lino molidas

½ cdta (2 mL) de canela molida

¼ cdta (1 mL) de pimienta de Jamaica molida

½ taza (125 mL) de manteca (mantequilla) sin sal, fría y cortada en trozos

1 clara

1 taza (250 mL) de mermelada de durazno

variación sin huevo

Se puede reemplazar la clara de esta receta agregando 1 cucharada (15 mL) adicional de semilla de lino molida mezclada con 1 cucharada de puré de manzana. Agregue esto revolviendo a la mezcla del crumble antes de presionar la masa contra la base del molde.

tartas y pasteles

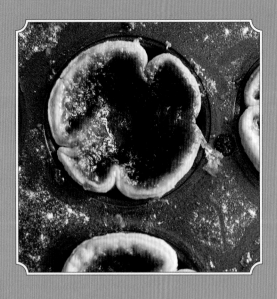

79 || La base para tartas perfecta

MASA BÁSICA

83 || Masa doble para tarta

TARTAS DE FRUTAS

84 || Streusel de manzana
86 || Tarta de manzanas caramelizadas
88 || Tarta de frutas frescas
90 || Tarta de frutas cocidas

TARTAS CON RELLENOS COCIDOS

93 || Lemon Pie
96 || Tarta de pan de jengibre rellena
97 || Pastel cremoso de banana y chocolate con
      cobertura de manteca de maní
98 || Pastel de calabaza
99 || Pastel de chocolate y nueces pecan
100 || Pastel de mincemeat

TARTELETAS

101 || Tarteletas de pasas de uva
102 || Tarteletas de crema portuguesa

TARTAS CON MASA DE TARTA DULCE (Tarte Sucrée)

104 || Masa de tarta dulce
106 || Cheesecake de lavanda y frutilla/fresa
107 || Tarta flan de frutas clásica
108 || Tarta cannoli de manzana

TARTAS CON MASA SABLÉE

108 || Masa de tarta sablée
110 || Tarta de crème brûlée de vainilla
111 || Tarta de limón (Tarte au Citron)
112 || Tarta de piña colada

TARTAS CON MASA DE FRUTOS SECOS

114 || Masa de tarta con frutos secos
115 || Tarta frangipane de arándanos rojos
116 || Tarta rocky road
120 || Tarta de frambuesa y nueces pecan

TARTAS CON MASA DE CHOCOLATE

117 || Masa de tarta de chocolate
118 || Cheesecake de chocolate y calabaza
122 || Tarta de mousse de café
124 || Tarta sedosa de chocolate

CRUJIENTES, COBBLERS Y CRUMBLES

123 || Crujiente de frutas clásico
126 || Cobbler de durazno y bayas
128 || Crumble de manzana

Popularmente universales como postres hogareños y también en restaurantes, las tartas y pasteles de frutas son también uno de los postres que más tiempo consumen en su preparación. Pareciera que es el postre que más cuidados conlleva en su procedimiento, dejándonos un poco temerosos, particularmente al preparar la base.

En Norteamérica, los métodos de la receta a menudo listan lo que NO hay que hacer: no dejes que la manteca (mantequilla) se caliente, no sobre trabajes la masa, no añadas demasiada agua. Al punto de que NO tenemos ganas de preparar las tartas en absoluto!

Investigando un poco, me di cuenta que las técnicas europeas, especialmente las francesas *pâte brisée* y *pâte à foncer* son mucho más relajadas y positivas. No hacen un lío con la manteca (mantequilla) fría y, de hecho, muchas recetas usan la manteca (mantequilla) a temperatura ambiente. Trabajan la masa más de lo que lo haríamos nosotros, y usan más líquido que el habitual, haciendo la masa se estire bien sin agrietarse.

Así que con este enfoque positivo y relajado, y una buena dosis de ingredientes, cualquiera puede hacer una receta tierna, sabrosa y como debe ser de masa pasa tartas y pasteles.

NOCIONES ESENCIALES DE LA MASA

Hacer masa de tartas y pasteles puede simplificarse a cuatro grandes áreas: los ingredientes, la mezcla, el reposo y el estirado. Acá las ideas básicas tras cada uno.

Ingredientes

grasas: manteca (mantequilla), margarina, vegetalina (o manteca vegetal), manteca de cerdo Los pasteleros debaten apasionadamente sobre las grasas como otros discuten sobre política. A lo largo de los años, he creado y usado muchas recetas de masas usando todas los ingredientes mencionados arriba, solos o en combinación.

» Manteca (mantequilla) A diferencia de la vegetalina o la manteca de cerdo, la consistencia de la manteca (mantequilla) cambia dramáticamente entre la refrigeración y la temperatura ambiente, y a causa de que la manteca se ablanda mientras la masa se mezcla, puede crear la falsa sensación de que la masa sea arruinará si se sobre trabaja. La receta

de masa basada en matneca requiere menos líquido (huevo y agua) que las otras grasas, y es de hecho bastante fácil de manejar una vez que la masa tuvo oportunidad de descansar fuera de la heladera (más o menos 30 minutos). Lisa y llanamente, por el sabor y la facilidad de trabajo, la manteca (mantequilla) es la mejor opción.

» Manteca de cerdo A pesar de que algunos juran todavía seguir usando esta grasa de cerdo derretida en las masas de las tartas, el resultado suelen ser masas de textura arenosa, aunque tiernas.

» Margarina La margarina hidrogenada se presta a ser mejor trabajada en las masas que la no hidrogenada, pero también hay que tener en cuenta el tema de las grasas trans. Por eso último es la manteca (mantequilla) la mejor opción si tiene que elegir. La margarina puede ser una opción apropiada para quienes no toleran la lactosa, pero va a necesitar agregar entre 1 y 2 cucharadas (15 a 30 mL) más de agua fría para que se forme la masa.

» Vegetalina Esta manteca vegetal es hidrogenada y de larga vida. A causa del proceso de hidrogenado, es la más fácil para trabajar en las masas, pero la combinación de grasas trans y, a veces, algo de gusto y textura grasosos, la vuelve la opción menos popular de estos tiempos. La masa basada en vegetalina necesita más agua que una masa de manteca (mantequilla) para ser trabajada apropiadamente.

huevos Algunas masas requieren huevo y otras no. El huevo ofrece humedad, reduce la cantidad de agua necesaria para que se forme la masa, y la yema provee suavidad y sustancia, mientras que la clara da estructura.

agua La mayoría de las masas llevan algo de agua, como 30 a 75 mL, dándonos espacio para preguntarnos cuánto se necesita. Gracias a muchas pruebas y a la exactitud en la medición, la receta de masa de tarta de este libro (página 83) no deja lugar para las adivinanzas en cuanto a la cantidad de agua. 2 cucharadas (30 mL) proveen la suficiente humedad para que la masa se forme y se estire sin quebrarse, al tiempo que conservan la textura típica.

vinagre o jugo de limón Un poco de acidez es la clave para lograr la textura tierna en las masas. El desarrollo de la proteína puede ocasionar que la masa de pasteles se encoja mientras la estira, o aún encogerse en la fuente al servir. El ácido acorta el gluten, o filamentos de proteína, en la masa.

azúcar   Se añade para lograr un efecto similar al de la acidez, para frenar el desarrollo de la gluteína y que la masa sea tierna. Endulza la masa, pero solo un poco, por lo que la misma masa puede usarse en recetas saladas como una *quiche*.

Mezclar

¿Cómo puede darse cuenta que se ha mezclado la masa hasta alcanzar la textura correcta? Independientemente de la herramienta que haya usado para esto, la masa debe estar bien unida, pero no está mal que haya migas sueltas si se pueden presionar con facilidad para unirlas a la masa cuando se le está dando forma de disco (si las migas son secas y harinosas, entonces debe mezclarse la masa un poco más). Tampoco hay problema en que se perciban unas vetas de manteca en la masa. El utensilio utilizado impactará en cuánto le llevará alcanzar este punto.

a mano   Mezclar a mano usando un mezclador de masa (que corta y mezcla los ingredientes) o incluso con dos cuchillos sin punta cruzados es la mejor manera para estar en contacto con la masa y dirigir la acción. Si usted fue bendecido con unas manos frías (esta es la ocasión en que yo agradezco haber nacido con manos naturalmente frías), puede usar los dedos para cortar y mezclar la manteca.

Este proceso lleva más tiempo que la batidora de mano, de pie o la procesadora, pero los resultados serán los mismos. Es mejor cortar la manteca en pedacitos cuando está todavía fría, luego dejar descansar 30 minutos antes de integrarla a la masa. Esto puede parecer contrario a lo que le enseñaron toda la vida, pero la manteca ligeramente blanda se corta y mezcla mejor y más rápido a la harina, de modo que se corren menos riesgos de sobre trabajar la masa. Además, la manteca/mantequilla un poco blanda se mezcla en forma más pareja (la manteca/mantequilla fría puede romperse en trozos desiguales de modo que termina ocurriendo que algunos trozos se integran bien y otros no).

batidora de pie   Con el accesorio de la pala Ka, es más fácil incorporar en forma pareja a la harina primero la manteca/mantequilla y luego los líquidos. Siempre mezcle a la velocidad mínima o la siguiente para evitar que esas gluteínas crezcan y se desarrollen demasiado.

La manteca/mantequilla que se cortó en trozos y se dejó a temperatura ambiente 30 minutos también se recomienda aquí. Tomará alrededor de un minuto incorporar la manteca a la harina, contra el doble que tarda la manteca helada (¡lo que equivale a hacer trabajar el doble a la harina!).

procesadora   La acción rápida de las cuchillas hace que la masa de tarta se una en un chasquear de dedos, pero asegúrese de usar solo la función de pulsado para mantener el control. Solo con esta herramienta recomiendo usar la manteca directamente de la heladera, dado que la fricción de la cuchilla la calentará apenas un toque.

batidora eléctrica de mano   Esta no es una elección muy afortunada, dado que la masa se puede quedar atrapada en los batidores y el motor puede sobrecalentarse una vez que se añade el líquido. Es preferible mezclar a mano.

Dejar descansar

El tiempo es un buen amigo para la masa de tartas a lo largo de todo el proceso, y la mayor parte de ese tiempo se usa para dejar descansar la masa, envuelta y en la mayoría de los casos refrigerada. Es un punto crítico dejar que la masa descanse como mínimo una hora antes de estirarla. No se trata tanto de volver a refrigerar la manteca sino de que esos filamentos de proteína, el gluten, se relaje. Cada vez que usted trabaje con masa, ya sea mezclando o estirándola, debe darle tiempo para descansar. Ese poquito de tiempo le ahorrará mucha frustración más adelante, dado que es un paso muy simple y necesario para que la masa no se encoja en el horno y se mantenga tierna.

Estirar

El mismo principio de hacer la masa con manteca/mantequilla ligeramente blanda se aplica a estirar la masa: retírela de la heladera 30 minutos antes de estirarla y verá qué fácil de estirar resulta, y con menos grietas. De hecho, dado que se estira tan fácil y rápido, el gluten no se ejercitará tanto, asegurando que la masa sea tierna.

Piense en esto de la misma manera que una rebanada de pan tostado: si trata de esparcir manteca fría sobre la tostada, ¿qué ocurre? Se agrieta y rompe, es difícil de manejar y, en el camino, se termina rompiendo la tostada. ¿Y si en cambio esparce manteca blanda? Se distribuye en forma parena y la tostada permanece intacta.

Para testear si la masa es lo suficientemente suave como para estirar, presiónela con el pulgar. Debería formarse una huella con solo un poco de presión. Pero si no cede, dele a la masa otros 10 minutos para que tome temperatura.

Materiales

m a d e r a La elección más práctica y más común. La madera mantiene una temperatura pareja, razón por la cual las cocinas profesionales están equipadas con estos palos que se usan para estirar generalmente.

m á r m o l Una novedad. El mármol permanece frío, de modo que la masa con mucha manteca permanecerá fría también. El peso del mármol provee una ventaja cuando toca estirar una masa firme y asentada.

p l á s t i c o Una opción más económica, aunque el plástico por momentos tiene una costura visible, y esta línea puede dejar marcas en la masa.

Estilos

f r a n c é s c u r v o Mi preferido. Este palo de amasar no tiene asas, de modo que se estira con las manos directamente sobre la masa, para sentirla mientras se estira. La suave curva del palo permite darle forma a la masa sin esfuerzo, la masa vuelve menos a su lugar porque no se la estira con el movimiento hacia adelante y hacia atrás. Perfecto para todas las masas, pero sobre todo para trabajos que requieren delicadeza.

f r a n c é s p l a n o Similar al palo francés curvo en que no tiene manijas, pero sin curvatura. Otorga gran control sobre el trabajo y, dado que a menudo este tipo de palos suele ser más grueso, le da a usted ventaja para estirar. Es apto para todos los usos.

p a l o d e a m a s a r c o n a s a s El más frecuente. Este palo tiene asas separadas del cuerpo. Esto da ventaja a la hora de estirar, pero al tener las manos separadas de la masa, se pierde la sensación de la masa y corre el riesgo de tener grietas o estirar en forma despareja sin darse cuenta.

Limpiar

Luego de estirar la masa, retire suavemente todos los restos de harina o masa, limpie a mano con poco detergente y seque inmediatamente. Como una cacerola de hierro, los palos de amasar se "curan" con la manteca/mantequilla luego de estirar repetidas veces. Notará que luego de uso frecuente apenas necesitará espolvorear con harina el palo y que la masa raramente se le pegará.

El merengue parece algo simple, pero llegar a sentirse cómodo con las claras batidas puede requerir a veces un poco de práctica. Estas guías le ahorrarán mucho de los interrogantes que el procedimiento le pueda causar.

Tipos básicos de merengue

m e r e n g u e c o m ú n Se hace con claras montadas a temperatura ambiente con un poco de azúcar. Es la típica cobertura del Lemon Pie (página 93–95), o puede batirse hasta estar crujiente en un horno a baja temperatura para hacer Pavlovas o merenguitos.

m e r e n g u e s u i z o Se hace cuando las claras y el azúcar se montan en un bol colocado sobre agua en ebullición, proceso que cocina las claras. Una vez que la mezcla está montada luego de retirarla del calor, se transforma en la "cobertura de siete minutos". Este merengue le conviene a los postres que no están refrigerados, ya que se derretirá o volverá pegajoso en la heladera.

m e r e n g u e i t a l i a n o Se hace cuando se montan las claras a temperatura ambiente, a las que luego se vierte azúcar cocinado hasta los 115º c (239°f) mientras se continúa batiendo. Este es el más estable de los merengues y es la base para los Macarons y muchas otras preparaciones. Es un poco más dulce que el merengue común, y la estructura que obtiene de sus micro burbujas y del azúcar cocido lo mantiene firme y previene que lagrimee.

Errores más frecuentes

Estos son algunos de los tropezones que nos ocurren a los pasteleros profesionales y amateurs por igual. Enseño a evitarlos o enmendarlos más abajo.

l a s c l a r a s n o s e m o n t a n Esto puede ser causado por residuos de aceite en el bol o los batidores, o porque un poquito de yema se coló al separar los huevos. La grasa es el enemigo del volumen de las claras, por lo que conviene chequear que no haya ningún aceite cerca de sus claras, para mayor seguridad moje apenas un trapo con vinagre de alcohol y frote el bol y los batidores con él antes de agregar las claras. (Si ya comenzó a batir y nota que las claras no se están montando y cree que esto es a causa del aceite, lo mejor es empezar de nuevo con nuevas claras y un bol limpio). Otra razón por las que las claras no se montan es porque están frías. Las claras a temperatura ambiente son flexibles y se estiran a un volumen mayor que las claras frías, así que espere a que las claras se aclimaten un poco.

el merengue lagrimea Si, luego de algunas horas en la heladera, se empiezan a formar gotitas de azúcar en el exterior del merengue, puede haber sobre batido las claras. Cuando las burbujas en el merengue común se estiran al máximo a causa de sobre batir, un cambio en la temperatura puede hacer que exploten, y liberarán un poco del azúcar que venían conteniendo. El resultado de todo esto es un merengue que lagrimea. La humedad también puede tener su parte de culpa aquí. Por ejemplo, si es un día caluroso y húmedo de verano, y la heladera fue abierta y cerrada muchas veces. Desafortunadamente, no hay otra solución para un merengue así que comerse la evidencia.

el merengue resbala ¿El merengue se desliza sobre la superficie de el pastel? Esto puede ser por una o dos cosas. Primera, un merengue sobre batido resbala en la crema de limón por la misma razón que lagrimea: el azúcar se está saliendo del merengue. Segunda, un choque drástico de temperatura. Colocar un merengue a temperatura ambiente sobre un relleno helado y luego cocinarlo en horno caliente puede provocar que el merengue transpire, y hasta puede provocar condensación en la superficie del relleno; esta

humedad puede ocasionar que el merengue resbale. Para evitar esto, hornee el merengue sobre un relleno que esté a temperatura ambiente o, si el relleno fue preparado con anticipación y refrigerado, dele al pastel una oportunidad de entibiarse un poco antes de hornearlo con el merrngue.

Montar en acción

Las recetas piden tres niveles de montado para las claras. Para tener el mayor control, bata las claras a un número menos que velocidad alta. Esto no afectará el volumen del merengue. La mejor manera de analizar el punto del merengue es observando los batidores.

pico blando Este es el primer nivel luego de la espuma, cuando el merengue toma color blanco. Cuando eleve los batidores de las claras y los ponga boca abajo, el merengue se debería curvar fácilmente.

pico mediano Este punto viene no mucho después del pico blando. Cuando eleve los batidores y los ponga boca abajo, el merengue debería curvarse solo en la punta no enteramente.

punto duro Cuando invierta los batidores, el merengue quedará erguido, sin curvarse de ningún modo.

Pico blando

Pico medio

Pico duro

MASA DOBLE PARA TARTA
• *Rinde para una tarta con base y tapa* •

receta base

Esta receta de masa tiene todo el gusto y los elementos de textura que debe tener. La manteca logra ese sabroso derretirse en la boca, el huevo le da estructura para que no quede muy pastosa, y el toque de acidez contribuye a que sea tierna.

A pesar de que algunas recetas de este Capítulo piden masa simple, yo recomiendo que haga esta receta para doble porción y congele la mitad para usar más adelante. Una receta doble es más fácil para mezclar (medir medio huevo para una receta de una porción es posible pero no siempre preciso).

1 taza (250 mL) de manteca fría (mantequilla) sin sal

2⅓ tazas (580 mL) de harina común

4 cdtas (20 mL) de azúcar

1 cdta (5 mL) de sal

1 huevo, tomado directamente de la heladera

2 Cdas (30 mL) de agua fría

2 cdtas (10 mL) de vinagre de alcohol o jugo de limón

1. Mientras está fría, corte la manteca en trozos pequeños y luego déjela fuera de la heladera 30 minutos. Combine la harina, azúcar y sal. Añada la manteca a la harina, mezclando hasta que la masa tenga la textura de migas gruesas.
2. En un bol aparte, bata el huevo, agua y vinagre o jugo de limón, y agregue a la masa en una sola adición, mezclando hasta que se forme la masa. De a la masa la forma de 2 cilindros o discos, envuélvalos en film transparente y refrigere al menos 1 hora antes de estirar.
3. La masa puede congelarse hasta 6 meses y descongelarse bajándola a la heladera.

nota de la cocina de Anna
Para información completa sobre cómo hacer la masa de tartas, incluyendo usar batidora o procesadora, vaya a páginas 79-80. Y para saber por qué es mejor la manteca (mantequilla) sin sal, vea páginas 13-14.

STREUSEL DE MANZANA
• Para un pastel de 23 cm | Rinde 8 porciones •

A pesar de que en este libro proveo de muchos rellenos clásicos para pasteles de frutas en dos simples cuadros (página 88 y 91), el pastel de manzana resalta por sí mismo.

1. Retire la masa refrigerada de la heladera 30 minutos antes de estirar. Precaliente el horno a 190º c (375°f). Espolvoree ligeramente con harina el fondo de un molde para tarta de 23 cm (9 pulgadas) y disponga sobre una asadera cubierta con papel manteca/sulfurizado o foil de aluminio.

2. Estire la masa sobre una superficie ligeramente enharinada hasta que tenga un poco menos de 6 mm de espesor. Levante la masa estirada y cubra el molde para tarta con ella. Recorte y deseche todo exceso de masa que cuelgue en más de 2,5 cm por fuera del molde. Haga un repulgue con esta parte exterior todo alrededor (ver pág. opuesta). Rocíe la avena sobre la masa de tarta estirada (esto sirve para absorber el exceso de líquidos y a que la base sea crocante), y refrigere mientras prepara el resto del relleno y el streusel.

3. Para preparar las manzanas: primero revuelva las rodajas con el jugo de limón, luego agregue revolviendo el azúcar, la manteca en trozos, la harina y canela. Deje a un costado.

4. Para el streusel: mezcle la harina, $^1/_3$ taza (80 mL) de avena, azúcar rubia, canela y sal. Agregue manteca hasta que tenga la textura de migas gruesas.

5. Disponga las manzanas de a cucharadas sobre la base de tarta refrigerada y palmee para asentarla. Espolvoree el streusel sobre las manzanas, luego hornee la tarta en el molde preparado por 20 minutos. Reduzca la temperatura a 175º c (350°f) y continue cocinando la tarta en la bandeja 40 a 45 minutos más, hasta que el exterior de la base tenga un tono tostado parejo y el relleno de manzana burbujee en los bordes. Enfríe al menos 3 horas antes de cortar, o refrigere y sirva frío. La tarta se mantendrá en la heladera hasta 4 días.

½ receta Masa doble para tarta (pág. 83), refrigerada

RELLENO:

3 Cdas (45 mL) de avena arrollada

6 tazas (1.5 L) de manzanas peladas y cortadas en rodajas finas, como Cortland, Spartan, Spy, Miel Crisp, Granny Smith, Mutsu, o cualquier combinación de ellas

2 Cdas (30 mL) de jugo de limón

⅔ taza (160 mL) de azúcar

2 Cdas (30 mL) de manteca (mantequilla) sin sal, fría y cortada en trozos

2 Cdas (30 mL) de harina común

1 cdta (5 mL) de canela molida

STREUSEL:

1 taza (250 mL) de harina común

⅓ taza (80 mL) de avena arrollada

¼ taza (60 mL) de azúcar rubia

1 cdta (5 mL) de canela molida

½ cdta (2 mL) de sal

6 Cdas (90 mL) de manteca (mantequilla) sin sal, fría y cortada en trozos

nota de la cocina de Anna

La variedad de manzanas que seleccione para la tarta es una opción personal: depende de sus gustos y los de los comensales —pero esta receta pide a las manzanas más populares. He sido jurado en muchos concursos de pastel de manzana a lo largo de los años y me he dado cuenta de que los pasteles ganadores siempre se hicieron con una combinación de al menos dos, y a menudo 3 variedades.

Dando forma a la base de una tarta

TARTA DE MANZANAS CARAMELIZADAS
• *Para un molde de tarta de 23 cm | Rinde 8 porciones* •

Este pastel de manzana es una suerte de cruza entre una *tarte tatin* (un tipo de tarta de manzana francesa) y la tarta de manzana tradicional. Primero se carameliza el azúcar y luego se agregan revolviendo las manzanas para que se ablanden un poquito. De este modo el balance de dulce de la tarta es muy bueno, con el exceso de jugos espesado por el caramelo, de modo que éstos se queden en la tarta mientras la corta en lugar de chorrear hacia abajo.

1. Retire la masa refrigerada de la heladera 30 minutos antes de estirar. Precaliente el horno a 190° c (375°f). Espolvoree ligeramente con harina el fondo de un molde para tarta de 23 cm (9 pulgadas) y disponga el mismo sobre una asadera cubierta con papel manteca/sulfurizado o foil de aluminio.

2. En una superficie ligeramente enharinada, estire uno de los discos de masa hasta que tenga 6 mm de alto. Levante la masa estirada, cubra la tartera con ella y espolvoree la masa con la avena. Estire el segundo disco de masa con la misma altura que el primero. Haga un hueco de 2 cm en el centro del segundo disco (para que el vapor pueda escapar mientras la tarta se cocina). Refrigere los dos discos de masa mientras prepara el relleno.

3. Precaliente el horno a 200° c (400°f). En una cacerola de fondo pesado, lleve a hervor el agua, azúcar y jugo de limón, sin revolver. Continúe hirviendo el azúcar sin revolver, pincelando cada tanto los costados de la cacerola con agua, hasta que el azúcar se caramelice, alrededor de 3 minutos. Añada las manzanas todas a un mismo tiempo y cubra revuelva para que se cubran con el caramelo. Agregue la manteca y canela y revuelva. Una vez que los jugos vuelvan a un hervor suave, retire del fuego y enfríe 5 minutos.

4. Retire la masa refrigerada de la heladera y vuelque encima las manzanas y los jugos de cocción encima (los jugos serán absorbidos por las manzanas mientras la tarta se hornea). Cubra la fruta con la segunda pieza de masa estirada. Recorte y deseche el exceso de masa y pellizque los bordes de ambas piezas de masa en un patrón decorativo. Bata el huevo con las 2 cucharadas (30 mL) de agua, y pincele la masa con la mezcla. Espolvoree con azúcar.

5. En la asadera preparada, hornee la tarta 15 minutos, luego reduzca la temperatura del horno a 190° c (375°f) y hornee durante otros 30 a 40 minutos, hasta que la masa tenga un tono dorado intenso. Deje enfriar al menos 3 horas antes de cortar, o refrigere y sirva fría. La tarta se mantendrá en la heladera hasta 4 días.

---

1 receta Masa doble para tarta (pág. 83), refrigerada

3 Cdas (45 mL) de avena arrollada

¼ taza (60 mL) de agua

1 taza (250 mL) de azúcar

2 Cdas (30 mL) de jugo de limón

6 tazas (1.5 L) de manzanas peladas y cortadas en rodajas como Mutsu o Granny Smith

3 Cdas (45 mL) de manteca (mantequilla) sin sal

1 cdta (5 mL) de canela molida

PARA PINCELAR:

1 huevo

2 Cdas (30 mL) de agua

Azúcar turbinado o común, para espolvorear

Streusel de manzana (pag. 84)

TARTA DE FRUTAS FRESCAS

• Para una tarta de 23 cm (9") | Rinde 8 porciones•

Una tarta de frutas frescas debe ser eso: fresca y simple. El mayor esfuerzo lo lleva preparar la base, con eso hecho, el relleno se limita a mezclar y combinar los ingredientes.

Aquí hay un cuadro con las proporciones de relleno-ingredientes para lograr una tarta de frutas bien asentada (no muy densa, no muy fluida) y con la dulzura justa (no muy dulce, no muy ácida).

1 receta de Masa doble para tarta
  (pág. 83), refrigerada
2 Cdas (30 mL) de avena arrollada

PARA PINCELAR:
1 huevo
1 Cda (15 mL) de agua
Azúcar turbinado, para espolvorear

FRUTA	TAPIOCA INSTANTÁNEA	AZÚCAR	OTROS
3 tazas (750 mL) de frutillas/ fresas frescas, en cuartos 3 tazas (750 mL) de ruibarbo fresco, en cubos	2 cdas (30 mL) o 2 cdas de almidón de maíz	1½ tazas (375 mL)	1 cdta (5 mL) de extracto de vainilla
6 tazas (1.5 L) de ruibarbo fresco, en cubos	2 cdas (30 mL) o 2 cdas de almidón de maíz	1¾ tazas (435 mL)	1 cdta (5 mL) de extracto de vainilla
5 tazas (1.25 L) arándanos frescos	2 cdas (30 mL) o 2 cdas de almidón de maíz	1 taza (250 mL)	3 cdas (45 mL) de jugo de limón 2 cdtas (10 mL) de ralladura de limón
5 tazas (1.25 L) de frambuesas frescas	2 cdas (30 mL) o 2 cdas de almidón de maíz	1¼ tazas (310 mL)	1 cda (15 mL) de jugo de limón 1 cdta (5 mL) de extracto de vainilla
6 tazas (1.5 L) de duraznos/ melocotones, pelados y cortados en rodajas	2 cdas (30 mL) o 2 cdas de almidón de maíz	1 taza (250 mL)	1 cdta (5 mL) extracto de vainilla ¼ cdta (1 mL) de canela molida

1. Mientras la masa se está refrigerando, prepare la fruta. Revuelva la fruta con la tapioca o maicena y deje que la mezcla repose más o menos 5 minutos

Tarta de manzanas cramelizadas (pag. 86)

CONTINUACIÓN . . .

para que el almidón se ablande. Agregue revolviendo el azúcar y los otros ingredientes para cubrir.

2. Retire la masa de la heladera 30 minutos antes de estirar. Precaliente el horno a 200° c (400°f). Coloque un molde para tartas de 23 cm en una asadera cubierta con papel manteca y espolvoree la tartera con harina (no engrase).

3. En una superficie ligeramente enharinada, estire el primer disco de masa hasta los 6 mm de espesor y coloque en el molde. Rocíe la masa con la avena. Cubra la base con el relleno. Estire el disco de masa restante y haga un agujerito en el centro. Ubique la segunda capa de masa sobre la fruta, recorte y deseche excesos de masa y pellizque los bordes de ambas capas para unir.

4. Bata el huevo y agua, pincele la superficie del pastel con esto y espolvoree con azúcar turbinado.

5. Ubique la tartera sobre la asadera y hornee 12 minutos a 200°c, luego reduzca a 190°c y hornee otros 40 minutos, hasta que la base tenga un color dorado intenso y el relleno burbujee. Enfríe al menos 2 horas antes de servir. Se puede preparar el día anterior y servir frio.

notas de la cocina de Anna

1. Puede usar otras frutas frescas y bayas en cualquier combinación. Use la tabla para calcular el volumen de fruta y azúcar. Por ejemplo, use las proporciones del ruibarbo para una tarta de moras, y las del arándano para una tarta de bayas surtidas. Se mantiene constante la cantidad de espesante (tapioca o maicena).

2. La tapioca instantánea es la opción ideal para espesar los jugos que se escapan de la fruta en la cocción. La tapioca se ablanda rápidamente, no agrega sabor, se espesa sin poner densa la mezcla y, en contrario al almidón de maíz, no necesita llegar a los 100°C para espesar. Se puede reemplazar por almidón de tapioca, aunque es más difícil de conseguir.

3. La fruta fresca funciona mejor que la fruta congelada en estas tartas. La piel de algunas frutas se endurece al congelarlas y otras, como las frambuesas, se vuelven muy líquidas para usar en una tarta luego de que se congelaron.

4. Si usa un horno convector, hornee la tarta a 190° c (375°F) con el ventilador encendido los primeros 12 minutos, luego simplemente apague el ventilador pero mantenga la temperatura en 190°C durante los restantes 40 minutos.

TARTA DE FRUTAS COCIDAS
• *Para una tarta de 23 cm (9")* | *Rinde 8 porciones*•

La tarta de frutas de las páginas 88–89 va bien con fruta fresca sin cocinar; en cambio, para estos rellenos cocidos pueden usarse frutas congeladas, ya que el proceso de ebullición ablanda las pieles y permite que el exceso de líquido se espese. El almidón de maíz, a diferencia de la tapioca, es el espesante conveniente aquí.

1 receta Masa doble para tarta (pag. 83), refrigerada
2 Cdas (30 mL) de avena arrollada

PARA PINCELAR:
1 huevo
1 Cda (15 mL) de agua
Azúcar turbinado, para espolvorear

FRUTA	AZÚCAR	ALMIDÓN DE MAÍZ	OTROS
6 tazas (1.5 L) de arándanos (frescos o congelados)	1½ tazas (375 mL)	3½ Cda (52,5 mL)	3 Cda (45 mL) jugo de limón 2 cdta (10 mL) lemon zest
6 tazas (1.5 L) de frambuesas (frescas o congeladas)	1½ tazas (375 mL)	3½ Cda (52,5 mL)	1 Cda (15 mL) jugo de limón 1 cdta (5 mL) extracto de vainilla
6 tazas (1.5 L) de cerezas descarozadas (frescas o congeladas)	1⅓ tazas (330 mL)	4 Cda (60 mL)	¼ cdta (1 mL) canela molida 1 cdta (5 mL) extracto de vainilla
5 tazas (1.25 L) de moras (frescas o congeladas)	1¼ tazas (310 mL)	2 Cda (30 mL)	1 Cda (15 mL) jugo de limón 1 cdta (5 mL) extracto de vainilla
6 tazas (1.5 L) de duraznos, pelados y cortados en rodajas (frescas o congeladas)	1 taza (250 mL)	2 Cda (30 mL)	1 cdta (5 mL) extracto de vainilla ¼ cdta (1 mL) canela molida

1. Mientras la masa de la tarta se está refrigerando, prepare la fruta. En una cacerola, lleve la fruta a ebullición. En un bol, revuelva el azúcar y el almidón de maíz, e incorpore esto batiendo a la fruta en cocción. Agregue los ingredientes restantes y cocine hasta que la fruta se haya espesado, revolviendo suavemente para no romperla.

CONTINUACIÓN . . .

Transfiera la fruta a un bol y enfríe el relleno a temperatura ambiente. El relleno se puede hacer con antelación y refrigerarse hasta que esté listo para el armado.

2. Retire la masa de la heladera 30 minutos antes de estirar. Precaliente el horno a 200º c (400°f). Coloque un molde para tarta de 23 cm en una asadera cubierta con papel manteca y espolvoree la tartera con harina.

3. Estire el primer disco de masa sobre una superficie enharinada hasta un poco menos que 6 mm de espesor y cubra con ella la tartera. Rocíe la avena sobre la masa. Rellene la tarta. Estire el disco de masa restante y corte un agujerito en el centro (para que el vapor puede escaparse en la cocción). Ubique la masa estirada sobre la fruta y junte los bordes. Recorte y deseche los excesos de masa, luego pellizque los bordes o use un tenedor para unirlos bien.

4. Bata juntos el huevo y el agua, pincele con esto la superficie de la masa y rocíe con azúcar turbinado.

5. Sobre la asadera con papel manteca, hornee la tarta 12 minutos a 200º C.(400°f), luego reduzca el calor a 190º c (375°f) y hornee por otros 40 minutos, hasta que la masa tenga un tono dorado intenso y el relleno burbujee. Enfríe la tarta por al menos 2 horas antes de cortar en porciones. Puede prepararse con un día de antelación y servirse fría.

nota de la cocina de Anna

Si usa horno convector, hornee la tarta a 190º c (375°F) con el ventilador encendido los primeros 12 minutos, luego simplemente apague el ventilador pero deje la tempertura en 190º c (375°F) durante los restantes 40 minutos. Vea más tips sobre horno convector en página 9.

LEMON PIE
• Para una tarta de 23 cm (9") | Rinde 8 porciones•

*U*n buen lemon pie bien vale el esfuerzo. Resérvese un buen tiempo para hacer la base, el relleno y el merengue. El merengue de esta receta requiere usar un termómetro para caramelo, pero el resultado es un merengue estable y esponjoso que tiene una estructura de burbujas muy finas, y no lagrimea o resbala sobre el relleno.

1. Retire la masa refrigerada de la heladera 30 minutos antes de estirar. Estire la masa sobre una superficie ligeramente enharinada, hasta que tenga apenas 3 mm de espesor. Cubra con ella un molde para tartas de 23 cm, recorte los bordes. Refrigere 20 minutos.
2. Precaliente el horno a 190º c (375°f). Cubra la base de la tarta con foil de aluminio y coloque encima un peso como porotos secos, arroz o garbanzos.
3. Hornee 20 minutos, luego retire el foil y los porotos y hornee de 10 a 12 minutos más, hasta que el centro de la tarta esté seco y los bordes ligeramente tostados. Mientras la tarta conserva el calor del horno, bata una clara para aligerarla, luego pícele con ella la masa por encima (esto crea una barrera para prevenir que la masa se humedezca). Deje enfriar la masa.
4. Para el relleno, lleve a ebullición en una cacerola el agua, 1 taza (250 mL) del azúcar, y la ralladura de limón. En un bol, bata la restante ¼ taza (60 mL) del azúcar con el almidón de maíz, luego agregue batiendo el jugo de limón y las yemas. Vuelque el agua hirviendo sobre la mezcla de limón, luego vuelque la mezcla resultante nuevamente a la cacerola y bata a fuego medio hasta que se espese y comience a burbujear, alrededor de 4 minutos. Coloque la manteca en un bol grande, cuele la mezcla de la cacerola sobre este mismo bol y revuelva hasta que se derrita la manteca. Tape el bol con un trozo de film transparente en contacto con el relleno y deje enfriar a temperatura ambiente. Luego rellene la tarta y refrigere hasta que esté firme, unas 2 horas.
5. Para el merengue, precaliente el horno a 190º c (375°f). Retire la tarta rellena de la heladera para entibiarla un poco (30 a 40 minutos). Si preparó la tarta el día anterior y la refrigeró toda la noche, deje que se entibie unos 75 minutos antes de cubrir con el merengue.
6. Bata las claras con ¼ taza (60 mL) de azúcar y el crémor tártaro hasta lograr

CONTINUACIÓN . . .

½ receta Masa doble para tarta (pág. 83), refrigerada
1 clara

RELLENO:
1¾ tazas (435 mL) de agua
1¼ tazas (310 mL) de azúcar
1 Cda (15 mL) de cáscara de limón rallada
6½ Cdas (97.5 mL) de almidón de maíz
⅔ taza (160 mL) de jugo de limón
5 yemas (reserve las claras para e merengue)
2 Cdas (30 mL) de manteca (mantequilla) sin sal

MERENGUE ITALIANO:
5 claras, a temperatura ambiente
1 taza (250 mL) azúcar
1 cdta (5 mL) crémor tártaro
¼ taza (60 mL) de agua

CONTINUACIÓN . . .

un pico medio cuando levante el batidor.

7. Lleve a ebullición en una cacerola la restante $\frac{3}{4}$ taza (185 mL) de azúcar más 1/4 taza (60 mL) de agua. Sin revolver, deje que el azúcar hierva, pincelando ocasionalmente los costados de la cacerola con agua, hasta que llegue a los 115° c (esto toma solo unos 3 minutos).

8. *Con cuidado* vierta el azúcar caliente en los costados del bol mientras bate a velocidad media-alta (recuerde no verter el azúcar caliente directamente sobre los batidores). Bata el merengue a alta velocidad hasta que se enfríe, unos 3 minutos.

9. Disponga el merengue en el centro del relleno de limón, y esparza suavemente formando un espiral. Coloque la tarta en una placa y hornee solo 4 minutos, hasta que esté ligeramente tostado. Deje que el merengue se enfríe a temperatura ambiente antes de refrigerar. El lemon pie puede prepararse hasta con un día de antelación y conservarse en la heladera por 2 días.

nota de la cocina de Anna

Para más consejos sobre cómo lograr merengues exitosos, vaya a la páginas 81-82.

TARTA DE PAN DE JENGIBRE RELLENA
• Para una tarta de 23 cm (9") | Rinde 8 porciones•

*R*ico, rico, rico! Esta tarta tiene todos los elementos de sabor de una especiada galleta de jengibre, pero un relleno cremoso.

1. Retire la masa de la heladera 30 minutos antes de estirar. Estire la masa sobre una superficie enharinada hasta los 3 mm de espesor. Cubra con ella un molde para tartas de 23 cm, recorte y pellizce los bordes. Refrigere 20 minutos.

2. Precaliente el horno a 190º c (375°f). Cubra la masa con foil de aluminio y coloque un peso encima: como arroz, porotos o garbanzos. Hornee 20 minutos, luego retire el foil y los pesos y hornee de 10 a 12 minutos más, hasta que el centro de la tarta esté seco y los bordes ligeramente tostados. Deje enfriar.

3. Para el relleno, caliente la manteca y el azúcar negra en una cacerola a fuego medio, revolviendo hasta que burbujee. Agregue batiendo la crema y la melaza, y revuelva hasta que alcance justo el punto anterior a la ebullición. En un bol, bata las yemas, el almidón de maíz, el jengibre, las especias, sal y leche. Lentamente vierta la mezcla cremosa caliente sobre la mezcla de huevo, batiendo constantemente hasta que estén combinadas. Vuelva la preparación a la cacerola y bata a fuego medio hasta que se haya espesado y esté comenzando a burbujear, unos 4 minutos.

4. Cuele y vierta sobre la masa de tarta enfriada. Cubra con un trozo de film transparente directamente en contacto con el relleno y refrigere hasta que se asiente, al menos 6 horas.

5. Para la cobertura, bata la crema hasta formar picos blandos e incorpore el azúcar, leche descremada en polvo, vainilla y canela. Esparza sobre el relleno y refrigere hasta que esté listo para servir. El pastel se mantendrá refrigerado hasta 2 días.

½ receta Masa doble para tarta (pág. 83), refrigerada

RELLENO:
1 taza (250 mL) manteca (mantequilla) sin sal
1¼ tazas (310 mL) de azúcar negra
1 taza (250 mL) de crema para batir
½ taza (125 mL) de melaza
4 yemas
⅓ taza (80 mL) de almidón de maíz
2 cdtas (10 mL) de raíz de jengibre rallada
¾ cdta (4 mL) de canela molida
¼ cdta (1 mL) de nuez moscada molida
¼ cdta (1 mL) de clavo molido
¾ cdta (4 mL) de sal
1¾ tazas (435 mL) de leche

COBERTURA:
1½ tazas (375 mL) de crema para batir
2 Cdas (30 mL) de azúcar
1½ Cdas (22,5 mL) de leche en polvo descremada
1 cdta (5 mL) de extracto de vainilla
¼ cdta (1 mL) de canela molida

PASTEL CREMOSO DE BANANA Y CHOCOLATE CON COBERTURA DE MANTECA DE MANÍ

• Para una tarta de 23 cm (9") | Rinde 8 porciones•

*M*ás espeso que el relleno tradicional de un postre, el de esta torta es muy sustancioso y lleno de chocolate. Con una cobertura de manteca de maní montada sobre crema batida, y con rodajas de banana escondidas bajo el relleno, semejante tarta hace aparecer al niño interior de cualquiera.

1. Retire la masa de la heladera 30 minutos antes de estirar. Sobre una superficie enharinada, estire la masa hasta los 3 mm de espesor. Cubra con ella un molde para tarta de 23 cm, recorte y pellizque los bordes. Refrigere 20 minutos.

2. Precaliente el horno a 190° c (375°f). Cubra la masa con foil de aluminio y coloque un peso encima: como arroz, porotos o garbanzos. Hornee 20 minutos, luego retire el foil y los pesos y hornee de 10 a 12 minutos más, hasta que el centro de la tarta esté seco y los bordes ligeramente tostados. Mientras está caliente, picele la superficie de la masa con la clara de huevo (esto crea una barrera para prevenir que la masa se humedezca). Deje enfriar la masa.

3. Disponga las bananas en rodajas sobre la base refrigerada, superponiéndolas si hace falta. Caliente la leche y la crema en una cacerola a fuego medio hasta el punto anterior a la ebullición. En un bol, bata las yemas, el azúcar, almidón de maíz, vainilla y sal; mientras continúa batiendo, agregue lentamente la mezcla caliente de leche. Vuelva la preparación a la cacerola y cocine a fuego medio mientras bate constantemente (alterne el batidor con una espátula cada tanto para asegurarse de que está batiendo también en las esquinas), hasta que la mezcla esté a punto de entrar en ebullición (unas pocas burbujas asomarán a la superficie). Coloque el chocolate picado en un bol y vuelque encima la crema caliente a través de un colador. Deje reposar un minuto. Luego bata hasta que el chocolate se haya derretido, luego eche el relleno sobre las bananas en rodajas. Cubra el relleno con un trozo de film transparente en contacto con el relleno y refrigere hasta que esté firme, unas 4 horas.

4. Para la cobertura: bata la crema con la leche en polvo hasta formar picos blandos. Agregue batiendo el azúcar impalpable y la vainilla. En un bol, bata la manteca de maní para aligerarla y añada alrededor de la mitad de crema batida, revolviendo hasta combinar. Integre esto a la otra mitad de crema montada y esparza sobre el pastel refrigerado. Decore con las virutas de chocolate y refrigere hasta que esté listo para servir. El pastel se mantendrá en la heladera hasta 2 días.

½ receta Masa doble para tarta (pág. 83), refrigerada

1 clara

RELLENO:

2 a 3 bananas, en rodajas

1¼ tazas (310 mL) de leche

½ taza (125 mL) de crema para batir

4 yemas

¼ taza (60 mL) de azúcar

2½ Cdas (37,5 mL) de almidón de maíz

1 cdta (5 mL) de extracto de vainilla

⅛ cdta (0.5 mL) de sal

175 g de chocolate semiamargo, picado

COBERTURA DE MANTECA DE MANÍ:

1½ tazas (375 mL) de crema para batir

1½ Cda (22,5 mL) de leche descremadaen polvo

⅓ taza (80 mL) de azúcar impalpable, tamizada

1 cdta (5 mL) de extracto de vainilla

⅓ taza (80 mL) de manteca de maní

Virutas de chocolate amargo (ver pág. 321), para decorar

PASTEL DE CALABAZA
• Para una tarta de 23 cm (9") | Rinde 8 porciones•

Las recetas más pecaminosamente deliciosas de pastel de calabaza están sobrecargadas de crema para batir. El uso de leche condensada en esta receta logra el balance adecuado de dulzura y textura sedosa, y corta un poco la necesidad de tanta crema para batir.

1. Retire la masa de la heladera 30 minutos antes de estirar. Precaliente el horno a 190°c (375 ° f)

2. Amase ligeramente la masa sobre una superficie enharinada para ablandarla. Luego estírela formando un círculo de menos de 6 mm de espesor. Espolvoree una tartera de 23 cm con harina y cubra con la masa, trabajando los bordes con los dedos para crear un lindo diseño. Refrigere la masa mientras prepara el relleno.

3. Para el relleno, bata el puré de calabaza, leche condensada, especias, crema y huevos hasta que estén bien combinados. Ubique la tartera refrigerada en una asadera y vierta encima el relleno de calabaza.

4. Hornee la tarta por 20 minutos, luego reduzca la temperatura del horno a 175°c (350° f) y hornee por 40 minutos más, hasta que la masa esté tostada y el relleno esté firme pero aún tiemble un poco en el centro. Enfríe la tarta a temperatura ambiente, luego refrigere por al menos 3 horas antes de servir. La tarta puede servirse refrigerada o caliente (para esto hornee 15 minutos en horno a 150°c antes de servir).

½ receta Masa doble para tarta (pág. 83), refrigerada

RELLENO:

2 tazas (500 mL) de puré de calabaza
1 lata (300 mL) de leche condensada
1 cdta (5 mL) de canela molida
½ cdta (2 mL) de jengibre molido
¼ cdta (1 mL) de pimienta de Jamaica molida
¼ cdta (1 mL) de clavo molido
⅛ cdta (0.5 mL) de nuez moscada molida
½ taza (125 mL) de crema para batir
3 huevos

nota de la cocina de Anna

Para un relleno húmedo como éste, trate de reemplazar la mitad de la harina común en la receta de la masa por harina de trigo integral. Esto le agrega un sabor a frutos secos, permanece tierna y se hornea completamente en la base, sin humedad,

PASTEL DE CHOCOLATE Y NUECES PECAN
• Para una tarta de 23 cm (9") | Rinde 8 a 10 porciones •

*P*iense en una chorreante tarta de manteca. Ahora imagine un montón de tiernas nueces pecan adentro. Y ahora imagine esto con mucho chocolate. ¡Guau!

1. Retire la masa refrigerada de la heladera 30 minutos antes de estirar. Precaliente el horno a 190° c (375°f).
2. Amase ligeramente la masa sobre una superficie enharinada para ablandarla. Luego estírela formando un círculo de menos de 6 mm de espesor. Espolvoree una tartera de 23 cm con harina y cubra con la masa, trabajando los bordes con los dedos para crear un lindo diseño. Refrigere la masa mientras prepara el relleno.
3. En una cacerola mediana sobre fuego medio, derrita la manteca, luego agregue revolviendo el azúcar rubia y el jarabe de maíz. Lleve esto a hervor mientras continúa revolviendo, luego continúe cocinando y revuelva por 1 minuto. Agregue revolviendo la crema y cocine 1 minuto más. Retire la cacerola del fuego y agregue revolviendo la sal, vainilla y chocolate, revolviendo hasta que el chocolate se haya derretido. Añada las pecan y revuelva para cubrirlas. En un platito, bata los huevos, luego agréguelos a la mezcla de nueces, revolviendo hasta que se hayan incorporado. Rellene con esto la base de tarta refrigerada.
4. Hornee la tarta en una placa por 40 a 45 minutos, hasta que la masa esté bien dorada y el relleno esté firme. Enfríe a temperatura ambiente. Conserve en la heladera hasta 4 días.

½ receta Masa doble para tarta (page 82), refrigerada

FILLING:

¾ taza (185 mL) de manteca (mantequilla) sin sal

¾ taza (185 mL) de azúcar rubia

½ taza (125 mL) de jarabe de maíz

¼ taza (60 mL) de crema para batir

½ cdta (2 mL) de sal

1 cdta (5 mL) de extracto de vainilla

4 oz (125 g) de chocolate semiamargo, picado

2½ tazas (625 mL) de nueces pecan, en mitades

2 huevos

nota de la cocina de Anna

Es conveniente servir esta tarta a temperatura ambiente o apenas refrigerada. Para eso retire la tarta de la heladera una hora antes de servir.

TARTA DE MINCEMEAT
• Para una tarta de 23 cm (9") | *Rinde 8 porciones•*

*T*ípica receta británica, el mincemeat como relleno de una tarta es algo glorioso. Esta versión que presento aquí tiene un buen balance de todo lo otoñal: frutas secas, nueces, especias ymiel y también jarabe de arce también.

1. Retire la masa refrigerada de la heladera 30 minutos antes de estirar. Precaliente el horno a 190º c (375°f).

2. Sobre una superficie ligeramente enharinada, amase un disco de tarta apenas lo suficiente como para ablandarlo, luego estire la masa y dele forma de un círculo de 6 mm de espesor. Espolvoree con harina una tartera de 23 cm y disponga en ella la masa estirada. Estire el segundo disco de masa y forme un círculo del mismo espesor que el anterior, colóquelo en una fuente o asadera y refrigere ambos mientras prepara el relleno.

3. En una cacerola mediana a fuego medio, caliente las manzanas, pasas, dátiles, ciruelas, nueces, jugo de manzana (o sidra), jugo de limón, ralladura de naranja, cacao, tapioca (o maicena), canela, jengibre, pimienta de Jamaica y clavos, hasta que la mezcla comience a burbujear. Añada la miel y el jarabe de arce, y revuelva hasta que la fruta alcance el primer hervor. Luego retire del fuego y deje enfriar a temperatura ambiente.

4. Eche el relleno sobre la masa de tarta refrigerada y esparza para que esté a una altura pareja. Corte un agujero en el centro del segundo círculo de masa y ubique sobre el relleno. Recorte y pellizque los bordes, creando un lindo diseño. Bata el huevo con el agua y pincele la parte superior de la tarta con esto, luego coloque la tarta en una asadera preparada con papel manteca/ sulfurizado.

5. Hornee la tarta 15 minutos, luego reduzca la temperatura del horno a 175°c y hornee 45 minutos adicionales, hasta que la base tenga un tono dorado intenso y parejo. Enfríe al menos 3 horas antes de servir. Puede comerse tibia o refrigerada, y se mantiene hasta 4 días en la heladera.

1 receta Masa doble para tarta (pág. 83), refrigerada

MINCEMEAT:

2 tazas (500 mL) de manzanas peladas y cortadas en cubos de 1 cm, tipo Granny Smith,

1 taza (250 mL) de pasas de uva

½ taza (125 mL) de dátiles, picados

½ taza (125 mL) de ciruelas pasas, picadas

1 taza (250 mL) de nueces en trozos

⅓ taza (80 mL) de jugo de manzana o sidra

3 Cdas (45 mL) de jugo de limón

1 Cda (15 mL) de cáscara de naranja, rallada fina

1 Cda (15 mL) de cacao en polvo

2 cdtas (10 mL) de tapioca instantánea o maicena

1 cdta (5 mL) de canela molida

1 cdta (5 mL) de jengibre molido

¼ cdta (1 mL) de pimienta de Jamaica molida

¼ cdta (1 mL) de clavo de olor molido

½ taza (125 mL) de miel

½ taza (125 mL) de jarabe de arce o 95 ml de miel

PARA PINCELAR:

1 huevo

2 Cdas (30 mL) de agua

TARTELETAS DE PASAS DE UVA
• *Para 12 tarteletas* •

Estas tarteletas tienen el relleno justo: pegajoso pero no muy chorreante. Me gusta usar pasas de uva rubias porque no son tan dulces como las negras.

1. Retire la masa de la heladera 30 minutos antes de estirar. Precaliente el horno a 200° c (400°f) y engrase ligeramente un molde para 12 muffins.

2. Espolvoree una superficie de trabajo con harina y desenvuelva los cilindros de masa. Corte cada cilindro en 6 partes. Estire cada parte hasta que tenga 6 mm de espesor, recorte con un cortante redondo de 12 cm (5″) y disponga cada pieza en los moldes para muffin, dejando que los bordes asomen en 1 cm sobre el molde. Refrigere el molde para muffins con las bases mientras prepara el relleno.

3. Bata a mano el azúcar, el jarabe de maíz y la manteca en un bol hasta combinar. Agregue batiendo los huevos, luego el vinagre y la vainilla. Tome algunas pasas de uva y colóquelas sobre las bases de tarteletas refrigeradas. Luego vuelque el relleno encima.

4. Hornee 5 minutos, luego reduzca la temperatura a 190°c (375° f) y continúe horneando hasta que el relleno empiece a formar como una cúpula, más o menos 20 minutos más. Enfríe a temperatura ambiente en el molde, luego rótelas suavemente para aflojarlas. Refrigere las tarteletas en el molde antes de retirarlas para servir. Se mantendrán en heladera hasta 5 días.

1 receta Masa doble para tarta (pág. 83), en forma de 2 cilindros y refrigerada

RELLENO:

¾ taza (185 mL) de azúcar negro
¾ taza (185 mL) de jarabe de maíz
½ taza (125 mL) de manteca (mantequilla) sin sal, derretida
2 huevos, a temperatura ambiente
1 cdta (5 mL) de vinagre de alcohol
1 cdta (5 mL) de extracto de vainilla
½ taza (125 mL) de pasas de uva rubias

nota de la cocina de Anna

A pesar de que la masa de tarta se estira a menos de 6 mm de grueso, en el caso de estas tarteletas nos hemos acostumbrado a hacerlas un poco más gruesas, quizás para que contengan mejor el relleno.

TARTELETAS DE CREMA PORTUGUESA
• *Para 12 tarteletas* •

En estas tarteletas cremosas con sabor a huevos se destaca una masa con una textura muy distintiva. Esto es así porque, mientras que otras tartas con crema piden que se congele la masa, en este caso añadimos una capa extra de manteca a la masa.

1. Retire la masa de la heladera 30 minutos antes de estirar.
2. En una superficie enharinada, estire la masa y dele forma de un rectángulo con 50 cm por 30 cm y 6 mm de espesor. Esparza en forma pareja 5 Cdas (75 mL) de manteca sobre la superficie de la masa, y enróllela del lado más corto (para crear un espiral). Envuelva y refrigere la masa mientras prepara el relleno.
3. Caliente la crema y la leche en una cacerola de fondo pesado a fuego medio hasta el punto previo a la ebullición. En un bol, bata las yemas, azúcar, almidón de maíz y vainilla. Mientras bate, vierta lentamente la crema caliente a la mezcla de huevos, y luego vuelva todo a la cacerola. Bata la preparación constantemente a fuego medio hasta que se espese y comience apenas a burbujear, unos 4 minutos. Cuele la preparación en un bol, agregue revolviendo la restante 1 Cda (15 mL) de manteca, y coloque un trozo de film transparente en contacto para prevenir que se forme una costra. Enfríe la preparación a temperatura ambiente, luego refrigere $1\frac{1}{2}$ horas.
4. Precaliente el horno a 190° c (375°f) y engrase un molde para 12 muffins. Retire la masa de la heladera y corte 12 discos del cilindro. Estire cada porción en una superficie ligeramente enharinada hasta 6 mm de espesor y recorte con un cortante redondo de 12 cm. Presione cada porción en el molde para muffins de manera que los bordes de cada tarteleta asomen en 1 cm por encima de cada molde. Rellene cada tarteleta con la crema portuguesa.
5. Hornee de 35 a 45 minutos, hasta que la masa tenga un color dorado intenso y la crema se haya tostado un poco por arriba. Enfríe las tarteletas en el molde antes de retirar para servir a temperatura ambiente o refrigeradas. Se pueden conservar en la heladera hasta 3 días.

1 receta Masa doble para tarta (pág. 83), envuelta en un solo cilindro, refrigerada

5 Cdas (75 mL) + 1 Cda (15 mL) de manteca (mantequilla) sin sal, a temperatura ambiente

1 taza (250 mL) de crema mitad y mitad (ver página 12)

¾ taza (185 mL) de leche

5 yemas

½ taza (125 mL) de azúcar

2 Cdas (30 mL) + 1 cdta (5 mL) de almidón de maíz

1 Cda (15 mL) de extracto de vainilla

nota de la cocina de Anna
Para tips sobre hornos convectores y hornos convencionales vaya a página 9.

Tarteletas de pasas de uva (pag. 101)

MASA DE TARTA DULCE
Para una base de tarta de 23 cm (9")

receta
b á s i c a

El método para preparar esta masa de tarta es muy parecido al de una cookie y también así de simple. No hay necesidad de estirar la masa fría; de hecho, si le resulta más cómodo puede amasar un poco la masa para ablandarla hasta que esté lista para estirar —sin necesidad de luchar con una masa helada que se quiebra a causa de la manteca fría.

Las tartas en este libro que se hacen con esta masa tierna y dulce fueron específicamente diseñadas para ella. Son delicadas, y sus rellenos no son ni tan húmedos ni tan pesados como para aplastar o despedazar la base.

- ½ taza (125 mL) de manteca (mantequilla) sin sal, a temperatura ambiente
- ¼ taza (60 mL) de azúcar
- 2 yemas
- ½ cdta (2 mL) de extracto de vainilla
- 1 taza (250 mL) de harina común
- ¼ cdta (1 mL) de sal

1. Bata la manteca y el azúcar hasta que estén esponjosos. Agregue revolviendo las yemas y la vainilla. Agregue revolviendo la harina y la sal hasta que se forme la masa. De forma de disco, envuelva en film transparente y refrigere por al menos 2 horas, hasta que esté firme.
2. Precaliente el horno a 175° c (350°f). Amase un poco la masa en una superficie enharinada hasta que se sienta cómoda para estirar. Espolvoree la masa con un poco de harina y estire hasta que tenga un diámetro de 28 cm y 6 mm de espesor. Lleve a una tartera acanalada desmontable de 23 cm, y recorte los bordes. Refrigere por 20 minutos en la heladera o 10 minutos en el freezer.
3. Coloque la tartera sobre una asadera. Pinche la masa con un tenedor y hornee 16 a 20 minutos, hasta que los bordes tengan un tono dorado tostado y el centro de la masa se vea seco. Enfríe completamente antes de rellenar.

notas de la cocina de Anna

1. Algunas masas para tartas necesitan blanquearse (hornearse previamente con un peso como porotos o garbanzos encima) para prevenir que en la cocción se le formen burbujas o se hagan jorobas. Dado que esta masa y la masa Sablé (page 109) son similares a la de las cookies, se hornean sin ninguna burbuja. Sin embargo, la acción de pinchar la masa es clave, para prevenir que a la base se le forme una cúpula en el centro. Mientras la tarta se hornea, los agujeros permiten que el aire se escape mientras la masa está blanda y maleable; y, con el calor, la masa se expande y los agujeros se llenan, permitiendo que no pierda relleno.
2. Rellene la base poco tiempo después de hornear, ya que se vuelve frágil si no. De todos modos, puede refrigerarse hasta 3 días y luego hornearse, o puede congelarse hasta 3 meses y luego descongelarse en la heladera antes de hornear.

Tarteletas de crema portuguesa (pag. 102)

CHEESECAKE DE LAVANDA Y FRUTILLA

Para una tarta de 23 cm (9") | *Rinde 8 a 10 porciones*

Una sutil adición de lavanda fresca complementa las frutillas frescas. El relleno de esta cheesecake de estilo neoyorkino encaja a la perfección con la masa tierna y las frutillas frescas encima.

1. Precaliente el horno a 160° c (325°f). Disponga la masa horneada y enfriada en una placa.

2. Bata el queso crema con ½ taza (125 mL) de crème fraîche hasta que esté homogénea. Mientras bate y raspa los bordes del bol, añada gradualmente ½ taza (125 mL) del azúcar. Agregue batiendo el huevo, la yema y 1 cucharadita (5 mL) de la vainilla hasta homogeneizar. Unte la primer capa de relleno en la base de tarta.

3. Hornee 20 minutos en la placa. Mientras hornea, prepare la segunda capa de relleno. Revuelva la restante ½ taza (125 mL) de crème fraîche con las restantes 2 cucharadas (30 mL) de azúcar y 1 cucharadita (5 mL) de vainilla. Una vez que la primera capa se horneó durante 20 minutos, esparza suavemente la segunda capa encima y hornee 10 minutos más. Enfríe la tarta a temperatura ambiente, luego refrigere en el molde por al menos 3 horas antes de retirar el anillo desmontable del molde para servir.

4. Para las frutillas, caliente la mermelada con la lavanda en una cacerola pequeña a fuego bajo por 10 minutos, revolviendo a menudo, luego enfríe a temperatura ambiente. Coloque las frutillas en un bol y revuelva junto con la mermelada.

5. Para servir, corte la cheesecake en triángulos con las frutillas encima.

6. La tarta se mantendrá un día en la heladera con las frutillas encima y hasta 3 días si añade las frutillas justo antes de servir.

1 receta de masa de tarta dulce (página 104), horneada y luego enfriada

RELLENO:

500 g de queso crema, a temperatura ambiente

1 taza (250 mL) de crème fraîche entera (ver pág. 321) o yogur griego entero

½ taza (125 mL) + 2 Cdas (30 mL) de azúcar

1 huevo

1 yema

2 cdtas (10 mL) de extracto de vainilla

FRUTILLAS:

½ taza (125 mL) de mermelada de frutilla/ fresa (casera, en lo posible)

2 cdtas (10 mL) de hojas o flores de lavanda fresca, picadas finas o 1 cdta (5 mL) si están secas

2 tazas (500 mL) de frutillas/fresas sin el cabito y cortadas en cuartos

nota de la cocina de Anna

Para una explicación de cómo usar crème fraîche entera vaya a página 14.

TARTA FLAN DE FRUTAS CLÁSICA
• *Para una tarta de 23 cm (9")* | *Rinde 8 a 10 porciones* •

baja en azúcar

Tomarse el tiempo para disponer las frutas es la clave para una tarta hermosa. Elija frutas tiernas que se puedan cortar fácilmente, y dispóngalas siguiendo un patrón circular de modo que al cortar el pastel cada porción tenga porciones similares de fruta. La jalea de manzana en esta receta protege las frutas de la oxidación, de todos modos en la lista de abajo encontrará los nombres de las frutas que tienden a oxidarse.

1. Mantenga la base de la tarta horneada en su molde. Derrita el chocolate blanco en un bol de metal o vidrio sobre agua apenas hirviendo, revolviendo hasta derretir. Pincele para cubrir el fondo y los costados de la base de tarta enfriada con el chocolate, y refrigere la base mientras prepara la crema.
2. Caliente la leche en una cacerola de fondo pesado hasta que esté a punto de hervir. En un bol pequeño, bata los huevos, azúcar y almidón de maíz. Vierta batiendo la mitad de la leche caliente sobre la mezcla de huevos, luego lleve todo a la cacerola y agregue la mitad de leche restante. Bata constantemente a fuego medio hasta que se espese y comience apenas a burbujear, de 3 a 4 minutos. Cuele la preparación sobre un bol, agregue la vainilla y manteca y revuelva hasta que esté derretida. Luego cubra con film transparente en contacto con la crema. Enfríe la crema a temperatura ambiente, luego refrigérela en el molde por al menos 2 horas.
3. Para armar la tarta, rellene la base con la crema y espárzala en forma pareja. Cubra el relleno con la fruta fresca, creando un diseño atractivo. Derrita la jalea de manzana a fuego bajo, luego pincele con ella la fruta. Refrigere la tarta en su molde hasta que esté listo para servirla. Puede conservarse en la heladera hasta 1 día.

1 receta de masa de tarta dulce (página 104), horneada y luego enfriada
60 g de chocolate blanco, picado

CREMA:
1 taza (250 mL) de leche
2 huevos
¼ taza (60 mL) de azúcar
2½ Cdas (37,5 mL) de almidón de maíz
2 cdtas (10 mL) de extracto de vainilla
2 Cdas (30 mL) de manteca (mantequilla) sin sal

FRUTAS:
4 tazas (1 L) de frutas frescas y tiernas, como frambuesas, arándanos o frutillas/fresas, y otras peladas y cortadas en rodajas, como kiwi, ananá/piña y mango
¼ taza (60 mL) de jalea de manzana

FRUTAS QUE SE OXIDAN
Manzanas
Damascos
Bananas (no aconsejadas para esta tarta)
Duraznos
Peras
Plums

nota de la cocina de Anna

Las frutas listadas en los ingredientes son apenas el punto de partida. Puede usar cualquier fruta tierna y delicada que se le ocurra, pero tenga en cuenta que algunas frutas se oxidan una vez expuestas al aire. Si realmente desea usar estas frutas, es mejor pasarlas por un poco de jugo de limón antes de disponerlas sobre la tarta, o considerar blanquearlas en agua hirviendo o tostarlas un poco en el horno.

receta
b á s i c a

Esta tarta de manzana tiene un relleno de ricotta que sabe igual que los cannoli, los típicos postres de Italia: una linda combinación que le va bien al otoño, primavera o invierno.

1 receta de masa de tarta dulce (página 104), horneada y cocida

RELLENO:

2½ tazas (625 mL) de manzanas Granny Smith en rodajas

3 Cdas (45 mL) de vino de Marsala

1⅓ tazas (330 mL) de ricotta

¼ taza (60 mL) + 1 Cda (15 mL) de azúcar

2 Cdas (30 mL) de chocolate semiamargo rallado fino

1 huevo

1 yema

1 cdta (5 mL) de cáscara de limón rallada

⅛ cdta (0.5 mL) de nuez moscada molida

2 Cdas (30 mL) de manteca (mantequilla) sin sal, derretida

1. Precaliente el horno a 175° c (350°f). Coloque el molde con la base de la tarta cocinada y enfriada en una asadera.

2. Revuelva la manzana con el Marsala y reserve a un costado, mezclando cada tanto.

3. En un bol aparte, bata la ricotta, ¼ taza (60 mL) del azúcar, el chocolate rallado, huevo, yema, ralladura de limón y nuez moscada. Cuele el Marsala de las manzanas en la mezcla de ricotta y combine bien. Vierta el relleno de ricotta sobre la base de tarta horneada y disponga las manzanas encima. Pincele las manzanas con la manteca derretida, y espolvoree con la restante 1 cucharada (15 mL) de azúcar.

4. Hornee la tarta en la asadera durante alrededor de 25 minutos, hasta que las manzanas estén tiernas al pincharlas con un tenedor. Enfríe la tarta a temperatura ambiente, luego refrigere en el molde hasta que esté listo para servir. La tarta se mantendrá en la heladera hasta 2 días.

Esta masa dulce está diseñada para rellenos húmedos. El azúcar impalpable y la harina para repostería le otorgan una textura delicada y tierna. El agregado de un huevo entero la vuelve resistente a los rellenos húmedos.

⅓ taza (80 mL) de manteca (mantequilla) sin sal, a temperatura ambiente

¼ taza (60 mL) de azúcar impalpable

1 huevo, a temperatura ambiente

2 Cdas (30 mL) de leche

1 cdta (5 mL) de extracto de vainilla

1 taza (250 mL) de harina para repostería (0000)

¼ cdta (1 mL) de sal

1. Bata juntos la manteca y el azúcar impalpable hasta que estén esponjosos. Agregue revolviendo el huevo, luego la leche y la vainilla. Agregue revolviendo la harina y la sal hasta que la masa se una (es normal que esté pegajosa en este punto). Forme un disco con la masa, envuélvala en film transparente y refrigere al menos 2 horas, hasta que esté firme.

2. Precaliente el horno a 175° c. Amase la masa sobre una superficie de trabajo ligeramente enharinada para ablandarla apenas un poco. Espolvoree la masa con un poco de harina y estírela hasta que tenga 28 cm de diámetro y menos de 6 mm de alto. Cubra una tartera acanalada con fondo desmontable de 23 cm. Refrigere 20 minutos en la heladera o 10 minutos en el freezer.

3. Coloque el molde refrigerado sobre una asadera. Pinche la masa con un tenedor, y hornee 20 a 24 minutos, hasta que los bordes tengan un tono marrón dorado y el centro se vea seco. Enfríe por completo antes de rellenar.

nota de la cocina de Anna

Rellene la tarta poco después de hornearla, ya que se vuelve frágil sin relleno. No obstante, la masa puede refrigerarse hasta 3 días y luego hornearla, o congelarla hsta 3 meses y luego bajarla a la heladera antes de hornear.

TARTA DE CRÈME BRÛLÉE DE VAINILLA
• *Para una tarta de 23 cm (9") | Rinde 8 a 10 porciones* •

baja en
azúcar

Un relleno de crème brûlée clásica se hornea junto a este tarta y se cubre con azúcar caramelizado: simple pero divino.

1. Precaliente el horno a 150°c (300°f). Coloque el molde con la masa de tarta horneada y enfriada en una asadera cubierta con papel manteca/sulfurizado o de aluminio.

2. Bata juntos las yemas, el huevo y $^1/_3$ taza (80 mL) del azúcar. Raspe las semillas de la vaina de vainilla dentro de la mezcla de huevo e incorpórelas batiendo. Vierta la crema para batir mientras continúa batiendo. Vierta esto con cuidado sobre la masa de tarta y use una toalla de papel de cocina para romper las burbujas de aire que se pudieran formar en la superficie de la crema.

3. Con cuidado, lleve la asadera al horno y colóquela en el centro. Ubique una fuente con $1\frac{1}{2}$ tazas (375 mL) de agua hirviendo cerca de la tartera (puede ser en la rejilla de arriba o en el piso del horno o junto a ella si posee un horno ancho). Hornee durante 40 minutos, hasta que la tarta esté firme pero con unos 8 cm en su centro tiemblen aún un poco. Enfríe la tarta a temperatura ambiente antes de refrigerarla en la tartera al menos 2 horas.

4. Cuando esté listo para servir la tarta, espolvoree su superficie con la $^1/_4$ taza (60 mL) de azúcar restante en forma pareja. Use un mechero a gas butano para para derretir y luego caramelizar este azúcar. Una vez que se enfríe durante 1 minuto se volverá crocante. Puede caramelizar la parte superior de la tarta con hasta 3 horas de anticipación. La tarta resiste hasta 2 días en la heladera (aunque luego de un día, el azúcar perderá un poco de brillo y algo de su calidad crocante, pero será igualmente deliciosa).

1 receta de masa de tarta Sablée
  (pag. 108), horneada y refrigerada

RELLENO:

5 yemas
1 huevo
$^1/_3$ taza (80 mL) + ¼ taza (60 mL) de azúcar
1 vaina de vainilla, o 1 Cda (15 mL)
  de extracto de vainilla
2 tazas (500 mL) de crema para batir

nota de la cocina de Anna
Para lograr 8 tartas individuales, simplemente duplique los ingredientes para la masa de tarta sablé y estire, prepare con papel manteca y hornee 8 tarteras acanaladas de 10 cm de diámetro por unos 15 minutos. Prepare el relleno siguiendo las indicaciones de arriba y hornee las tartas rellenas otros 20 minutos.

TARTA DE LIMÓN *(TARTE AU CITRON)*
• *Para una tarta de 23 cm (9")* | *Rinde 8 a 10 porciones* •

Un verdadero clásico que no puede faltar en el repertorio de cada pastelero que se precie de tal.

1. Precaliente el horno a 160° c (325°f). Ubique el molde con la masa horneada y enfriada de tarta en una asadera cubierta con papel sulfurizado.
2. Bata juntos los huevos, la yema y el azúcar hasta que estén homogéneos. Agregue batiendo la crema, crème fraîche o yogur, y la cáscara y jugo de limón. Cuando los ingredientes se hayan combinado, vierta con cuidado sobre la masa.
3. Hornee sobre la asadera alrededor de 25 minutos, hasta que la tarta esté firme salvo en unos 8 cm alrededor del centro, donde debe temblar aún un poco. Enfríe a temperatura ambiente, luego refrigere en el molde durante al menos 2 horas antes de retirar el anillo exterior de la tartera para servir.
4. La tarta puede conservarse en la heladera hasta 2 días.

1 receta de masa de tarta Sablée (pag. 108), horneada y refrigerada
3 huevos
1 yema
½ taza (125 mL) de azúcar
⅔ taza (160 mL) de crema para batir
⅓ taza (80 mL) de crème fraîche (ver pág. 321) o yogur griego entero
1 Cda (15 mL) de cáscara de limón rallada
⅓ taza (80 mL) de jugo de limón

notas de la cocina de Anna

La simpleza de esta tarta la vuelve perfecta como culminación de una cena, pero puede usted aguzar su inventiva e introducirle algunas variaciones. Por ejemplo:

1. Disponga sobre la tarta bayas frescas, como moras, frambuesas, etc. (o sirva las bayas a un lado).
2. Prepare una cobertura de crème brûlée crocante para la tarta siguiendo la técnica de acabado y terminación en el paso 4 de la Tarta de crème brûlée de vainilla (pág. 109).
3. Para una versión con otro cítrico, reemplace la cáscara y jugo de limón por jugo y cáscara de lima.

TARTA DE PIÑA COLADA

• Para una tarta de 23 cm (9") | Rinde 8 a 10 porciones •

Esta tarta con estilo de cheesecake no se prepara como una cheesecake tradicional sino más bien como un tiramisu, lo que resulta en un relleno que es esponjoso pero a la vez sustancioso.

1. Bata el quesso crema para aligerarlo un poco, luego resérvelo a un costado.
2. Bata las yemas, azúcar, ralladura de lima, jugo de lima, ron y vainilla en un bol metálico. Coloque el bol sobre una cacerola con agua apenas hirviendo y bata la mezcla a mano o con batidora eléctrica hasta que alcance el punto letra (ver glosario, en pág. 323), alrededor de 5 minutos.
3. Añada la mitad de esta mezcla aún tibia al queso crema y bata hasta homogeneizar. Incorpore la mitad restante de la mezcla al queso crema. Agregue luego la piña/ananá y el coco. Rellene la mas de tarta refrigerada (consérvela en el molde) y esparza en forma pareja. Refrigere al menos 3 horas en el molde antes de retirar el anillo de la tartera para servir. Rocíe con el coco tostado antes de servir. La tarta se mantendrá en la heladera hasta 2 días.

1 receta de masa de tarta Sablé (pag. 108), horneada y refrigerada

RELLENO:

250 g de queso crema, a temperatura ambiente

3 yemas

½ taza (125 mL) de azúcar

2 cdta (10 mL) de ralladura de lima

3 Cda (45 mL) de jugo de lima

2 Cda (30 mL) de ron

2 cdta (10 mL) de extracto de vainilla

398 mL de pulpa de ananás/piñas en conserva, bien colada

⅔ taza (160 mL) de coco rallado

Coco tostado, para decorar

notas de la cocina de Anna

1. Si no desea usar ron, reemplace las 2 cucharaditas (30 mL) de ron por 2 cucharadas (30 mL) de jugo de ananá/piña que le sobraron luego de colar la pulpa al preparar los ingredientes de la tarta.

2. El ananá en conserva es mejor para esta receta dado que, una vez colado, no soltará más líquido mientras la tarta se cocina. Si desea usar ananá fresco, es mejor hacerlo puré, agregar 1 cucharada (15 mL) de azúcar, dejar descansar una hora y luego exprimir el exceso de jugo.

MASA DE TARTA CON FRUTOS SECOS
• Para una tarta de 23 cm •

receta básica   *libre de* huevo

⅓ taza (80 mL) de frutos secos (como avellanas, nueces, pacanas o almendras), picados grueso

¾ taza (185 mL) + 2 Cda (30 mL) de harina común

1 Cda (15 mL) de azúcar

¼ cdta (1 mL) de sal

6 Cdas (90 mL) de manteca (mantequilla) sin sal, fría y cortada en trozos

1 Cda (15 mL) de agua fría

Esta receta de masa de tarta puede prepararse usando cualquiera de los cuatro tipos de nueces listados. Los aceites naturales en los frutos secos añaden grasa y humedad a la masa, por lo que no hace falta usar tanta manteca como en otras recetas de masas de tarta.

1. En una procesadora de alimentos, pulse los frutos secos y añada 2 cucharadas (30 mL) de la harina hasta que los frutos estén bien molidos. Agregue la restante ¾ taza (185 mL) de harina y el azúcar y la sal, pulse para combinar. Sume la manteca y pulse la mezcla hasta que tenga una textura arenosa. Vierta el agua fría, luego pulse hasta que la masa se una en forma de bola. Luego forme un disco con la masa, envuélvala en film transparente, luego refrigere hasta que esté firme, al menos una hora. También puede preparar y congelar la masa (recuerde luego descongelar en la heladera antes de estirar).

2. Precaliente el horno a 175° c. En una superficie de trabajo ligeramente enharinada, parta en 4 piezas la masa refrigerada y luego vuelva a unirlas en un bollo, amasando para ablandarlas apenas un poco (este proceso hará más fácil estirar la masa sin que se quiebre). Estire la masa hasta que tenga unos 6 mm de alto y cubra con ella una tartera de 23 cm de fondo desmontable. Presione la masa hacia las esquinas y recorte los excesos de masa. Refrigere 10 minutos.

3. Pinche la base de la tarta con un tenedor, coloque el molde en una asadera, y hornee de 25 a 30 minutos, hasta que la masa tenga un color marrón dorado en los bordes y esté seca en el centro. Deje enfriar y rellene poco después de hornear.

nota de la cocina de Anna

La procesadora es la herramienta ideal para esta receta, pero si no tiene una a mano, use ½ taza (125 mL) de frutos secos picados fino y mezcle la masa a mano o con batidora eléctrica de mano usando el mismo método.

TARTA FRANGIPANE DE ARÁNDANOS ROJOS
• *Para una tarta de 23 cm (9")* | *Rinde 8 a 10 porciones* •

La frangipane es una dulce y húmeda combinación de almendras molidas, manteca, azúcar y huevos. Y contrasta muy bien con la acidez de los arándanos en esta variación de un postre clásico.

1. Precaliente el horno a 175° c (350°f). Coloque el molde con la masa de tarta sobre una asadera.
2. Pulse las almendras con el azúcar en una procesadora hasta que estén molidas finas. Añada la manteca, el huevo, la yema, los extractos y la canela. Pulse hasta que la mezcla esté homogénea.
3. Transfiera el relleno de almendras a un bol. Si usa arándanos rojos congelados, páselos por 1 cucharada (15 mL) de harina. Agregue revolviendo los arándonos rojos al relleno de almendra. Rellene la tarta.
4. Hornee en la asadera entre 40 a 45 minutos, hasta que el relleno esté firme y tenga un tono marrón parejo. Enfríe a temperatura ambiente en el molde antes de retirar el anillo exterior del mismo. Espolvoree con azúcar impalpable antes de servir. La tarta puede servirse a temperatura ambiente o refrigerada. La tarta aguanta en la heladera hasta 4 días.

1 receta de masa de tarta con frutos secos (pág. 114), horneada y enfriada

RELLENO:

⅔ taza (160 mL) de almendras enteras, sin pelar

⅔ taza (160 mL) de azúcar

¾ taza (185 mL) de manteca (mantequilla) sin sal, a temperatura ambiente

1 huevo

1 yema

1 cdta (5 mL) de extracto de vainilla

¼ cdta (1 mL) de extracto de almendra

⅛ cdta (0.5 mL) de canela molida

1½ tazas (375 mL) de arándanos rojos, frescos o congelados

1 Cda (15 mL) de harina, si usa arándanos rojos congelados

Azúcar impalpable, para espolvorear

nota de la cocina de Anna

Si usa bayas congeladas, es importante descongelarlas antes de incorporarlas al relleno. De esta forma nos aseguramos que el relleno quede homogéneo y que la tarta se cocine parejo. Esta regla se aplica al uso de fruta congelada en la mayor parte de las recetas. Además, si usa fruta congelada en muffins o budines, asegúrese de pasarla por un poco de harina antes de incorporarla al batido de la masa, para que absorba el exceso de humedad y prevenga que los jugos escapen hacia fuera. De otro modo, la masa alrededor de la fruta puede quedar húmeda o chiclosa, aún cuando ya esté cocinada.

TARTA ROCKY ROAD
• Para una tarta de 23 cm | Rinde 8 a 10 porciones •

Chocolate, nueces y malvaviscos componen la imbatible combinación de la tarta Rocky Road. Esta tarta tiene un relleno blando similar al brownie que se cubre con nueces y malvaviscos bañados en chocolate.

1. Precaliente el horno a 175° c (350°f). Coloque el molde con la masa de tarta en una asadera.
2. Ubique la manteca y el chocolate sin azúcar y el semiamargo en un bol de vidrio o metal y revuelva la mezcla sobre una cacerola con agua apenas hirviendo hasta que el chocolate se haya derretido. Retire el bol del fuego y deje a un costado.
3. Con batidora eléctrica de mano o de pie con el accesorio batidor, bata los huevos, azúcar y vainilla a alta velocidad hasta que alcance el punto letra (ver glosario en pág. 323), aproximadamente 5 minutos. Reduzca la velocidad a medio-baja y vierta adentro el chocolate. Tamice la harina y la sal sobre la mezcla de chocolate y mezcle hasta que se haya incorporado.
4. Vierta el relleno sobre la masa de tarta cocida y hornee sobre la asadera por unos 30 minutos, hasta que la superficie de la tarta se quiebre un poco. Prepare la cobertura mientras se hornea.
5. Para la cobertura, ubique el chocolate con leche, manteca y aceite en un bol sobre agua apenas hirviendo, revolviendo hasta que se derrita el chocolate. Retire el bol del fuego y deje que el chocolate se enfríe unos 10 minutos. Agregue revolviendo los trozos de nuez y los malvaviscos hasta que estén totalmente cubiertos. Mientras el relleno de la tarta esté tibio del horno, pínchelo con un tenedor, luego esparza la cobertura encima. Refrigere una hora en el molde, hasta que el chocolate esté firme, luego almacene y sirva a temperatura ambiente. La tarta se mantendrá cubierta hasta 3 días.

1 receta de masa de tarta con frutos secos (pág. 114), horneada y enfriada

RELLENO:
¼ taza (60 mL) manteca (mantequilla) sin sal
2 oz (60 g) de chocolate sin azúcar, picado
2 oz (60 g) de chocolate semiamargo, picado
2 huevos, a temperatura ambiente
¾ taza (185 mL) de azúcar
1 cdta (5 mL) de extracto de vainilla
½ taza (125 mL) de harina común
¼ cdta (1 mL) de sal

COBERTURA:
3 oz (90 g) de chocolate con leche, picado
3 Cdas (45 mL) de manteca (mantequilla) sin sal
1 cdta (5 mL) de aceite vegetal
1 taza (250 mL) de nueces picadas, ligeramente tostadas
1 taza (250 mL) de mini malvaviscos

nota de la cocina de Anna
Esta es una de las pocas instancias en la pastelería en la que, si no consigue chocolate con leche tipo cobertura (vea páginas 9-10 para más detalles), puede reemplazar con barritas de chocolate del kiosco. Recuerde que la calidad cuenta, así que elija una buena marca.

MASA DE TARTA DE CHOCOLATE
• *Para una tarta de 23 cm* •

receta
b á s i c a

Esta masa tiene un balanceado y distintivo sabor a chocolate: no es tan intenso como para apabullar a los ingredientes de relleno que elija para su tarta.

1. Con una procesadora de alimentos o una batidora de pie con el accesorio de la pala batidora (Ka), mezcle la harina, cacao, azúcar negra y sal. Añada la manteca y mezcle hasta lograr la textura de una miga gruesa. En un bol aparte, mezcle la yema, leche y vainilla, y vierta sobre la mezcla de harina, mezclando hasta que la masa se una totalmente. De a la masa la forma de un disco, envuelva en film transparente, y refrigere hasta que esté firme, más o menos 1 hora.

2. Sobre una superficie de trabajo ligeramente enharinada, amase suavemente la masa refrigerada de chocolate para ablandarla. Estire la masa para lograr un círculo de unos 30 cm de diámetro y 6 mm de alto. Cubra con la masa una tartera desmontable de 23 cm y recorte los excesos de masa. Refrigere 30 minutos.

3. Precaliente el horno a 175° c (350°f). Coloque la masa refrigerada sobre una asadera y pinche con un tenedor su superficie. Hornee unos 25 minutos, hasta que la masa tenga una apariencia homogénea y no brille. Refrigere mientras prepara el relleno.

1 taza (250 mL) de harina común
¼ taza (60 mL) de cacao en polvo
¼ taza (60 mL) de azúcar rubia
¼ cdta (1 mL) de sal
6 Cdas (90 mL) de manteca (mantequilla) sin sal, fría y cortada en trozos
1 yema
2 Cdas (30 mL) de leche
1 cdta (5 mL) de extracto de vainilla

CHEESECAKE DE CHOCOLATE Y CALABAZA

• Para una tarta de 23 cm (9") | Rinde 8 a 10 porciones •

En esta tarta, una capa de ganache de chocolate esconde un relleno sedoso de cheesecake de calabaza. La combinación del zapallo y chocolate puede parecer extraña, pero se trata de una pareja hecha en el cielo, especialmente cuando se agregan las especias.

1. Precaliente el horno a 175° c (350°f).
2. Con una procesadora, batidora eléctrica o aún a mano, combine el queso crema y el azúcar negro hasta que el azúcar se disuelva. Agregue revolviendo el puré de calabaza, almidón de maíz, canela, cardamomo y jengibre, luego añada el huevo y las yemas.
3. Vierta esta mezcla sobre la masa para tarta de chocolate horneada y enfriada y hornee en la tartera sobre la asadera unos 20 minutos o hasta que, como en una cheesecake, esté firme en los bordes pero tiemble un poco en el centro. Enfríe la tarta a temperatura ambiente.
4. Para el ganache, derrita el chocolate, manteca y jarabe de maíz en un bol de metal o vidrio sobre una cacerola con agua apenas hirviendo, revolviendo con una espátula hasta homogeneizar. Vierta esto suavemente en el centro de la cheesecake de calabaza, y esparza con cuidado del centro a los bordes, dejando 2 cm del relleno de calabaza visible en los bordes. Refrigere la tarta al menos 2 en su molde antes de retirar el anillo y cortar la tarta en porciones para servir. Aguante en la heladera hasta 3 días.

1 receta de Masa para tarta de chocolate (pág. 117), horneada y enfriada

RELLENO:

250 g de queso crema, a temperatura ambiente

½ taza (125 mL) de azúcar negro

1 taza (250 mL) de puré de calabaza

1 Cda (15 mL) de almidón de maíz

½ cdta (2 mL) de canela molida

½ cdta (2 mL) de cardamomo molido

½ cdta (2 mL) de jengibre molido

1 huevo

2 yemas

COBERTURA DE GANACHE:

60 g de chocolate semiamargo, picado

3 Cdas (45 mL) de manteca (mantequilla) sin sal

1 Cda (15 mL) de jarabe de maíz

TARTA DE FRAMBUESA Y NUECES PECAN
• Para una tarta de 23 cm | Rinde 8 a 10 porciones •

Este relleno es viscoso y dulce, no obstante se puede cortar en porciones fácilmente y sin ensuciar. Las frambuesas frescas sueltan su refrescante jugo en pequeñas cantidades y decoran en forma elegante este postre.

1. Precaliente el horno a 160° c (325°f). Ubique la tartera con la masa sobre una asadera.
2. Bata el azúcar rubia con los huevos, yema y vainilla hasta combinar los ingredientes. Agregue revolviendo las nueces pecan, coco, harina, polvo de hornear y sal. Incorpore con cuidado las frambuesas.
3. Vierta la mezcla sobre la masa enfriada y hornee en la asadera unos 45 minutos, hasta que tenga un tono marrón parejo y esté firme. Enfríe a temperatura ambiente en la tartera antes de retirar el anillo desmontable para servir. Puede comerse a temperatura ambiente o refrigerada. Se mantendrá en la heladera hasta 4 días.

1 receta Masa para tarta de frutos secos (page 114), horneada y enfriada

RELLENO:

1 taza (250 mL) de azúcar rubia

2 huevos

1 yema

1 cdta (5 mL) de extracto de vainilla

1½ tazas (375 mL) de nueces pecan, picadas grueso

1 taza (250 mL) de coco rallado

½ taza (125 mL) de harina común

½ cdta (2 mL) de polvo de hornear

¼ cdta (1 mL) de sal

1 taza (250 mL) de frambuesas frescas

nota de la cocina de Anna
Esta tarta combina de maravillas con la Crème Anglaise de vainilla (pág. 320).

TARTA DE MOUSSE DE CAFÉ
• Para una tarta de 23 cm | Rinde 8 a 10 porciones •

En esta tarta, una pecaminosa mousse de chocolate esconde una capa de ganache, otorgándole esa apariencia de tonos superpuestos de marrón que nos gusta ver en un café con leche bien preparado.

1. Para la capa de ganache, coloque el chocolate en un bol. Caliente la crema al punto justo antes del hervor, luego vierta sobre el chocolate. Deje descansar un minuto, luego revuelva suavemente la mezcla hasta que el chocolate se haya derretido. Vuelque esto sobre la masa de tarta y esparza para cubrir todo el fondo. Refrigere mientras prepara la mousse.
2. Para la mousse: revuelva el café caliente con el café instantáneo hasta que se haya derretido. En un bol pequeño, mezcle la gelatina y el agua fría, deje descansar 1 minuto. Agregue la gelatina al café y revuelva hasta que se disuelva (si fuera necesario, recaliente el café a fuego bajo). Agregue revolviendo la leche condensada y la vainilla, enfríe a temperatura ambiente.
3. Bata la crema a medio punto e incorpore esto a la mezcla enfriada de café (la mousse estará muy fluida). Vierta esto sobre la masa de tarta y refrigere en el molde por al menos 3 horas. Rocíe con canela antes de retirar el anillo exterior de la tartera y servir. La tarta se mantendrá en heladera hasta 3 días.

1 receta de Masa para tarta de chocolate (pág. 117), horneada y refrigerada

CAPA DE GANACHE:
60 g de chocolate semiamargo, picado
¼ taza (60 mL) de crema para batir

MOUSSE DE CAFÉ:
3 Cdas (45 mL) de café fuerte, caliente
1½ Cda (22,5 mL) de café instantáneo
2 cdtas (10 mL) de gelatina en polvo
2 Cdas (30 mL) de agua fría
1 lata (300 mL) de leche condensada
1 cdta (5 mL) de extracto de vainilla
¾ taza (185 mL)de crema para batir
Canela molida, para decorar

CRUJIENTE DE FRUTAS CLÁSICO
• *Rinde 6 a 8 porciones* •

libre de
huevo

Uno de los postres más fáciles, es además fácil de personalizar usando sus frutas favoritas, o empleando las que estén en temporada.

1. Precaliente el horno a 175° c (350°f).
2. Revuelva la fruta con ¼ taza (60 mL) del azúcar y la vainilla, y esparza en una fuente para horno con capacidad para 8-tazas (2 L).
3. Mezcle en un bol la avena, la ½ taza (125 mL) de azúcar, harina y la canela. Agregue la manteca derretida y revuelva hasta que los ingredientes estén combinados. Rocíe esto sobre la fruta y hornee 35 a 40 minutos, hasta que la fruta esté burbujeando en los bordes y el crujiente esté tostado en forma pareja. Enfríe 15 minutos antes de servir con helado. El crujiente se mantendrá en la heladera hasta 2 días.

6 tazas (1.5 L) de frutas varias, cortadas en dados si fuera necesario
¾ taza (185 mL) de azúcar rubia
½ cdta (2 mL) de extracto de vainilla
1¼ tazas (310 mL) de avena arrollada
⅓ taza (80 mL) de harina común
½ cdta (2 mL) de canela molida
½ taza (125 mL) de manteca (mantequilla) sin sal, derretida

notas de la cocina de Anna

Puede elegir las frutas para este postre combinando sus favoritas. Siga estos consejos básicos para personalizar sus propios crujientes:

1. Use frutas frescas de estación para obtener los mejores resultados.
2. Este postre es una buena manera de aprovechar las frutas que ya han pasado el punto de la madurez, solo cuide de cortar cualquier lastimadura de la fruta para evitar que tenga un gusto amargo o apagado.
3. Cualquier fruta que funcione en una tarta va a funcionar también aquí. Recuerde que las frutas con baja acidez se benefician con un acompañante más ácido: peras junto a arándanos rojos, frutillas y ruibarbo, damasco y durazno/melocotón. La manzana combina con casi cualquier fruta, ayudando a realzar sus sabores.
4. Descartar las frutas que no sean aptas para calor, como melón, cítricos o bananas.
5. Las frutas delicadas, como frambuesas o moras, reducen mucho su volumen al cocinarse. Para un crujiente de bayas, use 2 a 3 tazas (500 a 750 mL) de manzana en cubos o duraznos con la cantidad restante de bayas para brindar un estructura al postre sin perder el sabor de las bayas.

TARTA SEDOSA DE CHOCOLATE
• *Para una tarta de 23 cm (9")* | *Rinde 8 a 10 porciones* •

E sta no es una tarta estilo ganache, como una *tarte au chocolat*, sino una versión más aireada y ligera. No es tan esponjosa como la mousse de chocolate, y la adición de manteca le brinda una textura sedosa que se derrite en la boca francamente irresistible.

1. Caliente una cacerola mediana llena con 3 cm de agua y lleve a hervor. En un bol de metal o vidrio que encaje en la cacerola sin tocar el agua, bata los huevos, azúcar, agua y sal. Bata la mezcla de huevo sobre el agua hirviendo hasta que duplique su volumen y alcance el punto letra (ver glosario, pág. 323), unos 8 minutos.
2. Retire el bol del fuego y agregue revolviendo con una cuchara el chocolate con leche picado. Cambie a espátula y revuelva suavemente hasta que el chocolate se haya derretido. Deje que la mezcla de chocolate se enfríe a temperatura ambiente, unos 20 minutos.
3. Con batidora eléctrica de pie o de mano con el accesorio de la pala (Ka), o a mano, agregue batiendo la manteca hasta que se haya incorporado totalmente. En un bol aparte y con batidora limpia, bata la crema y la vainilla a medio punto. Incorpore la crema batida al chocolate en 2 adiciones, y esparza esto sobre la masa de tarta. Refrigere la tarta en el molde al menos 2 horas antes de cubrir con las virutas de chocolate y de retirar el anillo exterior del molde para servir. La tarta se mantendrá en la heladera hasta 4 días.

1 receta de Masa para tarta de chocolate (pág. 117), horneada y enfriada

RELLENO:

3 huevos
½ taza (125 mL) de azúcar
2 Cdas (30 mL) de agua
½ cdta (2 mL) de sal
360 g de chocolate con leche, picado
½ taza (125 mL) de manteca (mantequilla) sin sal, a temperatura ambiente
1 taza (250 mL) de crema para batir
2 cdtas (10 mL) de extracto de vainilla
Virutas de chocolate (semiamargo) (pág. 322), para decorar

nota de la cocina de Anna

Todas las tartas y pasteles de este capítulo que llevan un relleno cremoso se cortan en porciones más fácilmente usando un cuchillo seco y caliente. Para calentar el cuchillo, sumérjalo en una jarara de agua caliente 20 segundos, seque con un repasador, luego haga un corte seco. Sumerja y limpie el cuchillo luego de cortar cada porción.

COBBLER DE DURAZNO Y BAYAS
• Rinde 6 a 8 porciones •

La cobertura de cobbler es como la mezcla de un scon con torta —el calor del horno le da al cobbler una costra crujiente y el vapor de la fruta cocida crea un interior húmedo, similar al de una torta.

1. Precaliente el horno a 190º c (375°f).
2. Revuelva los duraznos, frambuesas y arándanos con 3 cucharadas (45 mL) del azúcar y ¼ cdta (1 mL) de la canela, y esparza la mezcla sobre el fondo de una fuente para horno con capacidad para 8 tazas (2 L) (preferentemente de cerámica; ver págs. 7–8 para más detalles).
3. Bata los huevos con la restante ½ taza (125 mL) de azúcar, y la manteca derretida en un bol grande. Agregue la leche sin dejar de batir. Tamice y agregue la harina, polenta, polvo de hornear y sal. Combine bien los ingredientes (la masa estará húmeda).
4. Vuelque la masa de a cucharadas sobre la fruta, dejando un poco de espacio entre cada cucharada, previendo que la masa se inflará en el horno. Agregue revolviendo un poco de azúcar y canela, y espolvoree más sobre la masa.
5. Hornee 35 a 45 minutos, hasta que los jugos del durazno burbujeen y la cobertura esté bien cocida. Sirva tibio con helado. Se mantendrá en la heladera hasta 2 días.

6 tazas (1.5 L) de duraznos/melocotones frescos, cortados en dados

1 taza (250 mL) de frambuesas

½ taza (125 mL) de arándanos

3 Cdas (45 mL) + ½ taza (125 mL) de azúcar, más cantidad extra para azúcar de canela

¼ cdta (1 mL) canela molida, más cantidad extra para azúcar de canela

2 huevos

6 Cdas (90 mL) de manteca (mantequilla) sin sal, derretida

⅔ taza (160 mL) de leche

2 tazas (500 mL) de harina común

2 Cdas (30 mL) de polenta

4 cdtas (20 mL) de polvo de hornear

½ cdtas (2 mL) de sal

nota de la cocina de Anna
Puede con muy poco esfuerzo vestir un postre rústico como éste con un poco de Crème Anglaise de vainilla (pág. 320).

CRUMBLE DE MANZANA

• Rinde 6 a 8 porciones •

Descubrí que la masa de cookies de azúcar negra de la página 18 son el crumble perfecto para cubrir muchas frutas horneadas. De esta manera logré una cobertura rica y crujiente para este postre, más sabrosa que su versión tradicional.

1. Precaliente el horno a 175° c (350°f).
2. Mezcle las manzanas con el azúcar rubia y $\frac{1}{2}$ cdta (2 mL) de la canela, y esparza dentro de una fuente para horno con capacidad para 8 tazas (2 L).
3. Prepare la masa de cookies y agregue la $\frac{1}{2}$ cdta (2 mL) de canela molida a la masa. Desmigaje la masa de cookies sobre las manzanas, dejando huecos aquí y allá para permitir que la masa se expanda.
4. Hornee el crumble de 35 a 40 minutos, hasta que la parte superior del crumble se dore y se cocine bien (se dará cuenta levantando una parte de la masa). Deje que el crumble se enfríe 15 minutos antes de servir con helado. El crumble se mantendrá en la heladera hasta 2 días.

6 tazas (1.5 L) de manzanas peladas y cortadas en rodajas, como Granny Smith

3 cdas (45 mL) de azúcar rubia

1 cdta (5 mL) de canela molida

1 receta de Cookies de azúcar negra (pág. 18)

131 ‖ Notas sobre pasteles

PASTELES SIMPLES
132 ‖ Torta de semolina con jarabe de naranja
134 ‖ Torta de ricotta y avellanas
134 ‖ Torta de pan de jengibre
136 ‖ Torta de chocolate sin harina

CUPCAKES
135 ‖ Cupcakes de limón y merengue
138 ‖ Cupcakes de terciopelo rojo
139 ‖ Cupcakes de frutillas/fresas con crema
140 ‖ Cupcakes especiados con cobertura de coco
142 ‖ Cupcakes con centro de trufa de chocolate

PASTELES CLÁSICOS
144 ‖ Torta de Vainilla con cobertura de fudge de
         chocolate
146 ‖ Torta de chocolate en capas con cobertura de
         caramelo
146 ‖ Torta en capas rellena con crema de limón y
         cubierta con crema de manteca/mantequilla
148 ‖ Pastel de coco con cobertura de 7 minutos

PASTELES BATIDOS
143 ‖ Torta chiffon de té Earl Grey con cobertura de
         jarabe de arce
154 ‖ Angel Food Cake
154 ‖ Torta chiffon de chocolate

BUDINES Y PASTELES DE LIBRA
156 ‖ Torta de libra marmolada
158 ‖ Bundt cake de zucchini y nueces con glaseado de
         chocolate
158 ‖ Torta de libra de semillas de amapola con
         glaseado de limón
159 ‖ Bundt Cake de miel y dátiles
160 ‖ Torta de zanahoria y manzana

CHEESECAKES
161 ‖ Cheesecake de vainilla
162 ‖ Cheesecake europeo de limón
164 ‖ Cheesecake de chocolate blanco, frambuesas y
         limas
168 ‖ Cheesecake de chocolate sustanciosa

PASTELES PARA BODAS Y OCASIONES ESPECIALES
166 ‖ Sacher Torte vienesa
169 ‖ Dobos Torte
172 ‖ Torta Lady Baltimore
173 ‖ Torta Tres Leches
174 ‖ Torta Tiramisu
176 ‖ Tarta invertida de manzana y caramelo
178 ‖ Torta de limón con fondant para boda en
         primavera
185 ‖ Torta de zanahoria con cobertura de queso crema
         para boda en otoño

Pasteles simples

Estas recetas están pensadas para ser simples no solo en su método sino también en su presentación. Estas tortas no llevan relleno o cobertura, sino que deben servirse y cortarse en porciones sin acompañamiento o con un poco de fruta fresca o una cucharada de crema batida a un lado.

Cupcakes

Los cupcakes resurgieron con una popularidad que ya ha durado bastante como para llamarla "tendencia". Las recetas de cupcakes que soportan el paso del tiempo van más allá de una mini torta con cobertura. Usted puede convertir muchas de las recetas de tortas en capas y de las coberturas de este libro en cupcakes, pero las recetas diseñadas específicamente para cupcakes ofrecen más profundidad y carácter.

Pasteles clásicos

A pesar de que los pasteles en capas de este capítulo están acompañados por una cobertura propia, siéntase libre de cambiar y combinar las recetas con las coberturas, para adecuarse a los gustos de sus amigos y su familia (sobre todo si va a preparar una tortas de cumpleaños para alguien especial).

Pasteles batidos

Son tortas livianas y airedas, los huevos batidos actúan como el componente responsable de ese resultado esponjoso.

Budines y tortas de cuatro cuartos

Este estilo de tortas, con un estilo más denso y pesado que el de otras, sirve para lograr tortas que se corten fácil y preserven su frescura y humedad durante días. A diferencia de los pasteles de cuatro cuartos clásicos, las recetas de este capítulo no siguen el listado tradicional de mezclar manteca, azúcar, huevos y harina en las mismas cantidades. Habiendo puesto a prueba esa regla puedo asegurar que las recetas de este capítulo son mucho más agradables al paladar.

Cheesecakes

Favoritas de multitudes, las cheesecakes toman apenas un poco más de tiempo previo: es mejor servirlas al día siguiente de horneadas.

Tortas de bodas y ocasiones especiales

Los pasteles para bodas y oacasiones especiales a menudo requieren un método específico, combinación de sabores o armado.

TORTA DE SEMOLINA CON JARABE DE NARANJA
• Para una torta de 23 × 33 cm | Rinde 16 porciones •

Esta es una torta simple que puede alimentar a un gran grupo. Necesita permanecer en el molde para absorber el jarabe de naranja mientras se enfría, así que es mejor cortarla en porciones y emplatarla en la cocina para no ensuciar mucho.

1. Precaliente el horno a 175° c (350°f) y engrase un molde para tortas de 23 × 33 cm.

2. Bata la manteca, ¾ taza (185 mL) del azúcar y la ralladura de naranja hasta que esté esponjosa, luego añada batiendo las yemas. Agregue la vainilla sin dejar de batir. En un bol aparte, tamice la harina, semolina, polvo de hornear, sal y canela; agregue esto a la mezcla de manteca alternando con la leche, empezando y terminando con la harina y mezclando bien luego de cada adición.

3. Bata las claras hasta que estén espumosas, luego vierta con cuidado la ¼ taza (60 mL) restante de azúcar y bata hasta que las claras tengan un pico blando. Incorpore las claras al batido de la masa y transfiera al molde ayudándose con una espátula.

4. Hornee alrededor de 30 minutos, hasta que un palillo insertado en el centro de el pastel salga limpio. Mientras el pastel se hornea, prepare el jarabe.

5. En una cacerola, lleve a hervor el azúcar, jugo de naranja, jugo de limón, agua y ralladura de naranja y cocine apenas hasta que el azúcar se disuelva por completo. Deje a un costado para que se enfríe a temperatura ambiente. Diez minutos luego de retirar el pastel del horno, vierta suavemente el jarabe enfriado sobre la superficie de el pastel hasta cubrirla y deje reposar para que el líquido penetre. Enfríe el pastel completamente antes de cortar en cuadrados y servir. El pastel puede conservarse en heladera hasta 3 días.

TORTA:

½ taza (125 mL) de manteca (mantequilla) sin sal, a temperatura ambiente

1 taza (250 mL) de azúcar

2 cdtas (10 mL) de cáscara de naranja, finamente rallada

3 huevos, a temperatura ambiente, separados

1 cdta (5 mL) de extracto de vainilla

1 taza (250 mL) de harina común

1 taza (250 mL) de semolina

1 Cda (15 mL) de polvo de hornear

¼ cdta (1 mL) de sal

¼ cdta (1 mL) de canela molida

1 taza (250 mL) de leche, a temperatura ambiente

JARABE:

¾ taza (185 mL) de azúcar

⅓ taza (80 mL) de jugo de naranja

⅓ taza (80 mL) jugo de limón

3 Cdas (45 mL) de agua

2 cdtas (10 mL) de cáscara de naranja, finamente rallada

TORTA DE RICOTA Y AVELLANAS
• *Para una torta redonda de 20 cm | Rinde 8 porciones* •

Esta es una torta simple porque no lleva relleno ni cobertura, y porque puede prepararse entera en el bol de una procesadora de alimentos. Sirva esta torta con bayas frescas o una bocha de crema apenas endulzada o con ricotta condimentada con una pizca de canela.

1 taza (250 mL) de avellanas enteras tostadas
⅔ taza (160 mL) de azúcar
⅓ taza (80 mL) de aceite
½ taza (125 mL) de ricotta
2 huevos
1 cdta (5 mL) de extracto de vainilla
2 cdtas (10 mL) de ralladura de naranja
¾ taza (180 mL) de harina común
1 cdta (5 mL) de polvo de hornear
¼ cdta (1 mL) de sal

1. Precaliente el horno a 175° c y engrase un molde de 20 cm.
2. Pulse en una procesadora las avellanas y azúcar hasta que estén molidas. Agregue aceite, ricotta, huevos, vainilla y ralladura. Pulse hasta combinar. Sume la harina, polvo de hornear y sal; pulse hasta combinar. Transfiera al molde ayudándose con una espátula.
3. Hornee unos 35 minutos, hasta que un palillo insertado en el centro de el pastel salga limpio. Deje enfriar el pastel 30 minutos en el molde sobre rejilla antes de desmoldarla para que se enfríe por completo. El pastel puede conservarse a temperatura ambiente hasta 3 días.

nota de la cocina de Anna
El queso ricotta es uno de los pocos lácteos en los que las versiones light o bajas en grasa pueden usarse en lugar de las versiones tradicionales si lo desea.

TORTA DE PAN DE JENGIBRE
• *Para una torta cuadrada de 20 cm* •
Cortar en 16 cuadraditos

Esta receta contiene una proporción clásica de especias. Puede tomar esta proporción de canela, jengibre, nuez moscada, pimienta de Jamaica y clavos y dejar lista una cantidad mayor para tener a mano si desea hacer un pastel de calabaza, muffins especiados o incluso agregar de a pizcas al café.

PAN DE JENGIBRE:
6 Cdas (90 mL) de manteca (mantequilla) sin sal, a temperatura ambiente
½ taza (125 mL) de azúcar negro
2 huevos, a temperatura ambiente
½ taza (125 mL) de melaza
1 cdta (5 mL) de cáscara de limón rallada
1⅔ tazas (410 mL) de harina común
1½ cdta (7.5 mL) de canela molida
1½ cdta (7.5 mL) de jengibre molido
½ cdta (2 mL) de nuez moscada molida
½ cdta (2 mL) de pimienta de Jamaica molida
¼ cdta (1 mL) de clavo de olor molido
¾ cdta (4 mL) de polvo de hornear
¼ cdta (1 mL) de bicarbonato de sodio
½ taza (125 mL) de agua caliente
½ taza (125 mL) de chips de chocolate semiamargo

1. Precaliente el horno a 175° c y prepare el fondo y los lados de un molde para tortas cuadrado de 20 cm con papel manteca/sulfurizado, de manera que el papel asome por los bordes del molde.
2. En un bol grande, bata juntos la manteca y el azúcar negro. Agregue los huevos de a uno, mezclando bien luego de cada adición. Agregue revolviendo la melaza y la cáscara de limón.
3. En un bol aparte, mezcle la harina, las especias, el polvo de hornear y bicarbonato de sodio. Integre bien esto a la mezcla de manteca. Agregue revolviendo el agua caliente y luego los chips de chocolate. Transfiera al molde ayudándose con espátula.
4. Honee 35 minutos, o hasta que un palillo insertado en el centro salga limpio. Enfríe a temperatura ambiente, luego corte en porciones. Conserve en recipiente hermético hasta 5 días y en el freezer hasta 2 meses.

CUPCAKES DE LIMÓN Y MERENGUE
• Para 16 cupcakes •

Esta deliciosa torta de limón se cubre con una cucharada de mermelada de limón, que luego se rodea con merengue para esconderla como sorpresa.

1. Precaliente el horno a 175° c (350°f) y prepare 16 moldes para muffin con pirotines/capacillos grandes .

2. Bata hasta cremar la manteca, azúcar y cáscara de limón. Agregue batiendo el huevo y la vainilla. En un bol aparte, tamice la harina, polvo de hornear y sal. En un bol pequeño, revuelva el jugo de limón y buttermilk, y agregue a la mezcla de manteca, alternando con la harina, mezclando bien luego de cada adición, y empezando y terminando con la harina. Transfiera la mezcla a los pirotines.

3. Hornee los cupcakes de 20 a 25 minutos, o hasta que al presionarlos en la superficie con el dedo, la masa no se hunda sino que vuelva a su lugar. Enfríe en los moldes 10 minutos, luego retire para enfriar por completo.

4. Para la cobertura, precaliente el horno a 190°c y coloque los cupcakes enfriados en una bandeja. Disponga una cucharadita de mermelada o crema de limón sobre cada cupcake, manteniendo el relleno lo más cercano al centro como sea posible. Bata las claras con el crémor tártaro hasta que estén espumosas, luego añada suavemente el azúcar sin dejar de batir. Bata las claras hasta que tengan un pico duro (ver pág. 82).

5. Llene con el merengue una manga pastelera, y presione trazando espirales sobre cada cupcake, asegurándose de cubrir por completo la mermelada o crema de limón. Hornee los cupcakes 6-8 minutos adicionales, hasta que el merengue se tueste ligeramente, y enfríe a temperatura ambiente. Conserve hasta 2 días en heladera, pero sírvalos a temperatura ambiente.

CUPCAKES:

½ taza (125 mL) de manteca (mantequilla) sin sal, a temperatura ambiente

1¼ tazas (310 mL) de azúcar

2 cdtas (10 mL) de cáscara de limón rallada

1 huevo, a temperatura ambiente

1 cdta (5 mL) de extracto de vainilla

2 tazas (500 mL) de harina para repostería (0000)

2½ cdta (12 mL) de polvo de hornear

½ cdta (2 mL) de sal

¾ taza (185 mL) de buttermilk (pág. 323), a temperatura ambiente

2 Cdas (30 mL) de jugo de limón

5 to 6 Cdas (75 to 90 mL) de mermelada de limón o crema de limón (pág. 45)

MERENGUE:

4 claras, a temperatura ambiente

½ cdta (2 mL) crémor tártaro

⅔ taza (160 mL) azúcar

notas de la cocina de Anna

1. Para crear espacio para poner más mermelada, puede retirar con una cucharadita un poco de masa del centro de los cupcakes ya fríos.

2. Esta receta de merengue es rápida y sencilla, como la que recubre el tradicional lemon pie. Siga los consejos de pág. 93 para evitar accidentes con el merengue.

TORTA DE CHOCOLATE SIN HARINA
• *Para una torta redonda de 23 cm | Rinde de 10 a 12 porciones* •

libre de
g l u t e n

Una receta simple de estilo francés que es súper decadente. Prácticamente se derrite al contacto con la punta de la lengua.

1. Precaliente el horno a 150°c (300° f). Engrase un molde desmontable redondo de 23 cm, cubra el fondo con papel manteca, luego engrase y enharine el molde con azúcar, sacudiendo para descartar los excesos.

2. Derrita el chocolate y la manteca en un bol de metal o vidrio ubicado sobre una cacerola con agua apenas hirviendo, revolviendo constantemente. Cuando el chocolate se haya derretido, retire el bol del fuego y deje que la mezcla se enfríe un poco.

3. Bata las claras con 2 cucharadas (30 mL) del azúcar hasta que las claras tomen un pico blando (las claras formarán un rulo cuando se levanten los batidores). Deje a un costado.

4. En otro bol, bata las yemas con la restante $\frac{1}{4}$ taza (60 mL) de azúcar, sal y vainilla hasta que la mezcla duplique su volumen, alrededor de 4 minutos. Incorpore el chocolate derretido a las yemas batidas, luego incorpore las claras en 2 adiciones. Esparza la preparación sobre el molde.

5. Hornee 35 minutos, hasta que apenas tiemble al moverla. Tan pronto ocmo retire el pastel del horno comenzará a desmoronarse, pero esto es lo que queremos. Enfríe el pastel a temperatura ambiente y luego refrigere al menos 2 horas antes de cortar y servir.

6. La torta debe conservarse en heladera y cortarse mientras está fría pero, si lo desea, deje que las porciones descansen a temperatura ambiente unos 10 a 20 minutos antes de servir para lograr esa tibieza particular que es apreciada en esta receta. Conserve en heladera hasta 4 días.

300 g de chocolate semiamargo, picado
¾ taza (185 mL) de manteca (mantequilla) sin sal, cortada en trozos
3 claras
2 Cdas (30 mL) + ¼ taza (60 mL) azúcar
5 yemas
Una pizca de sal
1 cdta (5 mL) de extracto de vainilla

nota de la cocina de Anna
Para consejos sobre derretir chocolate, vea págs. 9–10.

CUPCAKES DE TERCIOPELO ROJO
• Para 15 cupcakes •

Usar remolachas crudas es una forma natural de añadir un toque de rosa a los cupcakes, pero no espere un color terciopelo rojo furioso. Para obtener ese color brillante que ve en las fotos tiene que emplear colorante comestible.

1. Precaliente el horno a 175° c (350°f) y prepare 15 moldes para muffins con pirotines/capacillos grandes.
2. Bata a alta velocidad la manteca, azúcar negro y azúcar durante 1 minuto. Agregue el huevo y vainilla, y bata hasta homogeneizar.
3. En un bol aparte, tamice la harina, cacao, polvo de hornear, bicarbonato de sodio y sal.
4. En un bol aparte, revuelva las remolachas, buttermilk y vinagre. Agregue la mezcla de harina a la mezcla de manteca, alternando con la mezcla de remolachas y mezclando bien luego de cada adición. Vierta una cantidad pareja de masa en cada pirotín de cupcake.
5. Hornee 18 a 20 minutos, hasta que la parte superior de los cupcakes vuelva a su lugar luego de presionarla con el dedo. Enfríe 10 minutos en los moldes, luego retírelos para enfriar por completo en una rejilla.
6. Para la cobertura, bata la manteca y el queso crema hasta que esté esponjoso, unos 3 minutos. Agregue el azúcar impalpable y vainilla, y bata ligeramente hasta que el azúcar se haya incorporado, luego bata más vigorosamente hasta que la cobertura esté esponjosa. Aplique con manga o espátula la cobertura sobre los cupcakes. Puede conservarlos en heladera, pero sírvalos a temperatura ambiente. Se mantienen en heladera hasta 3 días.

CUPCAKES:

6 Cdas (90 mL) manteca (mantequilla) sin sal, a temperatura ambiente

6 Cdas (90 mL) de azúcar negro

6 Cdas (90 mL) de azúcar

1 huevo, a temperatura ambiente

½ cdta (2 mL) de extracto de vainilla

1¼ tazas (310 mL) de harina común

2 Cdas (30 mL) de cacao en polvo

½ cdta (2 mL) de polvo de hornear

½ cdta (2 mL) de bicarbonato de sodio

¼ cdta (1 mL) de sal

¾ taza (185 mL) de buttermilk (receta en pág. 323)

3 Cdas (45 mL) de remolachas crudas, ralladas fino

2 cdtas (10 mL) de vinagre de alcohol

COBERTURA DE QUESO CREMA:

½ taza (125 mL) de manteca (mantequilla) sin sal, a temperatura ambiente

175 g de queso crema, a temperatura ambiente

2 tazas (500 mL) de azúcar impalpable, tamizada

1 cdta (5 mL) de extracto de vainilla

nota de la cocina de Anna

Reemplace las remolachas por 2 cucharaditas (10 mL) de colorante comestible rojo para un color más intenso, luego añada una ½ taza (125 mL) adicional de buttermilk (ver glosario, pág. 323) a la receta.

CUPCAKES DE FRUTILLAS/FRESAS CON CREMA
• Para 12 cupcakes •

Estos lindos cupcakes tienen esa clásica apariencia de las frutillas con crema. La cobertura de crema batida es reforzada por un poco de queso crema, lo que contiene con más fuerza a las frutillas. Mantenga refrigerados hasta el momento de servir.

1. Precaliente el horno a 175° c (350°f) y prepare un molde para 12 muffins con pirotines/capacillos grandes.

2. Con batidora eléctrica de mano o de pie con el accesorio de la pala (Ka) bata la manteca y el azúcar a alta velocidad durante 1 minuto. Agregue los huevos de a uno, batiendo bien y raspando el bol con espátula luego de cada adición, luego agregue batiendo la vainilla.

3. En un bol aparte, tamice la harina, almidón de maíz, polvo de hornear y sal. Agregue esto, alternando con la crème fraîche en 3 adiciones, empezando y terminando con la harina. Transfiera la masa a los moldes.

4. Hornee alrededor de 18 minutos, hasta que un palillo insertado en el centro de los cupcakes salga limpio. Deje enfriar 15 minutos antes de retirar de los moldes. Deje enfriar por completo antes de aplicar la cobertura.

5. Para la cobertura, bata la crema a medio punto (pico blando), luego deje a un costado. Bata el queso crema y la manteca juntos hasta que estén ligeros y esponjosos. Agregue batiendo el azúcar impalpable y vainilla, luego incorpore la crema batida en 2 adiciones. Con una manga pastelera con boquilla estrellada grande, aplique la cobertura sobre cada cupcake. Inserte las rodajas de frutilla en la crema, dispuestas en forma de pétalos: una vez que la cobertura se refrigere, contendrá con firmeza las rodajas. Refrigere hasta servir.

6. Es mejor comer estos cupcakes el mismo día del armado, pero puede prepararlos con un día de anticipación y conservarlos a temperatura ambiente para luego armarlos.

CUPCAKES:

½ taza (125 mL) manteca (mantequilla) sin sal, a temperatura ambiente

⅔ taza (160 mL) de azúcar

3 huevos, a temperatura ambiente

1½ cdta (7.5 mL) de extracto de vainilla

1½ tazas (375 mL) de harina

1 Cda (15 mL) de almidón de maíz

1½ cdta (7.5 mL) de polvo de hornear

¼ cdta (1 mL) de sal

⅓ taza (80 mL) de crème fraîche (ver pág. 321) o yogur griego entero

COBERTURA DE CREMA BATIDA:

1 taza (250 mL) de crema para batir

120 g de queso crema, a temperatura ambiente

¼ taza (60 mL) de manteca (mantequilla) sin sal, a temperatura ambiente

⅔ taza (160 mL) de azúcar impalpable, tamizada

1 cdta (5 mL) de extracto de vainilla

2 tazas (500 mL) frutillas/fresas, cortadas en rodajas

CUPCAKES ESPECIADOS CON COBERTURA DE COCO
• *Rinde 18 cupcakes* •

Estos cupcakes son tiernos y delicados, y su mezcla de especias resulta en un sabor más parecido al del chai indio que al del pan de jengibre.

1. Precaliente el horno a 190° c (375°f) y prepare 18 moldes de muffin con pirotines/capacillos.
2. Tamice la harina, $\frac{1}{2}$ taza (125 mL) de azúcar, el azúcar rubia, polvo de hornear, sal y todas las especias en un bol grande.
3. Haga un hoyo en el centro de la mezcla de harina y agregue el aceite, buttermilk, melaza y vainilla. Bata por un minuto con batidora eléctrica. Añada las yemas y bata un minuto adicional.
4. En un bol aparte y utilizando batidores limpios, bata las claras hasta que estén espumosas. Vierta gradualmente la $\frac{1}{2}$ taza (125 mL) restante de azúcar, y bata hasta que las claras formen un pico duro. Incorpore las claras suavemente al batido y luego vuelque sobre los moldes de muffin.
5. Hornee 15 a 18 minutos, hasta que al presionar la superficie de los cupcakes ésta vuelva en lugar de quedarse hundida. Deje que se enfríen en el molde.
6. Para la cobertura, bata la manteca hasta que esté esponjosa. Agregue batiendo a baja velocidad $1\frac{3}{4}$ tazas (435 mL) del azúcar impalpable, luego agregue la leche de coco. Sin dejar de batir, añada la vainilla y el extracto de coco (si lo usa), luego agregue batiendo las $1\frac{3}{4}$ tazas (435 mL) restantes del azúcar impalpable. Si la cobertura es muy fina, agregue un toque de azúcar impalpable, y si está muy densa, sume un poco más de leche de coco. Esparza la cobertura sobre los cupcakes y decore con coco rallado. Los cupcakes pueden almacenarse en recipiente hermético hasta 2 días.

CUPCAKES:

2 tazas + 2 Cdas (530 mL) de harina para repostería (0000)

1 taza (250 mL) de azúcar

½ taza (125 mL) de azúcar rubia

1 Cda (15 mL) de polvo de hornear

1 cdta (5 mL) de sal

½ cdta (2 mL) de canela molida

½ cdta (2 mL) de cardamomo molido

¼ cdta (1 mL) de pimienta de Jamaica molida

¼ cdta (1 mL) de pimienta negra molida

⅓ taza (80 mL) de aceite vegetal

¾ taza (185 mL) de buttermilk (pág. 323)

1 Cda (15 mL) de melaza

1½ cdta (7.5 mL) de extracto de vainilla

2 huevos, separados

COBERTURA DE COCO:

¼ taza (60 mL) de manteca (mantequilla) sin sal, a temperatura ambiente

3½ tazas (875 mL) de azúcar impalpable, tamizada

½ taza (125 mL) de leche de coco

1 cdta (5 mL) de extracto de vainilla

½ cdta (2 mL) de extracto de coco (opcional)

Coco en copos, para decorar

notas de la cocina de Anna

1. Para un decorado alternativo, use un pelador de vegetales para obtener virutas finas de un coco fresco. Ubique las virutas en en una asadera cubierta con papel manteca, espolvoree generosamente con azúcar impalpable, y hornee a 175°C por 10 minutos. Enfríe antes de aplicar sobre los cupcakes.
2. El uso de extractos como el de coco u otro saborizante como ron, es cuestión de gusto. Dado que estos saborizantes no son extractos naturales, pueden a veces abrumar un postre (en el caso del extracto de coco, un exceso puede resultar en que el postre huela a loción solar).

Cupcakes especiados con cobertura de coco, arriba a la izquierda (page 140), *Cupcakes de frutillas con crema*, al centro arriba (pag. 139), *Cupcakes con centro de trufa de chocolate*, abajo a la derecha (pág. 142)

CUPCAKES CON CENTRO DE TRUFA DE CHOCOLATE
• Rinde 20 cupcakes •

Se incluye aquí una receta de cobertura (sin ella, un cupcake no es un cupcake), pero es la trufa del centro lo espectacular de esta receta.

1. Para las trufas, lleve a hervor suave la crema y vierta sobre el chocolate picado. Deje descansar un minuto, luego bata suavemente para mezclar. Refrigere hasta que esté firme, unas 2 horas. Tome cucharaditas de esta mezcla y forme 20 trufas esféricas de 2 cm, dándoles forma entre sus manos. Refrigere hasta que esté listo para usar.

2. Precaliente el horno a 190°c y prepare 20 moldes de muffin con pirotines.

3. Para los cupcakes, derrita el chocolate y la manteca juntos en una cacerola pequeña, batiendo a fuego bajo, luego agregue revolviendo $^2/_3$ taza (160 mL) de azúcar rubia y $^1/_3$ taza (80 mL) de la leche. Revuelva a fuego medio hasta que el azúcar se haya disuelto (no se preocupe si la mezcla no se ve homogénea ahora). Vierta esta mezcla en un bol, bata la restante $^2/_3$ taza (160 mL) de azúcar rubia, y deje enfriar a temperatura ambiente. Agregue batiendo los huevos de a uno, mezclando bien luego de cada adición. Sin dejar de batir, sume la vainilla.

4. En un bol aparte, tamice la harina, bicarbonato de sodio y sal. Agregue esto a la mezcla de chocolate en 3 tandas, alternando con la restante $^1/_2$ taza (125 mL) de leche, empezando y terminando con la harina, y batiendo bien luego de cada adición (la masa estará fluida). Vierta la mezcla en los moldes preparados, llenándolos hasta la mitad.

5. Ubique con cuidado una trufa en el centro de cada cupcake —no la presione para hacerla entrar, ya que se asentará y se verá completamente envuelta por la masa mientras se hornea. Cocine unos 20 minutos, hasta que la superficie vuelva cuando la presione ligeramente. Enfríe por completo antes de decorar.

6. Para la cobertura, revuelva el chocolate y la manteca en una cacerola a fuego bajo hasta que se hayan derretido. Transfiera esto a un bol y agregue batiendo la crème fraîche y la vainilla. Sin dejar de batir, sume el azúcar impalpable hasta que la mezcla esté homogénea y se pueda esparcir bien, añadiendo un toque más de azúcar impalpable si es necesario. Esparza o aplique con manga la cobertura sobre cada cupcake. Se conservan a temperatura ambiente en un recipiente hermético hasta 2 días. No refrigere.

TRUFAS:

6 Cdas (90 mL) de crema para batir
90 g de chocolate semiamargo, picado

CUPCAKES:

2 oz (60 g) de chocolate sin azúcar, picado
½ taza (125 mL) de manteca (mantequilla) sin sal
1⅓ tazas (330 mL) de azúcar rubia
⅓ taza (80 mL) + ½ taza (125 mL) de leche
2 huevos, a temperatura ambiente
1 cdta (5 mL) de extracto de vainilla
1⅓ tazas (330 mL) de harina común
1 cdta (5 mL) de bicarbonato de sodio
½ cdta (2 mL) de sal

COBERTURA:

3 oz (90 g) chocolate sin azúcar, picado
3 Cdas (45 mL) manteca (mantequilla) sin sal
½ taza (125 mL) de crème fraîche (ver pág. 321) o yogur griego entero
1 cdta (5 mL) de extracto de vainilla
2 tazas (500 mL) de azúcar impalpable, tamizada, más cantidad extra para ajustar consistencia

notas de la cocina de Anna

1. Si se consume dentro de las 24 hs de cocinado, el relleno de trufa será blando y casi fluido. Luego de un día, la trufa se asienta un poco más, pero sigue siendo delicada.

2. Si no desea aplicarle cobertura a estos cupcakes, simplemente espolvoréelos con azúcar impalpable.

TORTA CHIFFON DE TÉ EARL GREY
CON COBERTURA DE JARABE DE ARCE
• Para una torta tubo de 25 cm | Rinde 16 a 20 porciones •

Este es uno de mis favoritos. El té Earl Grey brinda una fragancia suave con notas de cítrico al pastel chiffon, y la cobertura de merengue endulzada con jarabe de arce o miel realmente agrega algo special.

1. Precaliente el horno a 160° c (325°f).
2. Infunda los saquitos de té en el agua hirviendo hasta que el agua se enfríe a temperatura ambiente. Sin escurrir el exceso de líquido, retire los saquitos, luego llene con agua hasta recuperar la medida de $\frac{3}{4}$ taza (185 mL).
3. Bata las claras con el crémor tártaro hasta que estén esponjosas, luego agregue $\frac{1}{4}$ taza (60 mL) del azúcar y continúe batiendo hasta que las claras tengan un pico medio. Reserve a un costado.
4. Tamice la harina, las restantes $1\frac{1}{4}$ tazas (310 mL) del azúcar, el polvo de hornear y la sal en un bol grande o en el bol de una batidora de pie con el accesorio batidor. Añada el té enfriado, aceite, yemas, vainilla y ralladura de limón. Bata esta mezcla a alta velocidad hasta que esté densa, unos 4 minutos. Agregue el chocolate con leche derretido y bata a baja velocidad hasta que esté bien mezclado. Integre la mitad de las claras batidas a mano hasta que estén bien incorporadas, luego integre las claras restantes (la masa estará muy fluida). Vierta esto sobre un molde con tubo de 25 cm, sin engrasar.
5. Hornee 50 a 55 minutos, hasta que la superficie de la torta vuelva al presionarla suavemente. De vuelta el molde sobre una rejilla y deje que se enfríe así, con el molde boca abajo. Para desmoldar, haga correr una espátula o cuchillo sobre el borde exterior de la torta, luego golpee el fondo hasta que salga y dispóngala en una fuente.
6. Use una espátula para esparcir el merengue sobre la superficie de la torta (use una espátula pequeña o un cuchillo para manteca para cubrir el hueco central). Almacene a temperatura ambiente hasta que esté listo para servirla y cubra el interior de el pastel con film transparente solo cuando haya sido cortada. Se mantendrá hasta 3 días.

TORTA:

2 saquitos de té Earl Grey
¾ taza (185 mL) de agua hirviendo
8 claras, a temperatura ambiente
½ cdta (2 mL) de crémor tártaro
1½ tazas (375 mL) de azúcar
2¼ tazas (560 mL) de harina para repostería (0000)
2½ cdtas (12 mL) de polvo de hornear
¼ cdta (1 mL) de sal
½ taza (125 mL) de aceite vegetal
5 yemas
1 cdta (5 mL) de extracto de vainilla
1 cdta (5 mL) de cáscara de limón rallada
3 oz (90 g) de chocolate con leche, picado y derretido
1 receta de cobertura de jarabe de arce y merengue (pag. 153)

TORTA DE VAINILLA CON COBERTURA DE FUDGE DE CHOCOLATE

• Para una torta de 20 cm en 2 capas | Rinde 12 porciones •

Tierna, húmeda y sabrosa, esta torta de vainilla con sus sutiles notas de manteca, va de maravillas con una cobertura sustanciosa de chocolate.

1. Precaliente el horno a 175° c (350°f). Engrase dos moldes para torta de 20 cm preparados con papel manteca. Engrase el papel manteca y espolvoréelo ligeramente con harina.

2. Conuna batidora eléctrica, bata la manteca y el azúcar hasta que esté ligera y esponjosa. Añada los huevos de a uno, mezclando bien luego de cada adición. Agregue la vainilla.

3. En un bol aparte, tamice las harinas con el polvo de hornear y la sal. Agregue esto alternadamente con la buttermilk batiendo a baja velocidad, empezando y terminando con la mezcla de harina, y raspando el bol con espatula luego de cada adición. Divida la masa en 2 moldes preparados y esparza pareja.

4. Hornee los pasteles unos 30 minutos, hasta que un palillo insertado en el centro de cada torta salga limpio. Deje que se enfríen completamente (unos 30 minutos) antes de dar vuelta cada torta sobre una rejilla antes de aplicar la cobertura.

5. Coloque la primera capa de torta en la fuente que usará para servir y esparza una ½ taza (125 mL) de la cobertura encima. Coloque la segunda capa encima de la primera y esparza la cobertura sobrante en la parte superior y en los bordes. Deje que la cobertura se endurezca a temperatura ambiente. Almacene y sirva el pastel a temperatura ambiente.

⅔ taza (160 mL) manteca (mantequilla) sin sal, a temperatura ambiente

1⅓ tazas (330 mL) de azúcar

3 huevos, a temperatura ambiente

1 Cda (15 mL) de extracto de vainilla

1 taza (250 mL) de harina común

1 taza (250 mL) de harina para repostería (0000)

2 cdtas (10 mL) de polvo de hornear

¼ cdta (1 mL) de sal

1 taza (250 mL) de *buttermilk* (pág. 323), a temperatura ambiente

1 receta de Cobertura de fudge de chocolate (receta a continuación)

nota de la cocina de Anna

Cualquier sobrante de cobertura puede guardarse en una manga pastelera para realizar detalles decorativos en la superficie.

COBERTURA DE FUDGE DE CHOCOLATE

• Rinde alrededor de 2½ tazas (625 mL) •

libre de huevo

Esta receta de fudge es de manual, empléela cuando desee ese carácterístico sabor, textura y aparencia sustanciosa de chocolate.

1. Derrita la manteca y el chocolate en un bol de metal o vidrio ubicado sobre una cacerola con agua apenas hirviendo, revolviendo suavemente hasta que esté derretido. Retire el bol del fuego y enfríe a temperatura ambiente.

2. Con batidora eléctrica o de pie con el accesorio de la pala (Ka) agregue el cacao, vainilla, y 1 taza (250 mL) de azúcar impalpable previamente tamizada, batiendo primero a baja velocidad y luego incrementando la velocidad y batiendo hasta que esté homogéneo. Agregue batiendo la crème fraîche, luego sume la restante 1 taza (250 mL) del azúcar impalpable y bata hasta que esté homogéneo.

½ taza (125 mL) manteca (mantequilla) sin sal, a temperatura ambiente

120 g de chocolate semiamargo, picado

⅓ taza (80 mL) de cacao, tamizado

2 cdtas (10 mL) de extracto de vainilla

2 tazas (500 mL) de azúcar impalpable

⅔ taza (160 mL) de crème fraîche (ver pág. 321) o yogur griego entero

nota de la cocina de Anna

Esta cobertura es suficiente para cubrir el pastel de página 144.

TORTA DE CHOCOLATE EN CAPAS CON COBERTURA DE CARAMELO

• *Para una torta de 20 cm en 3 capas | Rinde 12 a 14 porciones* •

$\mathcal{E}$sta torta de chocolate es oscura, sustanciosa y húmeda. Todo lo que una torta de chocolate para multitudes debería ser.

1. Precaliente el horno a 175° c. Engrase tres moldes redondos de 20 cm y espolvoree con harina y retire el exceso. Forre el fondo de cada molde con papel manteca.

2. Utilizando batidora eléctrica de mano o de pie con el accesorio de la pala (Ka), bata la manteca y el azúcar rubia a velocidad media-alta por 3 minutos, raspando los lados del bol con espátula cada tanto, hasta que la mezcla esté esponjosa. Añada los huevos de a uno. Agregue la vainilla.

3. En un bol aparte, tamice la harina, cacao, polvo de hornear, bicarbonato de sodio y sal. Añada esto a la mezcla de manteca, alternando con la buttermilk, empezando y terminando con la mezcla de harina y mezclando bien luego de cada adición. Lleve la mezcla a los moldes y esparza para que estén nivelados.

4. Hornee 25-30 minutos, hasta que un palillo insertado en el centro salga limpio. Deje que el pastel se enfríe 20 minutos en los moldes, luego delos vuelta sobre una rejilla para que se enfríen por completo antes de aplicar la cobertura.

5. Retire el papel manteca, disponga en una fuente una de las capas y esparza una ración generosa de cobertura encima. Repita con las otras dos capas. Luego cubra los lados. Deje que el pastel descanse, sin taparlo, 2 horas. Se mantendrá cubierta a temperatura ambiente hasta 2 días.

¾ taza (185 mL) de manteca (mantequilla) sin sal, a temperatura ambiente

2 tazas (500 mL) de azúcar rubia

4 huevos, a temperatura ambiente

2 cdtas (10 mL) de extracto de vainilla

2⅓ tazas (580 mL) de harina común

1 taza (250 mL) de cacao en polvo

1½ cdtas (7,5 mL) de polvo de hornear

½ cdta (2 mL) de bicarbonato de sodio

½ cdta (2 mL) de sal

1½ tazas (375 mL) de *buttermilk* (ver pág. 323), a temperatura ambiente

1 receta de Cobertura de caramelo (receta a continuación)

COBERTURA DE CARAMELO

• *Rinde unas 2½ tazas (625 mL)* •

libre de
huevo

1. Caliente ½ taza (125 mL) de la manteca, el azúcar negro y la sal en una sauteuse o cacerola de fondo pesado a fuego medio, revolviendo ocasionalmente. Lleve a hervor fuerte y hierva 4 minutos, revolviendo una o dos veces. Agregue batiendo la crema y continúe hirviendo hasta que alcance 118°c (245°f) en un termómetro para azúcar. Retire del fuego y enfríe 30 minutos, revolviendo una o dos veces.

2. Con batidora eléctrica de pie o de mano con el accesorio de la pala bata la cobertura (debería estar todavía tibia) y agregue el azúcar impalpable. Continue batiendo hasta que esté un poco por encima de la temperatura ambiente (no se preocupe si tiene textura porosa), luego agregue la ½ taza (125 mL) restante de manteca y la vainilla, batiendo hasta que la cobertura esté homogénea y tenga una consistencia que permita esparcirla fácilmente.

1 taza (250 mL) manteca (mantequilla) sin sal, a temperatura ambiente

2 tazas (500 mL) de azúcar negro

½ cdta (2 mL) de sal

½ taza (125 mL) de crema para batir

2½ tazas (625 mL) de azúcar impalpable, tamizada

1 cdta (5 mL) de extracto de vainilla

nota de la cocina de Anna

Si la cobertura empieza a endurecerse sin que haya terminado de cubrir el pastel, simplemente caliéntela un poco y bata para ablandarla nuevamente.

PASTEL DE COCO
CON COBERTURA DE 7 MINUTOS
• *Para un pastel de 20 cm, de 2 capas* | *Rinde 10 a 12 porciones* •

*E*sta torta húmeda es como un pastel común de vainilla pero con actitud. El uso de leche de coco agrega un sabor intenso a coco sin apabullar con demasiado trópico.

1. Precaliente el horno a 175° c (350°f). Engrase y enharine dos moldes para torta de 20 cm, descarte el exceso de harina, luego forre el fondo de cada molde con papel manteca/sulfurizado.

2. Con batidora eléctrica o de pie con el accesorio de pala bata la manteca y $\frac{3}{4}$ taza (185 mL) del azúcar hasta que esté ligero y esponjoso. Agregue las yemas, batiendo bien y raspando el bol. Agregue batiendo la vainilla y cáscara de limón.

3. En un bol aparte, tamice la harina, polvo de hornear y sal. Agregue a la mezcla de manteca en 3 adiciones, mezclando a baja velocidad luego de cada adición y alternando con leche de coco. Agregue revolviendo el coco tostado. La masa estará bastante densa.

4. En un bol aparte, bata las claras con el crémor tártaro hasta que estén esponjosas, luego vierta suavemente la restante $\frac{1}{4}$ taza (60 mL) de azúcar mientras bate las claras hasta que tengan un pico blando. Incorpore la mitad de las claras a la masa, mezcle apenas (no las integre totalmente), luego agregue las claras restantes hasta que estén bien integradas.

5. Lleve la masa a los moldes y esparza al mismo nivel. Hornee 25 a 30 minutos, hasta que un palillo insertado en el centro salga limpio.

6. Enfríe los pasteles en los moldes 20 minutos, luego délos vuelta sobre una rejilla para que se enfríen por completo antes de aplicar la cobertura. Hágalo con una espátula, trazando remolinos mientras avanza. Presione los copos de coco en los lados de el pastel y deje que el pastel se asiente, sin cubrirlo, por 1 hora. El pastel se mantendrá, bien cubierto a temperatura ambiente hasta 3 días.

CONTINUACIÓN . . .

½ taza (125 mL) de manteca (mantequilla) sin sal, a temperatura ambiente

1 taza (250 mL) azúcar

4 huevos, a temperatura ambiente, separados

2 cdta (10 mL) de extracto de vainilla

1 cdta (5 mL) de cáscara de limón rallada

2 tazas (500 mL) de harina común

1 Cda (15 mL) de polvo de hornear

½ cdta (2 mL) de sal

⅔ taza (160 mL) de leche de coco

⅔ taza (160 mL) de coco rallado, apenas tostado

½ cdta (2 mL) de crémor tártaro

1 receta de cobertura de 7 minutos (pág. 150)

1 taza (250 mL) de coco en copos, para decorar

CONTINUACIÓN . . .

COBERTURA DE 7 MINUTOS

• *Para 2½ tazas (625 mL)* •

libre de
lactosa

libre de
gluten

Ligera y con una textura tipo malvavisco, esta cobertura es para tortas que no necesitan refrigeración. Esta cobertura y la de merengue y jarabe de arce (pág. 153) son muy similares.

1½ tazas (375 mL) de azúcar
2 claras, a temperatura ambiente
¼ cdta (1 mL) de crémor tártaro
¼ taza (60 mL) de agua helada
1 cdta (5 mL) vainilla

1. Llene una cacerola o sauteuse con 5 cm de agua y haga hervir.
2. En un bol de metal, bata el azúcar, claras, crémor tártaro y agua. Coloque el bol sobre la cacerola con agua hirviendo y bata a mano o con batidora eléctrica a velocidad medio-alta por 7 minutos. La cobertura se volverá blanca y duplicará su volumen, pero seguirá fluida cuando hayan pasado los 7 minutos.
3. Retire el bol del fuego, agregue la vainilla y bata la cobertura a alta velocidad hasta que se vuelva más gruesa y con una consistencia esparcible pero siga tibia, unos 5 minutos. Aplique la cobertura inmediatamente, mientras sigue tibia.

notas de la cocina de Anna

1. Usar agua helada ayuda a que la mezcla se caliente gradualmente mientras bate: esto permite que el azúcar se derrita en forma pareja antes de que la cobertura comience a ganar volumen.

2. Si luego de cocinar el merengue 7 minutos y mientras lo está batiendo, usted nota que tiene una textura porosa, no entre en pánico. Simplemente añada agua caliente, de a ½ cucharadita (2 mL) por vez, y bata hasta que la cobertura se vea homogénea (puede necesitar hasta 2 cucharadas/30 mL de agua). Este agregado debería derretir los granos de azúcar y regresar la cobertura a su estado esponjoso y similar al malvavisco.

PASTEL DE LIMÓN EN CAPAS CON CREMA DE LIMÓN Y COBERTURA DE BUTTERCREAM

• Para un pastel de 20 cm, en 3 capas | Rinde 10 a 12 porciones •

Ligero y tierno, este pastel tiene una miga con sabor a limón muy sutil. La ralladura de limón y la crema de mantequilla se conjugan para sacar el mejor partido de la acidez del cítrico.

1. Precaliente el horno a 175° c (350°f). Engrase 3 moldes redondos de 20 cm, prepare el fondo de cada uno con papel manteca/sulfurizado, y rocíe los lados con azúcar, retirando todo exceso.

2. Bata la manteca, azúcar y ralladura de limón a alta velocidad hasta que esté ligera y esponjosa. En un bol aparte, tamice la harina, polvo de hornear y sal. En otro bol, bata la buttermilk, claras y vainilla. Añada alternadamente la harina y buttermilk a la mezcla de manteca en pequeñas adiciones, empezando y terminando con la harina y mezclando bien luego de cada adición. Divida la masa en forma pareja en los 3 moldes y esparza para nivelar. Hornee 30 a 35 minutos, hasta que un palillo insertado en el centro salga limpio. Enfríe los pasteles 20 minutos en los moldes, luego delas vuelta sobre rejillas para que se enfríen por completo.

3. Retire el papel manteca y ubique la primera capa de pastel sobre una fuente. Llene con la crema de manteca una manga pastelera con boquilla plana y forme un círculo en los bordes de el pastel. Llene el círculo con $\frac{1}{2}$ taza (125 mL) de la crema de limón y esparza. Repita el proceso con la segunda capa. Cubra con la tercera capa, esparza la parte de arriba y los lados con la crema de manteca, luego decore con la manga o con bayas frescas. Refrigere al menos 2 horas para que se asiente la cobertura.

4. El pastel se conserva en heladera hasta 2 días, y es mejor consumirla luego de haberla retirado de la heladera una hora antes de servir.

½ taza (125 mL) manteca (mantequilla) sin sal, a temperatura ambiente

1½ tazas (375 mL) de azúcar

1 Cda (15 mL) de cáscara de limón rallada

2 tazas (500 mL) + 2 Cda (30 mL) de harina para repostería (0000)

1 Cda (15 mL) de polvo de hornear

½ cdta (2 mL) de sal

1¼ tazas (310 mL) de *buttermilk* (ver pág. 323), a temperatura ambiente

4 claras, a temperatura ambiente (reserve las yemas para la crema de limón)

1 cdta (5 mL) de extracto de vainilla

1 receta de Crema de manteca/mantequilla de limón (pág. 147)

1 receta de crema de limón (pág. 147)

nota de la cocina de Anna

Igual el merengue (págs. 81–82), la cobertura de crema de manteca tiene distintos estilos:

CREMA DE MANTECA BÁSICA

Este estilo de cobertura es una simple mezcla de manteca y azúcar impalpable con un poco de leche. Puede originar una cobertura bastante dulce y con una textura arenosa, pero es una favorita para acompañar cupcakes.

CREMA DE MANTECA SUIZA

El azúcar se disuelve con claras y le da al merengue buen volumen y gran estabilidad: ideal para pasteles grandes o de bodas, siempre y cuando se sirvan en interior (no funcionaría en verano al aire libre).

CREMA DE MANTECA ITALIANA

Para lograrla debe cocerse el azúcar a 115°C antes de vertirlo sobre las claras y añadir manteca. Es muy estable y puede soportar muchas horas fuera de la heladera.

CREMA DE MANTECA FRANCESA

Esta buttercream depende de las yemas en lugar de las claras para otorgar su sabor y textura. Esta receta se puede usar tanto como relleno como cobertura, por eso es tan apropiada en la Dobos Torte de la página 169.

CREMA DE MANTECA DE LIMÓN

• *Para 3 tazas (750 mL)* •

libre de gluten

Este estilo de crema de manteca es ligero y sedoso, y mantiene su forma, por eso es ideal para decorar o aplicar con manga. A pesar de que sea necesario conservar una torta decorada con esta crema en la heladera, es mejor servirla a temperatura ambiente, retirándola de la heladera unos 30 minutos antes.

1 taza (250 mL) de azúcar

4 claras

1½ Tazas (375 mL) de manteca sin sal, a temperatura ambiente

¼ taza (60 mL) de jugo de limón

1 cdta (5 mL) de extracto de vainilla

1. Bata el azúcar y claras en un bol metálico. Ubique el bol sobre una cacerola con agua hirviendo, y bata a mano hasta que el azúcar se haya disuelto y la mezcla esté caliente, unos 3 minutos. Retire del fuego.

2. Pase a batidora eléctrica (de mano o de pie) y bata las claras hasta que se hayan enfriado a temperatura ambiente (poco más que duplicarán su volumen), unos 6 minutos. Mientras bate, añada la manteca de a poco, luego agregue el jugo de limón y vainilla. Siga batiendo hasta que esté esponjoso.

3. Use la cobertura a temperatura ambiente. Si desea preparar esta receta con anticipación, refrigere para conservarla, pero luego use a temperatura ambiente y bata un poco para homogeneizar y que sea más fácil esparcirla. Se mantiene en la heladera hasta una semana.

CREMA DE LIMÓN (LEMON CURD)

• *Para 1¼ tazas (310 mL)* •

libre de gluten

La clásica crema de la tarta de limón (es demasiado densa para rellenar un lemon pie), también puede servirse acompañando unas bayas frescas o como relleno de una galleta tipo shortcake o con los Scons de chocolate blanco y pimienta (pág. 227).

⅔ taza (160 mL) azúcar

½ taza (125 mL) de jugo de limón

2 cdtas (10 mL) de cáscara de limón rallada

2 yemas

1 huevo

½ taza (125 mL) de manteca (mantequilla) sin sal, a temperatura ambiente

1. Bata el azúcar, jugo de limón, ralladura de limón, yemas, y el huevo en un bol metálico. Coloque el bol sobre una cacerola con agua hirviendo y bata suavemente la mezcla a mano (no es necesario batir enérgicamente e incluso se puede dejar batiendo sin prestarle mucha atención), hasta que esté denso y alcance el punto letra (ver glosario en pág. 323), unos 15 minutos.

2. Retire la crema del fuego y cuele en un bol. Agregue la manteca batiendo hasta que ésta se haya derretido por completo. Luego refrigere la crema hasta que esté firme, unas 2 horas. Esta preparación se mantendrá en la heladera hasta una semana.

**COBERTURA DE MERENGUE Y
JARABE DE ARCE**

• *Rinde 2 1/2 tazas (625 ml)*

libre de lactosa

libre de gluten

Esta receta puede intercambiarse con la Cobertura de 7 minutos (pag. 150), en cualquier prepración a la que desee agregar esa nota de caramelo que trae el jarabe de arce. A pesar de que esta receta utiliza jarabe de arce, la cobertura resultante tiene un brillante color blanco.

2 claras, a temperatura ambiente

½ cdta (2 mL) de crémor tártaro

2 Tbsp (30 mL) de azúcar

¾ cup (185 mL) de jarabe de arce
o 140 ml de miel

1 tsp (5 mL) de extracto de vainilla

1. Bata los huevos con el cremor tártaro hasta que estén espumosos, luego agregue el azúcar y bata las claras hasta que tengan un pico blando (ver pág. 82).

2. Lleve el jarabe de arce a hervor y cocine sin tapar y sin revolver hasta que alcance una temperatura de 242°f (117°c) en un termómetro para azúcar. Mientras bate a velocidad media, vierta con cuidado el jarabe de arce en el merengue desde los costados del bol (esto lo ayudará a prevenir salpicaduras del jarabe hirviendo) y continúe batiendo hasta que la mezcla se haya enfriado, pero no esté aún a temperatura ambiente, unos 3 minutos. Agregue revolviendo la vainilla. Esta cobertura debe usarse inmediatamente.

ANGEL FOOD CAKE
• Para una torta de 25 cm | Rinde 12 porciones •

libre de **lactosa**   *bajo en* **grasas**

*L*iviana como el aire, esta torta merece su distinguida fama porque no contiene grasa

1¼ tazas (310 mL) de claras (unas 9), a temperatura ambiente
1 cdta (5 mL) de crémor tártaro
Pizca de sal
1 taza (250 mL) de azúcar impalpable

2 cdtas (10 mL) de extracto de vainilla
1 taza (250 mL) de harina para repostería (0000)
½ cdta (2 mL) de polvo de hornear

1. Precaliente el horno a 325°f (160°c).
2. Batir, en una batidora eléctrica de pie o de mano, las claras con el cremor tártaro y la sal hasta que estén espumosas. Agregar lentamente la mitad (125 grs) del azúcar impalpable sin dejar de batir. Continuar hasta que las claras formen picos firmes, cuidando de no sobrebatir. Detener el batido y agregar la vainilla revolviendo.
3. En un bol aparte, cernir dos veces la harina, la mitad restante de azúcar impalpable y el polvo de hornear. Agregar un tercio de la mezcla de harina a las claras batidas, integrando con movimientos suaves pero rápidos; repetir la operación dos veces más. Con una espátula, volcar la preparación en un molde de torta ángel (con tubo central, de 25 cm de diámetro y 10 cm de alto) sin engrasar. Cocinar de 35 a 45 minutos o hasta que al presionar la superficie de la torta con el dedo, ésta vuelva a su lugar.
4. Retirar inmediatamente del horno y dar vuelta el molde sobre una rejilla hasta que la torta se haya enfriado completamente. La torta se conservará hasta 4 días, bien cubierta y a temperatura ambiente.

notas de la cocina de Anna
1. En esta receta es importante el uso de azúcar impalpable porque sus finos gránulos se disuelven mejor en las claras mientras se baten. Esto resulta en una miga más suave y delicada.
2. Para consejos sobre merengues y batidos de claras, ir a páginas 81-82

TORTA CHIFFON DE CHOCOLATE
• Para un molde con tubo central, de 25 cm de diámetro y 10 cm de alto | 16 porciones •

libre de **lactosa**

*E*sta torta de chiffon se diferencia de la angel food cake en que usa tanto las claras como las yemas y aceite, lo que brinda a la torta sabor y una textura húmeda.

1¾ tazas (435 mL) de harina para repostería (0000)
1 taza (250 mL) de azúcar impalpable
5 Cdas (75 mL) de cacao en polvo
1½ cdta (7.5 mL) de polvo de hornear
¼ cdta (1 mL) de sal
1 taza (250 mL) de café, a temperatura ambiente
½ taza (125 mL) de aceite vegetal
5 huevos, a temperatura ambiente, separados
½ cdta (2 mL) de crémor tártaro
¼ taza (60 mL) de azúcar

1. Precalentar el horno a 325°f (160°c).
2. En el bol de una batidora de pie o en un bol común, cernir la harina, el azúcar, el cacao, el polvo de hornear y la sal. Agregar el café, el aceite y las yemas y batir a alta velocidad hasta que la preparación esté espesa y brillante.
3. En un bol aparte, batir las claras y el cremor tártaro hasta que estén espumosas. Añadir lentamente el azúcar común y continuar batiendo hasta que las claras formen picos firmes. Agregar en forma envolvente un tercio de la preparación de claras a la preparación de chocolate hasta que estén homogéneas, luego integrar los dos tercios restantes.
4. Volcar la preparación (la consistencia esperada en este paso es líquida) a un molde de torta ángel (con tubo central, de 25 cm de alto por 10 cm de alto) sin engrasar.
5. Cocinar 45-50 minutos hasta que un palillo insertado en el centro de la torta salga limpio. Dar vuelta el molde sobre una rejilla hasta que la torta se haya enfriado completamente. Para desmoldar pasar un cuchillo por el borde interior del molde y golpear levemente la base para que se deslice en la bandeja donde va a servir. Esta torta puede servirse sola, acompañada con bayas frescas, compota de frambuesa y crema chantilly (ambas en página 320). La torta se conservará hasta 4 días, bien envuelta y a temperatura ambiente.

Torta chiffon de té Earl Grey con cobertura de jarabe de arce (pags. 143)

TORTA DE LIBRA MARMOLADA
• *Para 1 budinera de 2 lts | 12 a 16 rebanadas* •

Las preparaciones de vainilla y de chocolate de esta receta tienen una consistencia muy homogénea, haciendo que sea muy fácil lograr el arremolinado característico de los budines marmoladas. El resultado es un budín tierno y que no hace migas al cortar.

1. Precalentar el horno a 325°f (160°c). Engrasar y enharinar el molde, sacudiendo el exceso de harina.
2. Con una batidora eléctrica de pie o de mano, batir la manteca y el azúcar hasta que esté esponjosa, unos dos minutos. Agregar los huevos de a uno, batiendo bien después de cada adición. Agregar el extracto de vainilla.
3. En un bol aparte, cernir la harina, el polvo de hornear y la sal. Agregar a la preparacion de manteca, alternando con la crema ácida, integrando bien los ingredientes antes de la siguiente adición, comenzando y terminando con la harina. Luego, transferir la mitad de la preparación a otro bol.
4. Colocar el chocolate en un recipiente de vidrio o metálico y llevar a baño de María, con agua apenas hirviendo, hasta que el chocolate derretido. Luego añadir a una de las preparaciones. Llenar el molde, alternando cucharadas de la preparación de vainilla y de la de chocolate. Usando un cuchillo, arremolinar la preparación. Cocinar la torta 60-70 minutos hasta que un palillo insertado en el centro salga limpio. Enfriar la torta 30 minutos en el molde y dar vuelta hasta enfriar completamente.
5. La torta se mantendrá hasta 5 días en un recipiente hermético y a temperatura ambiente.

¾ taza (185 mL) de manteca sin sal, a temperatura ambiente
1 taza (250 mL) de azúcar
4 huevos, a temperatura ambiente
2 cdtas (10 mL) de extracto de vainilla
2 tazas (500 mL) de harina común
1¼ cdta (6 mL) de polvo de hornear
¼ cdta (1 mL) de sal
⅔ taza (160 mL) de crème fraîche (ver pág. 321) o yogur griego entero
120 g de chocolate semiamargo, picado

nota de la cocina de Anna

Las budineras varían mucho en tamaño y capacidad. mientras que un molde cuadrado tiene 20 cm y una tartera tiene 23 cm, las budineras pueden tener 22 cm x 13 cm o 23 cm x 12 cm y muchas otras combinaciones. las recetas de este libro fueron probadas usando un molde de 23x13 cm. Puede usar moldes más grandes o más chicos, pero el tiempo de horneado variará: un budín en un molde más corto pero más profundo puede tardar más tiempo en hornearse que uno cocinado en un molde más largo y ancho. A menos que su horno sea 1 cm menor en ancho y largo, no debería encontrarse con el problema de que la masa desborde el molde mientras se levanta. En última instancia, medir el volumen del molde es la mejor manera de asegurarse sobre la equivalencia. Si el molde puede contener 1,5 lts de líquido, entonces no habrá problema.

BUNDT CAKE DE ZUCCHINI Y NUECES CON GLASEADO CON CHOCOLATE
• Para un molde Bundt de 1,5 lts | 12 a 16 porciones •

Como en otras recetas de tortas con frutas o vegetales (zanahoria o bananas) el zucchini brinda humedad.

BUDÍN:
½ taza (125 ml) de azúcar

½ taza (125 ml) de aceite vegetal

½ taza (125 ml) jarabe de arce o miel

2 huevos

1⅓ tazas (330 ml) de harina comun

⅔ tazas de nueces,en trozos

1 cdta de polvo de hornear

1 cdta de bicarbonato de sodio

1 cdta de canela molida

½ cdta de sal

500 g de zucchini, rallado grueso

1 taza (250 ml) de chips de chocolate

GLASEADO DE CHOCOLATE:
180 g de chocolate semiamargo picado

6 cdas (90 ml) de manteca sin sal

¼ taza (60 ml) jarabe de arce o 45 ml de miel

1. Precalentar el horno. Engrasar y enharinar un molde Bundt de 1,5 lts y descartar el exceso de harina.
2. En una procesadora, pulsar el azúcar, aceite, jarabe de arce o miel y los huevos hasta lograr una mezcla homogénea. agregar la harina, nueces, el polvo de hornear, bicarbonato, la canela y la sal; pulsar hasta homogeneizar. Añadir el zucchini y los chips de chocolate. Pulsar solamente hasta que los ingredientes estén mezclados. Volcar la preparación en el molde. Cocinar 50-55 minutos hasta que al insertar un palillo en el centro, éste salga limpio. Enfriar por completo antes de dar vuelta el molde sobre una rejilla.
3. Hacer el glaseado de chocolate. Colocar el chocolate, la manteca, el jarabe de arce o miel en un bol metálico o de vidrio sobre baño de María, con el agua apenas hirviendo, hasta que se derrita el chocolate. Colocar una placa con papel manteca debajo de la rejilla, y volcar el glaseado tibio encima, esparciendo hasta cubrir por completo. Dejar reposar 1 hora. Refrigerar hasta el momento de servir. Conservar en heladera hasta 3 días.

TORTA DE LIBRA DE SEMILLAS DE AMAPOLA CON GLASEADO DE LIMÓN
Para un molde Bundt de 1,5 lts o budinera de 1,5 lts

La característica de esta pound cake, así como otras de este capítulo, es que se conservan bien en el freezer.

TORTA:
1 taza (250 mL) de manteca sin sal, a temperatura ambiente

1 taza (250 mL) de azúcar

1 Cda (15 mL) de cáscara de limón, rallada

4 huevos, a temperatura ambiente

2 cdtas (10 mL) de extracto de vainilla

2 tazas (500 mL) de harina común

1 cdta (5 mL) de polvo de hornear

¼ cdta (1 mL) de sal

1½ Cdas (22,5 mL) de semillas de amapola

GLASEADO:
2 Cdas (30 mL) de jugo de limón

¾ taza (185 mL) de azúcar impalpable, tamizada

1. Precalentar el horno a 140° c. engrasar y enharinar un molde Bundt o budinera de 1,5 lts.
2. Con batidora eléctrica batir la manteca el azúcar y la ralladura de limón hasta que esté ligera y esponjosa. agregar los huevos de a uno, batiendo bien después de cada adición. Seguir batiendo y añadir el extracto de vainilla.
3. En un bol, tamizar la harina, el polvo de hornear y la sal. Incorporar esta preparación a la preparación de manteca en dos veces, trabajando con la batidora a baja velocidad. Sumar las semillas de amapola. Volcar la preparacón con una espátula en el molde elegido.
4. Hornear la torta 20 minutos. Luego aumentar la temperatura del horno a 160° C y cocinar 50-60 minutos más, o hasta que salga limpio un pincho insertado en el centro de la torta. Enfriar 30 minutos en el molde, luego dar vuelta la torta hasta que se enfríe completamente.
5. Para el glaseado, batir el jugo de limón y el azúcar impalpable hasta lograr una preparación suave y volcar sobre la torta. Dejar que el glaseado se asiente y luego envolver y conservar la torta hasta el momento de servir. Bien envuelta y a temperatura ambiente, la torta se mantendrá hasta 5 días.

BUNDT CAKE DE MIEL Y DÁTILES
• Para un molde Bundt de 2 l | Rinde 16 a 20 porciones•

Esta es una bundt cake rica en manteca y sustanciosa. Al hincharse los dátiles picados durante la cocción, la torta adquiere un sabor y textura espectaculares.

1. Precaliente el horno a 160° c. Engrase y enharine un molde Bundt o molde con tubo central de 2 l.

2. Derrita la manteca y la miel en una salsera mediana sobre fuego medio, revolviendo de vez en cuando. Retirar la salsera del fuego y enfriar 15 minutos. Batir el azúcar rubia, la crème fraîche o yogur, el huevo, el jengibre fresco y la vainilla a la mezcla de manteca.

3. En un bol aparte, cernir la harina, el polvo de hornear, el bicarbonato, la canela y la sal. verter la preparacion de manteca en la preparación de la harina y revolver hasta lograr una preparación homogénea. Añadir los dátiles picados y revolver. Volcar la preparación en el molde previamente preparado. Hornear 55-65 minutos, o hasta que un palillo insertado en el centro de la torta salga limpio. Enfriar la torta 30 minutos en el molde y darlo vuelta hasta enfriar completamente. Espolvorear con azúcar impalpable antes de servir.

4. Esta torta puede ser guardada, cubierta y se conserva a temperatura ambiente hasta 5 días.

1¾ tazas (435 mL) de manteca sin sal

1 taza (250 mL) de miel

1 taza (250 mL) azúcar rubio

¾ taza (185 mL) de crème fraîche (ver pág.321) o yogur griego entero

1 huevo

1 Cda (15 mL) de jengibre rallado fino

2 cdtas (10 mL) de extracto de vainilla

3 tazas (750 mL) de harina común

1 cdta (5 mL) de polvo de hornear

1 cdta (5 mL) de bicarbonato de sodio

1 cdta (5 mL) de canela molida

½ cdta (2 mL) de sal

2 tazas (500 mL) de dátiles picados

azúcar impalpable, para espolvorear

TORTA DE ZANAHORIA Y MANZANA
• *Para un molde con tubo central de 25 cm | Rinde 10-12 porciones* •

libre de lactosa

Esta torta se hornea mejor en los bordes rectos de un molde con tubo central antes que en los moldes acanalados de un molde Bundt.

1. Precalentar el horno a 190° c. Enmantecar un molde con tubo central.

2. Batir el aceite, el azucar rubia, la sidra o jugo de manzana y los huevos hasta lograr una preparación suave. En un bol aparte, tamizar la harina, el polvo de hornear, la sal, la canela y la pimienta de jamaica. Combinar batiendo las dos preparaciones, luego revolver y agregar las zanahorias y manzanas ralladas. Verter esta preparación en el molde, que solo quedará lleno hasta la mitad. Hornear la torta 45 minutos hasta que un palillo insertado en el centro salga limpio. Enfriar 40 minutos en el molde, luego dar vuelta sobre un plato, donde se terminará de enfriar.

3. La torta se puede conservar bien envuelta a temperatura ambiente durante 4 dias.

1 taza (250 mL) de aceite vegetal

1 taza (250 mL) de azúcar rubia

¼ taza (60 mL) de sidra o jugo de manzana

4 huevos

2¼ tazas (560 mL) de harina común

2 cdtas (10 mL) de polvo de hornear

½ cdta (2 mL) de sal

1 cdta (5 mL) de canela molida

¼ cdta (1 mL) de pimienta de jamaica molida

3½ tazas (875 mL) de zanahorias ralladas gruesas

1 taza (250 mL) de manzanas tipo Granny Smith peladas y ralladas gruesas

nota de la cocina de Anna

Para jugar con los sabores de la carrot cake tradicional, puede cubrir la torta con un frosting de queso crema (ver la receta de Cupcakes de Terciopelo Rojo en página 138) y conservar la torta en la heladera.

CHEESECAKE DE VAINILLA
• Para una cheesecake de 23 cm | Rinde 12 a 16 porciones •

*F*antásticamente rica y consistente, sin ser pesada, ésta receta básica y fundamental es deliciosa por sí sola, con frutas frescas o con salsa, como la Compota de Frambuesa o la Crema de Mango en la página 321.

1. Precaliente el horno a 175º c. Enmanteque sutilmente un molde redondo desmontable de 23 cm y colóquelo sobre una asadera.

2. Haga la base: bata las migas junto con el azúcar, luego vierta la manteca derretida y bata hasta que las migas queden recubiertas (la mezcla aún será crujiente). Vierta las migas en el molde desmontable y presione, colocando también 2-3 cm en los bordes del molde (el uso de una cazuela o vaso resistente lo ayudará a distribuir equitativamente las migas). Hornee la base por 12 minutos, luego deje enfriar mientras prepara el relleno.

3. Baje la temperatura del horno a 150º c. Bata el queso crema con la maicena hasta lograr una consistencia esponjosa. Añada lentamente el azúcar mientras continúa batiendo, raspando los bordes y el fondo del bol ocasionalmente. Sin dejar de batir agregue la crème fraîche y la vainilla, nuevamente raspando bien los bordes y el fondo del envase.

4. Agregue los huevos uno por uno, batiendo y raspando el bol luego de cada agregado. Vierta la mezcla sobre la base fría.

5. Hornee por 55 minutos. Apague el horno y deje descansar el cheesecake dentro por otros 10 minutos, entreabriendo ligeramente la puerta del horno. Luego retire.

6. Después de dejar enfriar por 30 minutos, deslice una espátula por los bordes externos del cheesecake para despegarlo del molde. Deje enfriar completamente a temperatura ambiente antes de refrigerar por al menos 6 horas.

7. Para servir, remueva el anillo del molde desmontable y córtela usando un cuchillo seco y caliente. La torta se conservará en la heladera hasta por 3 días

BASE:

1 ½ tazas de migas de galletitas dulces

3 cucharadas (45 ml) de azúcar

¼ taza (60 ml) de manteca sin sal derretida

RELLENO:

1 kg de queso crema a temperatura ambiente

2 cucharadas (30 ml) de maicena

1 ¼ tazas (310 ml) de azúcar

½ taza (125 ml) de crème fraîche (ver pág. 321) o yogur griego entero

1 cucharada (15 ml) de esencia de vainilla o pasta de vainilla

3 huevos a temperatura ambiente

notas de la cocina de Anna

1. Para tips sobre huevos, vea las notas de la página 11.

2. Dejar que el cheesecake se enfríe completamente a temperatura ambiente antes de refrigerarlo es un paso fácil pero muy importante. Acelerar el enfriamiento puede causar que el cheesecake se contraiga, causando quebraduras

CHEESECAKE EUROPEO DE LIMÓN
• Para un cheesecake de 23 cm | Cortar en 8-10 porciones •

El queso Cottage prensado es el ingrediente clave en éste receta, dándole a éste cheesecake un estilo más parecido a un cheesecake de Europa del Este. De no encontrar queso Cottage, use la misma cantidad de queso ricota seco.

1. Precaliente el horno a 175º C. Enmanteque un molde desmontable de 23 cm y espolvoréelo con azúcar, eliminando los excesos.

2. Usando una procesadora o batidora eléctrica, una el queso con $\frac{1}{2}$ taza (125 ml) del azúcar. Agregue la harina, la maicena, la cáscara de limón, el jugo de limón y la vainilla, y mezcle bien. Añada batiendo las yemas.

3. En un bol limpio y con batidores limpios, bata las claras con el crémor tártaro hasta lograr una consistencia espumosa, luego vierta el $\frac{1}{4}$ de taza restante (60 ml) de azúcar, continuando con el batido hasta lograr un pico medio (ver pág. 82). Añada las claras a la mezcla de queso en 2 tandas, mezclando en forma envolvente, luego vierta la masa en el molde.

4. Hornee 10 minutos, luego reduzca la temperatura a 160º c, y cocine otros 25 minutos más, hasta que la superficie apenas comience a colorearse. Deje enfriar completamente a temperatura ambiente, luego refrigere por al menos 2 horas antes de cortar. Se conservará en la heladera por hasta 3 días.

250 gr de queso Cottage prensado (queso fresco 10% materia grasa) o queso ricotta seco

¾ taza (185 ml) de azúcar

¼ taza (60 ml) de harina 0000

2 cdas (30 ml) de maicena

1 cda (15 ml) de cáscara de limón finamente rallada

2 cdas (30 ml) de jugo de limón

2 cdtas (10 ml) de esencia de vainilla

4 huevos a temperatura ambiente (separar yemas y claras)

½ cdta (2 ml) de crémor tártaro

nota de la cocina de Anna

Debido a que la receta utiliza claras batidas, puede desarrollar una pequeña quebradura (2,5 cm) desde el borde externo del postre, y puede llegar a desinflarse un poco mientras se enfría. Esto es completamente esperable en ésta receta, y no debe ser temido como en un típico cheesecake norteamericano, que puede desarrollar una hendidura abierta en el medio si no ha sido bien horneado. Por favor, chequee las notas en las páginas 161, 163 y 164 para tips sobre cómo evadir quebraduras no planeadas en cheesecakes.

CHEESECAKE DE CHOCOLATE BLANCO, FRAMBUESAS Y LIMAS.
• *Para un cheesecake de 23 cm.* | *12 a 16 porciones* •

La base hecha con migas de las galletas de página 24 ayuda a que este cheesecake sea especial, aunque se podrían usar las migas de prácticamente cualquier galletita dulce crujiente. Los cítricos y las bayas hacen que el cheesecake no sea demasiado dulce ni pesado.

1. Precaliente el horno a 175° C. y engrase un molde redondo desmontable de 23 cm.

2. Revuelva las migas junto con la manteca derretida, y presione la mezcla contra el fondo del molde y hasta la mitad de los costados. Hornee por 10 minutos y deje enfriar mientras prepara el relleno.

3. Baje la temperatura del horno a 150° C. Bata el queso crema junto con la harina hasta lograr una consistencia liviana y esponjosa. Lentamente vierta el azúcar dentro de la mezcla sin dejar de batir, raspando los bordes del bol un par de veces mientras agrega el azúcar. Agregue batiendo la crème fraîche, el jugo de lima, la cáscara y la vainilla, y continúe batiendo hasta que los ingredientes estén completamente mezclados. Luego, batiendo a baja velocidad, añada, uno por vez, los huevos enteros y la yema, raspando el bol luego de cada agregado. Agregue los trozos de chocolate blanco y las frambuesas, y mezcle a mano. Vierta el relleno en la base fría.

4. Coloque el molde en una asadera y hornee por alrededor de 40 minutos, hasta que las bordes externos del cheesecake estén listos pero el centro aún esté blando. Deje enfriar a temperatura ambiente, luego refrigere hasta que esté listo, al menos por 6 horas. Para servir, decore la superficie del cheesecake con frambuesas frescas y corte la torta con un cuchillo seco y caliente. Se conservará, dentro de la heladera, hasta por 3 días.

BASE:
- ½ receta de Snickerdoodles (pág. 24), procesadas, o 2 ½ tazas (625 ml) de migajas de cualquier otra galletita de azúcar y manteca
- ¼ taza (60 ml) de manteca sin sal derretida

RELLENO:
- 500 g (8 oz) de queso crema a temperatura ambiente
- 2 cdas (30 ml) de harina 0000
- ¾ taza (185 ml) de azúcar
- ½ taza (125 ml) de crème fraîche (ver pág. 321) o yogur griego entero
- 3 cdas (45 ml) de jugo de lima
- 2 cdtas (10 ml) de cáscara de lima finamente rallada.
- 1 cdta (5 mL) de extracto de vainilla
- 2 huevos a temperatura ambiente
- 1 yema de huevo a temperatura ambiente
- 125 gr de chocolate blanco, picado
- 1 taza (250 ml) de frambuesas frescas, y un extra para adornar

nota de la cocina de Anna
Al pasar una espátula por los bordes internos del molde desmontable, usted separará el cheesecake del molde. De éste modo, si la torta hubiera llegado a contraerse, se alejará de los bordes del molde, acotando el riesgo de que se resquebraje en el centro.

SACHER TORTE VIENESA
• Para una torta de 23 cm | Cortar en 10 a 12 porciones•

¿Necesita un postre sensacional para una ocasión especial? Éste es el indicado. Es una torta rica y húmeda untada con mermelada de damasco y decorada con una cobertura de chocolate. Creada en honor al Hotel Sacher de Viena, yo la aprendí de una chef pastelera muy talentosa, Burgi Riegler, quien incluso trabajó en el hotel Sacher.

1. Para la tarta, precaliente el horno a 175° C. Engrase y azucare un molde desmontable redondo de 23cm.

2. Derrita el chocolate en un bol de metal sobre un envase con agua en su primer hervor, revolviendo constantemente. Una vez derretido, sáquelo del calor. Con batidora eléctrica de mano o de pie, bata el chocolate derretido con la manteca y el azúcar impalpable, hasta lograr una consistencia homogénea. Agregue las yemas una por vez, batiendo bien luego de cada adición. Suavemente, eche y mezcle en forma envolvente la harina tamizada y la sal.

3. En un bol aparte, bata las claras hasta lograr una consistencia espumosa, luego añada el azúcar. Continúe batiendo las claras hasta lograr un merengue de pico medio (ver pág. 82). Agregue de forma envolvente un tercio de las claras dentro de la mezcla de chocolate, luego haga lo mismo con los dos tercios restantes. Vierta la mezcla dentro del molde preparado, y nivele con un cuchillo o una espátula.

4. Hornee por 50-60 minutos, hasta que un palillo insertado en el centro de la torta salga limpio. Deje que la torta se enfríe completamente.

5. Caliente la mermelada de damasco en un pote pequeño a temperatura media o en el microondas, cuélela, y déjela enfriar hasta que sea untable. Corte la torta a la mitad en sentido horizontal y unte una capa fina de mermelada sobre la mitad inferior. Tape con la otra mitad de la torta y recubra la superficie y los costados de la torta con mermelada uniformemente. Refrigere la torta mientras prepara la cobertura de chocolate.

6. Para la cobertura, mezcla revolviendo el chocolate, la manteca y el jarabe de maíz en un bol de metal o vidrio sobre un pote de agua en su primer hervor hasta que se derrita la mezcla. Deje enfriar la cobertura a temperatura ambiente, revolviendo ocasionalmente (se espesará levemente)

7. Coloque la torta en una rejilla y disponga debajo una asadera cubierta con papel manteca/sulfurizado. Vierta la cobertura en el centro de la torta de una vez. Con una espátula angulada dirija gentilmente la cobertura derretida hacia los bordes de la torta, y deje que se derrame por los costados. Esparza la cobertura por los espacios que no hayan quedado cubiertos y refrigere hasta que se fije.

8. Una vez que se haya enfriado, suavemente traslade la torta a un plato para servir. El decorado tradicional consiste en escribir "Sacher" en la torta con la cobertura restante. La tarta se conservará en la heladera hasta 3 días.

TORTA:

120 gr de chocolate semiamargo picado

½ taza (125 ml) de manteca sin sal a temperatura ambiente

¼ taza + 2 cucharaditas (70 ml) de azúcar impalpable

6 huevos (yemas y claras separadas)

1 taza (250 ml) de harina para repostería (0000), tamizada

¼ cucharadita (1 ml) de sal

½ taza + 2 cucharadas (155 ml) de azúcar

1 taza (250 ml) de mermelada de damasco

COBERTURA DE CHOCOLATE:

360 gr de chocolate semiamargo, picado

¾ taza (185 ml) de manteca sin sal, cortada en trozos

1 cucharada (15 ml) de jarabe de maíz

CHEESECAKE DE CHOCOLATE SUSTANCIOSA
• *Para una cheesecake de 23 cm | 12 a 16 porciones* •

libre de
gluten

Acá va una cheesecake consistente para los verdaderos amantes del chocolate. Las almendras molidas le dan estructura a la base, y ofrecen una variación de la base tradicional de galletas.

1. Precaliente el horno a 175° C. Engrase ligeramente un molde redondo desmontable de 23 cm y colóquelo sobre una asadera.

2. Para la base, procese las almendras con el azúcar, el cacao en polvo, la maicena y la canela hasta que las almendras estén finamente picadas. Agregue la clara y el aceite, y procese hasta que se mezclen completamente. Disponga la base en el molde, distribúyala y presione contra el fondo. Hornee por 15 minutos. Deje enfriar la base mientras prepara el relleno, y reduzca la temperatura del horno a 150° C.

3. Derrita el chocolate amargo y el chocolate sin azúcar en un bol de metal o de vidrio colocado sobre un pote con agua en su primer hervor, mezclando constantemente hasta que se derrita. Saque el bol del calor y deje enfriar.

4. Bata el queso crema hasta lograr una consistencia esponjosa. Luego agregue el azúcar de a $\frac{1}{2}$ taza, batiendo bien y raspando los costados del bol después de cada agregado. Añada batiendo la crème fraîche y la vainilla. Sin dejar de batir agregue el chocolate derretido y luego los huevos, uno por uno, batiendo bien y raspando los costados del bol. Vierta el relleno del cheesecake sobre la base fría.

5. Hornee la cheesecake alrededor de 60 minutos, hasta que la capa exterior esté cocinada pero el centro aún tiemble. Deje enfriar 20 minutos, luego deslice una espátula alrededor de los bordes externos de la torta para liberarlos del molde. Deje enfriar totalmente a temperatura ambiente antes de refrigerarla una noche (o un mínimo de 6 horas), desmoldar y servir. Decore con los rulos de chocolate negro. La cheesecake se corta mejor con un cuchillo seco y caliente, y puede conservarse hasta por 4 días dentro de la heladera.

BASE:

1 taza (250 ml) de almendras sin tostar enteras

¼ taza de azúcar

3 cdas (45 ml) de cacao en polvo

3 cdas (45 ml) de maicena

¼ cucharadita (1 ml) de canela molida

1 clara de huevo

2 cdas (30 ml) de aceite vegetal

RELLENO:

180 gr de chocolate semiamargo picado

90 gr de chocolate sin azúcar (50-58% cacao)

750 gr de queso crema, a temperatura ambiente

2 tazas (500 ml) de azúcar

1 taza (250 ml) de crème fraîche (ver pág. 321) o yogur griego entero, a temperatura ambiente

2 cdtas (10 ml) de extracto de vainilla

4 huevos, a temperatura ambiente

Rizos de chocolate negro para adornar (pág. 321)

nota de la cocina de Anna

Mientras bate el queso crema y agrega el azúcar, puede batir a alta velocidad. Una vez que empiece a agregar los huevos, reduzca la velocidad a baja para que no le entre demasiado aire a la mezcla. Los huevos se inflarán como un soufflé en el horno, pero una vez que la torta comience a enfriarse, caerán. Es ahí cuando el cheesecake puede resquebrajarse, aún horas después de del horno.

DOBOS TORTE
• *Para una torta de 20 cm* | *Cortar en 8 porciones* •

Esta tarta húngara se hace con 9 capas finas de torta - para ser oficialmente una torta Dobos, requiere tener, al menos, 5 capas, crema de mantequilla y chocolate y una capa de caramelo. En vez de hacer un bizcochuelo esponjoso tradicional y tratar de cortarlo en 9 capas uniformes (¡que es imposible!), el bizcochuelo es distribuido en el fondo de moldes para torta enmantecados y enharinados.Otórguese tiempo y espacio de sobra para ésta receta.

1. Precaliente el horno a 175º C. Engrase y enharine el fondo de 3 moldes para torta de 20 cm, dando golpecitos para remover los excesos de harina.

2. Bata las yemas con ½ taza (125 ml) de azúcar a alta velocidad hasta que hayan duplicado su volumen y estén espesas y pálidas, por 5 minutos aproximadamente. Agregue batiendo la vainilla. Añada tamizando la harina y la sal, y mezcle de forma envolvente. El batido estará espeso.

3. En un bol limpio, bata las claras y el crémor tártaro hasta lograr una consistencia espumosa, luego vierta lentamente las 5 cucharadas restantes (75 ml) de azúcar y continúe batiendo hasta que las claras alcancen un pico medio (ver pág. 82). Agregue las claras a la mezcla de yemas de forma envolvente en 2 tiempos.

4. Vierta con una cuchara alrededor de ½ taza (125 ml) de la mezcla en el fondo de cada molde y distribúyalo por los bordes. Hornee cada una de las capas por 7-9 minutos, hasta que su color sea dorado o de un marrón claro. Deje las tortas enfriar por alrededor de 5 minutos, luego sáquelas del molde deslizando una espátula angulada por debajo de toda la superficie de la torta, de afuera hacia adentro. Está bien que tengan algún borde quebrado o una pequeña grieta, o si parecen firmes en algún sector y blandas en otro. Todo se disimulará con el glaseado y la torta se ablandará.

5. Vuelva a enmantecar y enharinar los moldes (sin necesidad de lavarlos), y repita el proceso 2 veces más, para un total de 9 capas. Guarde las capas en una bandeja de horno cubierta con papel manteca/sulfurizado, apenas tocándolas y entre capas de papel.

6. Para preparar el decorado de caramelo, coloque todas las avellanas (menos 8) en una bandeja para hornear cubierta con papel manteca. Engrase ligeramente un cortapasta de 15- 20 cm (también puede utilizar el anillo exterior de un molde desmontable de 20 cm) y una segunda bandeja para hornear cubierta con papel manteca. Coloque el cortapasta en la bandeja. Hierva el azúcar, el jugo de limón y el agua. Deje hervir sin tapar, pincelando cada tanto con agua los costados exteriores de la cacerola, hasta que la mezcla se caramelice (a los 7 minutos aproximadamente). Con cuidado, vierta la mitad del azúcar en el centro del cortapasta, luego vierta la mitad restante

TORTA:

6 huevos, separados y a temperatura ambiente

½ taza (125 ml) + 5 cdas (75 ml) de azúcar

1 cdta (5 ml) de extracto de vainilla

1 taza (250 ml) de harina de repostería

¼ cdta (1 ml) de sal

½ cdta (2 ml) de crémor tártaro

DECORACIÓN DE CARAMELO:

1 ½ tazas (375 ml) de avellanas enteras, peladas y tostadas.

1 taza (250 ml) de azúcar

1 cda (15 ml) de jugo de limón

3 cdas (45 ml) de agua

ARMADO:

1 receta de Buttercream/Crema de mantequilla de chocolate y avellanas (página 170)

CONTINUACIÓN . . .

CONTINUACIÓN . . .

sobre las avellanas y remuévalas hasta que queden completamente cubiertas. Deje que el caramelo se ponga firme y esté casi frío, cerca de 8 minutos. Luego retire el cortante y, con un cuchillo enmantecado, corte en 8 pedazos. Enfríe completamente. Luego que las avellanas se hayan enfriado, procéselas hasta obtener migas gruesas y crocantes.

7. Para el armado, disponga una capa de torta en una fuente y cubra con crema de manteca. Coloque encima otra capa de torta. Repita el proceso hasta haber utilizado las 9 capas de torta. Cubra toda la torta con la cobertura, luego presione para adherir el crocante de avellanas a los costados. Disponga las 8 avellanas restantes en un círculo alrededor del borde exterior de la torta, con la misma distancia entre cada una. Coloque cada porción de caramelo de forma que cada una se apoye sobre una avellana, orientadas en la misma dirección, creando un diseño parecido a las aspas del ventilador. Enfríe completamente antes de cortarla para servir. Dura refrigerada hasta 4 días.

BUTTERCREAM DE AVELLANAS Y CHOCOLATE
• Para 2½ tazas (625 mL) •

Ésta crema de mantequilla estilo francesa es densa y sustanciosa, y se derrite con mucha facilidad en la punta de la lengua, por lo que le sienta a la perfección a una torta Dobos que la incorpora entre todas sus capas finas.

90 gr de chocolate semiamargo picado
60 gr de chocolate amargo picado
5 yemas
½ taza (125 ml) de azúcar
1 cda (15 ml) de agua
1 cdta (5 ml) de jugo de limón
1 taza (250 ml) de manteca sin sal, a temperatura ambiente
2 cdas (30 ml) de Frangelico o Brandy
1 cdta (5 ml) de esencia de vainilla
½ cdta (2 ml) de sal

1. Derrita los chocolates amargo y semiamargo juntos en un bol de metal o de vidrio colocado sobre un pote con agua en su primer hervor, revolviendo constantemente hasta que se derrita. Reserve.

2. Coloque las yemas en un bol grande y bata con ¼ de taza (60 ml) de azúcar alrededor de 3 minutos, hasta que estén pálidas y hayan duplicado su volumen.

3. Hierva los 60 ml de azúcar restantes, el agua y el jugo de limón a fuego fuerte y cocine sin tapar y sin revolver, pero ocasionalmente pincelando con agua los costados del bol, hasta que alcance una temperatura de 114º C. Con cuidado, vierta el azúcar caliente sobre de las yemas desde el costado del bol, mientras bate a baja velocidad. Una vez que todo el azúcar haya sido agregado, aumente la velocidad a velocidad alta y bata hasta enfriar la mezcla, cerca de 6 minutos. Agregue batiendo el chocolate derretido y luego la manteca, de a pequeños pedazos por vez. Añada batiendo el Frangelico o el brandy, la vainilla y la sal.

4. Use la crema de mantequilla a temperatura ambiente. Puede ser preparada con anticipación y refrigerarse. Sáquela de la heladera para calentarla a temperatura ambiente y bátala hasta que sea espumosa y untable.

TORTA LADY BALTIMORE
• Para una torta de 23 cm. | Para 12 porciones •

En ésta torta, la cobertura de merengue envuelve una torta de naranja mullida y esponjosa, y los dátiles, higos, nueces y guindas secos quedan embebidos en el centro. La versión antigua de la torta utiliza frutas azucaradas, pero yo prefiero la versión más natural de frutas secas.

1. Precaliente el horno a 175° C, y engrase y cubra con papel manteca dos moldes para torta de 23 cm.
2. Tamice la harina, el polvo de hornear y la sal juntos, y reserve.
3. Con batidora eléctrica o de pie con el accesorio de la pala (K), bata la manteca y el azúcar hasta lograr una consistencia homogénea. Agregue batiendo la vainilla y la cáscara de naranja.
4. Combine la leche con el agua y agréguelas, alternando con la harina, a la mezcla de manteca. Comience y termine con la harina, y bata bien luego de cada agregado. Con batidores limpios, bata las claras y el crémor tártaro hasta lograr un pico medio (ver pág. 82). Agregue de forma envolvente las claras dentro de la mezcla de la torta en dos momentos. Distribuya la mezcla en los moldes preparados y nivele.
5. Hornee por 35-40 minutos, hasta que la superficie de la torta esté apenas marrón y la torta se pliegue al ser presionada suavemente. Déjelas enfriar por 30 minutos, luego desmóldelas para enfriar completamente.
6. Prepare la receta de la "Cobertura de 7 minutos". En un bol aparte, bata los frutos secos y las nueces juntas, y agregue batiendo un tercio de la cobertura mientras ésta sigue aún ligeramente caliente.
7. Coloque una de las capas de la torta en un plato para servir y esparza sobre ella la mezcla de cobertura con frutas y nueces. Tape con la capa restante y cubra la torta completa. Siéntase libre de arremolinar y decorar mientras cubre la torta, el diseño se fijará. La torta debe conservarse a temperatura ambiente hasta servir, y luego en la heladera una vez que haya sido cortada. Se conservará hasta por 3 días.

TORTA:

2 ½ tazas (625 ml) de harina para repostería (0000)

1 cucharada (15 ml) de polvo de hornear

¾ cucharadita (4 ml) de sal

¾ taza (185 ml) de manteca sin sal a temperatura ambiente

2 tazas (500 ml) de azúcar

1 cucharadita (5 ml) de extracto de vainilla

1 cucharadita (5 ml) de cáscara de naranja finamente rallada

½ taza (125 ml) de leche 0% grasa a temperatura ambiente

½ taza (125 ml) de agua, a temperatura ambiente

6 claras a temperatura ambiente

¼ cucharadita (1 ml) de crémor tártaro

COBERTURA:

1 receta de Cobertura de 7 minutos (pág. 150)

RELLENO:

½ taza (125 ml) de dátiles picados

½ taza (125 ml) de higos secos y picados

½ taza (125 ml) de cerezas secas

½ taza (125 ml) de nueces pecan picadas

TORTA TRES LECHES
• *Para una torta de 23 × 33 cm* | *12 a 16 porciones* •

Esta torta latinoamericana es simple y húmeda. He probado muchas recetas, incluida una receta familiar de un amigo de Guatemala, y llegué a esta versión. La torta seca parece plana y simple hasta que se la agrega la mezcla de tres leches. Verá como la torta absorbe la mezcla, ¡casi duplicando su tamaño! Por el agregado de lácteos, requiere ser servida en el molde, pero alimentará a una multitud.

1. Precaliente el horno a 160°. Engrase un molde para hornear de 23x33 cm, y espolvoree los bordes y el fondo con harina, sacuda suavemente para desechar el exceso.

2. Caliente a fuego lento la manteca (mantequilla) y la leche hasta que la manteca se haya derretido. Reserve a un costado para que se enfríe ligeramente.

3. Bata los huevos, el azúcar y la vainilla a velocidad alta usando batidora eléctrica de mano o de pie, hasta que los huevos hayan duplicado su tamaño, entre 5 y 7 minutos. Tamice la harina, el polvo de hornear, la sal y a nuez moscada. Agregue de forma envolvente la mitad de la mezcla de harina a los huevos batidos, luego agregue toda la mezcla de manteca, y vuelva a agregar envolviendo el resto de la mezcla de harina. Vierta la mezcla en el molde.

4. Hornee la torta por aproximadamente 40 minutos, hasta que un palillo insertado en el centro de la torta salga limpio.

5. Mientras la torta está en el horno, prepare la mezcla de leche. Revuelva la leche condensada, la leche evaporada, la crema doble y la vainilla. Luego que haya sacado la torta del horno y dejado enfriar por 10 minutos, realice pequeños agujeros con una brochette y lentamente vierta la mezcla de leche sobre toda la superficie de la torta (la torta absorberá toda la mezcla y se hinchará). Deje enfriar a temperatura ambiente, luego refrigérela por al menos 3 horas.

6. Para la cobertura, bata la crema hasta lograr un pico blando. Agregue revolviendo el azúcar impalpable, la leche en polvo y la vainilla, y luego distribuya la crema sobre la superficie de la torta. Decore la torta con el coco rallado (si lo usara), y mantenga la torta refrigerada hasta servir. La torta debe ser almacenada y cortada directamente en el molde. Se conservará en la heladera hasta por 5 días.

TORTA:
½ taza (125 ml) de manteca sin sal

1 taza (250 ml) de leche

4 huevos a temperatura ambiente

2 tazas (500 ml) de azúcar

2 cdtas (10 ml) de extracto de vainilla

2 tazas (500 ml) de harina común

2 cdtas (10 ml) de polvo de hornear

½ cdta (2 ml) de sal

¼ cdta (1 ml) de nuez moscada

MEZCLA DE LECHES:
1 lata (300 ml) de leche condensada

1 lata (370 ml) de leche evaporada

¾ taza (185 ml) de crema doble

1 cdta (5 ml) de extracto de vainilla

COBERTURA:
1 taza (250 ml) de crema para batir

2 cdas (30 ml) de azúcar impalpable

1 cda (15 ml) de leche en polvo descremada

1 cdta (5 ml) de extracto de vainilla

1 taza (250 ml) de coco rallado, ligeramente tostado (opcional)

nota de la cocina de Anna
Una forma fácil de unir ingredientes delicados entre sí, como las claras en la mezcla de ésta torta, es usando un batidor. Incorporar con un batidor las claras gentilmente hará que se integren a la mezcla sin desinflarlas.

TORTA TIRAMISÚ
• *Para una torta de 23 cm | 12 a 16 porciones* •

Esta es una torta fantástica para ocasiones especiales, perfecta para cumpleaños, aniversarios y cualquier otra fecha especial.

1. Para el relleno, bata la crema a un pico suave y deje aparte. Bata despacio el mascarpone para suavizarlo y agréguelo de forma envolvente a la crema batida en 2 momentos. Puede requerir de un batidor para integrar la mezcla más enérgicamente, para que se puedan ablandar eventuales grumos. Si la crema batida se desinfla un poco, no hay problema. Refrigere la mezcla.

2. Bata las yemas, el azúcar y el brandy en un bol de metal o de vidrio colocado sobre una cacerola con agua en su primer hervor, batiendo hasta que la mezcla haya duplicado su volumen y se logre el punto letra (cuando al volcar una cucharada de mezcla sobre la preparación se formen dibujos firmes). Agregue revolviendo la vainilla y aleje el bol del calor para que la mezcla se enfríe, unos 10 minutos.

3. Agregue batiendo el mascarpone frío a la mezcla de yemas en 2 momentos (el relleno será bastante fluido). Deje enfriar mientras prepara los otros componentes para el ensamblado.

4. Para el almíbar, revuelva el azúcar y el café caliente, calentándolo más si es necesario para asegurarse que el azúcar se haya derretido. Agregue revolviendo el ron o el brandy, y reserve.

5. Para ensamblar la torta, corte la capa de torta de vainilla en sentido horizontal (como para rellenarla con cobertura) y coloque una capa de torta de 20 cm dentro de un molde redondo desmontable de 23 cm. Disponga las vainillas alrededor del borde externo de la torta, entre la torta y el molde. Pincele la parte superior de la base con la mitad del almíbar de café, luego vierta y distribuya la mitad del relleno de mascarpone. Espolvoree sobre el relleno una capa de chocolate rallado y cubra con la capa de torta restante. Pincele con el almíbar restante, vierta y distribuya la mitad restante del relleno de mascarpone y espolvoree con más chocolate rallado. Tape la torta y refrigérela hasta que esté firme, alrededor de 4 horas.

6. Para la cobertura, bata la crema con la leche en polvo hasta que la crema alcance un pico blando. Agregue revolviendo el azúcar, el ron o brandy y la vainilla, y distribuya la cobertura sobre el relleno refrigerado. Cubra con un poco más de chocolate rallado y refrigere hasta servir.

7. Para servir, saque el anillo exterior del molde y deslice con cuidado la torta a un plato para servir. La torta puede ser preparada con hasta un día de anticipación y se conservará en la heladera por 3 días.

RELLENO:

1 taza (250 ml) de crema para batir
500 gr de queso mascarpone
5 yemas
½ taza (125 ml) de azúcar
¼ taza (60 ml) de brandy
2 cdtas (10 ml) de extracto de vainilla

ALMÍBAR:

½ taza (125 ml) de azúcar
½ taza (125 ml) de café caliente
2 cdas (30 ml) de ron rubio o brandy

ARMADO:

1 capa de la receta Torta de Vainilla (pág. 144)
16-24 vainillas, dependiendo del tamaño de las mismas
Virutas de chocolate negro (pág. 321) para decorar

COBERTURA:

1 taza (250 ml) de crema doble
1 cda (15 ml) de leche en polvo descremada
1 cda (15 ml) de azúcar
1 cda (15 ml) de ron o brandy
1 cdta (5 ml) de extracto de vainilla

TARTA INVERTIDA DE MANZANA Y CARAMELO
• Para una tarta de 23 cm | Para 12 porciones •

Las manzanas son un ingrediente ideal para las tortas invertidas. Caramelizan muy bien y el jugo se combina con el almíbar del azúcar, creando un glaseado brillante y fresco cuando se invierte la torta.

1. Precaliente el horno a 175° C. Engrase un molde para torta de 23 cm. y colóquelo en una bandeja para hornear cubierta con papel manteca.

2. Para la capa de manzanas y caramelo, disponga las manzanas en la base del molde presionándolas entre sí. Vierta el agua y el jugo de limón en un pote pequeño, luego agregue el azúcar y la manteca. Caliente la mezcla hasta un primer hervor sin revolver, luego continúe hirviendo, pincelando con agua los costados de la cacerola ocasionalmente, hasta que tome un fuerte color caramelo (4-6 minutos). Saque la cacerola del calor y vierta el caramelo sobre las manzanas, cubriéndolas lo más posible (pero no se preocupe si no quedan completamente cubiertas). Reserve a un costado mientras prepara la torta.

3. Bata la manteca, el azúcar y el azúcar negro. Agregue las yemas, la crème fraîche o yogur y la vainilla, y bata hasta que los ingredientes queden unidos.

4. En un bol aparte, tamice la harina, el polvo de hornear, la canela y la sal, y agregue revolviendo a la mezcla de manteca.

5. En otro bol, bata las claras hasta lograr un pico blando (ver pág. 82), luego agréguelas en forma envolvente a la mezcla de la torta en 2 momentos (las claras se desinflarán cuando las incorpore). Vierta la mezcla sobre las manzanas y distribuya uniformemente.

6. Hornee la torta alrededor de 50 minutos, hasta que un palillo insertado en el centro salga limpio. Deje enfriar por 30 minutos. Pase un cuchillo alrededor del borde interno del molde y coloque encima una fuente para servir. Dé vuelta la torta y levante el molde, revelando la capa de manzanas y caramelo. La torta se conservará, bien envuelta, por hasta 2 días.

CAPA DE MANZANA Y CARAMELO:

3 manzanas rojas, peladas, descorazonadas y cada una cortada en 8 gajos.
2 cdas (30 ml) de agua
1 cda (15 ml) de jugo de limón
1 taza (250 ml) de azúcar
¼ taza (60 ml) de manteca sin sal

TORTA:

¼ taza (60 ml) de manteca sin sal a temperatura ambiente
½ taza (125 ml) de azúcar
½ taza (125 ml) de azúcar negra
4 huevos, separados y a temperatura ambiente
1/3 taza (80 ml) de crème fraîche (ver pág. 321) o yogur griego entero
1 cdta (5 ml) de extracto de vainilla
1 ¼ tazas (310 ml) de harina
1 cdta (5 ml) de polvo de hornear
½ cdta (2 ml) de canela molida
¼ cdta (1 ml) de sal

nota de la cocina de Anna

Cuando caramelizo azúcar me gusta poner agua en la cacerola antes de agregar el azúcar. De éste modo, se disuelve más uniformemente y es menos probable que cristalice cuando comience a hervir.

TORTA DE LIMÓN CON FONDANT PARA BODA EN PRIMAVERA
• Para una torta de bodas de 2 pisos •
Para 24 porciones de postre o 40 porciones de degustación

Esta dulce y pequeña torta de casamiento es muy linda y fresca. Una torta pequeña no es solamente apropiada para un casamiento pequeño, sino también para decorar la mesa de dulces sin sobrecargarla. Antes de comenzar, revise la receta completa para asegurarse de que tiene todas las herramientas necesarias para realizar el trabajo.

1. Precaliente el horno a 175º C. Engrase 3 moldes circulares de 23 cm, cubra el fondo de cada uno con papel manteca y espolvoree los costados de los moldes con azúcar, dando pequeños golpecitos para quitar los excesos. Repita el proceso con 3 moldes de 15 cm.

2. Bata la manteca, el azúcar y la cáscara a velocidad alta hasta que sea liviana y esponjosa (esto se logra más fácil con batidora eléctrica de mano o de pie con la pala Ka). En un bol aparte, tamice la harina, el polvo de hornear y la sal. En un tercer bol, bata el buttermilk, las claras y la vainilla. Alternadamente, agregue la mezcla de harina y la mezcla de buttermilk a la mezcla de manteca en pequeños agregados, comenzando y terminando con la harina. Distribuya la preparación en todos los moldes y nivele. Hornee las tortas de 15 cm por alrededor de 20 minutos (si usara el molde alto de 15 cm debería hornear por 40 minutos) y las tortas de 23 cm unos 30 minutos, hasta que un palillo insertado en el centro de la torta salga limpio. Deje enfriarlas en sus moldes unos 20 minutos, luego desmóldelas para enfriar completamente.

3. Prepare las recetas de Buttercream y Crema de Limón y déjelas a mano para el armado.

4. Para terminar cada capa de torta, retire el papel manteca y coloque la primera capa de torta en una bandeja de cartón de 23 cm (para que la torta se pueda levantar y trasladar fácilmente). Vierta una taza de buttercream al ras en una manga pastelera con boquilla lisa y dibuje un anillo de buttercream sobre el borde externo de la primera capa de la torta. Vierta ½ taza (125 ml) de crema de limón dentro de este anillo y distribúyala uniformemente. Coloque la segunda capa de torta encima de la crema de limón y repita el proceso. Cubra con la tercera capa de torta. Cubra, distribuyendo con una espátula o fratacho para tortas, con buttercream en la parte superior y en los costados de la torta, dejándola lo más lisa y homogénea posible. Refrigere cada torta por al menos 2 horas para que el buttercream se asiente. Repita éste proceso con la torta de 15 cm colocada sobre la bandeja de cartón de 15 cm.

5. Para el armado, tome un trozo pequeño de fondant (aproximadamente 175 gr) para conservar fondant blanco para los detalles, luego tiña el resto del fondant. Usando escarbadientes, agregue un poco de colorante amarillo a

TORTA DE LIMÓN:
¾ taza (185 ml) de manteca sin sal a temperatura ambiente

2 ¼ tazas (560 ml) de azúcar

1 ½ cdas (22,5 ml) de cáscara de limón finamente rallada

3 tazas + 3 cucharadas (795 ml) de harina de repostería (0000)

1 ½ cda (22,5 ml) de polvo de hornear

¾ cdta (4 ml) de sal

2 tazas (500 ml) de buttermilk a temperatura ambiente (ver pág. 323)

6 claras a temperatura ambiente (reserve las yemas para la Crema de Limón)

1 ½ cdta (7,5 ml) de extracto de vainilla

ARMADO:
Una bandeja de cartón redonda para torta de 23 cm

1 receta de Buttercream de Limón (pág. 184)

1 receta de Crema de Limón (pág. 184)

Una bandeja de cartón redonda para torta de 15 cm

1 kg de fondant blanco

Colorante amarillo comestible en pasta

Azúcar impalpable para estirar el fondant

Cinta métrica

Cortante de flor chico

Glasé Real (pág. 253), para detalles de adorno.

Ver páginas 182–83 para el armado

CONTINUACIÓN . . .

CONTINUACIÓN . . .

una pequeña porción de fondant (alrededor de 175 gr) y amase hasta lograr colorearla. Ahora agregue ésta porción al resto del fondant y amase hasta que esté incorporada uniformemente, agregando muy poco color por vez hasta adquirir el tono deseado. Mantenga el fondant bien envuelto mientras monta la torta.

6. En una mesada espolvoreada con azúcar impalpable, y utilizando un palo de amasar limpio, estire una porción abundante de fondant hasta lograr un círculo lo suficientemente grande como para cubrir la torta de 23 cm (usando una cinta métrica para asegurarse de ello) y de 6 mm de espesor. El diámetro debería ser probablemente de 38 cm. Si usted no está satisfecho con la apariencia del fondant (debería ser liso sin burbujas de aire visibles), siempre puede volverlo a amasar. Para cubrir la torta, enrolle el fondant en el palo de amasar y levántelo sobre la torta de 23 cm, y desenróllelo para cubrirla. Comenzando por la superficie superior y bajando hacia los costados, masajee gentilmente el fondant sobre la torta, eliminando los espacios con aire o bultos. Recorte los excesos de fondant de los bordes inferiores de la torta. Repita éste paso con la torta de 15 cm.

7. Levante la torta de 15 cm desde su bandeja de cartón y colóquela sobre la torta de 23 cm. Controle que esté centrada.

8. Desenrolle y amase la porción de fondant blanca reservada a 3 mm de espesor. Con un cortador de fondant, corte pequeñas flores y, con cuidado, colóquelas sobre un plato por 15 minutos para dejarlas secar.

9. Vierta un poco del glasé real en una manga pastelera con boquilla lisa pequeña, coloque un poco de glasé en el revés de una flor y adhiérala al borde en el que la torta de 15 cm se encuentra con la parte superior de la torta de 23 cm. Continúe adhiriendo las flores alrededor del borde, y agregue algunas flores en la parte de arriba de la torta si lo desea. Coloque un poco de glasé real en el centro de cada flor y deje que se fije por al menos una hora.

10. Ésta torta de casamiento puede prepararse hasta con un día de anticipación, pero es mejor ensamblar solamente las capas el día anterior, y luego terminar con el fondant y la decoración el mismo día que la torta será presentada. Una torta cubierta con fondant se mantiene mejor a temperatura ambiente, se mantendrá así hasta 8 horas. Si la preparara con un día de anticipación, refrigere la torta pero, para evitar que se condense humedad, déjela a temperatura ambiente por 2 horas antes de transportarla.

nota de la cocina de Anna

Como las dos tortas de casamiento de éste capítulo son de tamaño modesto, no hay necesidad de soportes para apilar los niveles. Si usted considera que su torta tendrá que aguantar más de 8 horas, puede insertar algunos pilares pequeños de madera o plástico, cortados a la misma altura de la torta, en la capa de 23 cm, sólo porque el glaseado puede llegar a ablandarse.

Armado de la Torta para bodas en Primavera (páginas 178–181)

BUTTERCREAM DE LIMÓN
• *Para 6 tazas (1.5 L)* •

*A*pesar de que esta torta está cubierta con pasta de azúcar, la capa de buttercream debajo es fundamental tanto para brindar sabor como para que los costados y la parte superior de cada piso queden planos.

1. Bata el azúcar y las claras juntas en un bol de metal. Coloque el bol sobre un cacerola con agua hirviendo y bata a mano hasta que el azúcar se haya disuelto y la mezcla esté caliente, alrededor de 3 minutos. Saque del calor.

2. Cambie a batidora eléctrica (o de pie) y bata las claras hasta que se hayan enfriado a temperatura ambiente (más que doblarán su volumen), alrededor de 6 minutos. Mientras bate, agregue la manteca de a poco, luego añada batiendo el jugo de limón y la vainilla hasta que el glaseado sea fluido y esponjoso.

3. Use la preparación a temperatura ambiente. Si desea preparla con antelación, refrigérela para conservar, pero úsela a temperatura ambiente, batiéndola para que se esparza fácilmente. Se conservará refrigerado hasta 1 semana.

1½ tazas (375 ml) de azúcar

6 claras

2 ¼ tazas (560 ml) de manteca sin sal a temperatura ambiente

1/3 taza (80 ml) de jugo de limón

1 ½ cdta (7,5 ml) de extracto de vainilla

CREMA DE LIMÓN
• *Para 2½ tazas (625 mL)* •

1. Bata el azúcar, el jugo y la cáscara de limón, las yemas y los huevos enteros juntos en un bol de metal. Coloque el bol en una cacerola con agua en su primer hervor y bata a mano (no necesita batir rápido, hasta puede alejarse de vez en cuando), hasta que la crema se haya espesado al punto de dejar un pico cuando se levantan los batidores, alrededor de 20 minutos.

2. Retire la crema del fuego y cuélela dentro de un bol. Agregue batiendo la manteca hasta que se derrita por completo, luego refrigere la hasta que se asiente, aproximadamente 2 horas. La crema se conservará en la heladera por hasta 1 semana.

1⅓ tazas (330 mL) de azúcar

1 taza (250 ml) de jugo fresco de limón

4 cdtas (20 ml) de ralladura de limón

4 yemas

2 huevos

1 taza (250 ml) de manteca sin sal a temperatura ambiente

nota de la cocina de Anna

Se puede servir como acompañamiento una porción extra de crema de limón.

TORTA DE ZANAHORIA CON COBERTURA DE QUESO CREMA PARA BODAS EN OTOÑO

• Para una torta de bodas de 2 pisos •
Rinde 24 porciones como postre principal, o 40 como degustación

La idea de una torta de zanahoria para un casamiento en otoño es sumamente atractiva. Si sus habilidades para decorar no son de un alto nivel, éste estilo de torta permite corregir bastante. Además, el uso de una boquilla de hoja para trazar líneas con forma de moño simplifica la tarea y el rociado generoso de nueces tostadas en miel o jarabe de arce para cubrir la parte superior de cada nivel terminará de disimular las imperfecciones.

1. Para las capas de torta, precaliente el horno a 160º C. Engrase un molde para torta de 23 cm y uno de 15 cm.

2. Tamice la harina, el polvo de hornear, el bicarbonato de sodio, la canela y la sal dentro de un bol grande. Añada revolviendo la zanahoria rallada. En un bol aparte, bata el azúcar rubio, el aceite y los huevos, y agréguelo a la mezcla de zanahoria, batiendo hasta que todo esté unido. Vierta la mezcla en los moldes preparados, llenando ambos hasta la misma altura. Hornee la torta de 15 cm. por 25-30 minutos y la torta de 23 cm. por 40-50 minutos, hasta que un palillo insertado en el centro de la torta salga limpio. Déjelas enfriar dentro del molde por 20 minutos, luego desmóldelas para enfriarlas completamente.

3. Para la cobertura, bata la manteca y el queso crema hasta lograr una consistencia esponjosa, aproximadamente 3 minutos. Agregue el azúcar impalpable y la vainilla, y bata gentilmente hasta que el azúcar se haya incorporado, luego bata con mayor intensidad hasta que la cobertura esté esponjosa.

4. Para agregar la cobertura a las tortas, coloque la torta de 23 cm. en la bandeja de cartón y rebánela en 3 capas horizontales. Esparza una cantidad generosa de cobertura en la primera capa, cúbrala con la segunda, y repita el proceso

CARROT CAKE:

3 tazas (750 ml) de harina 0000

1 cda (15 ml) de polvo de hornear

1 ½ cdta (7.5 ml) de bicarbonato de sodio

1 ½ cdta (7.5 ml) de canela molida

¾ cdta (4 ml) de sal

4 ½ tazas (1125 l) de zanahoria rallada gruesa, sin apretarla

1 taza (250 ml) de azúcar rubio

1 taza (250 ml) de aceite vegetal

6 huevos

COBERTURA DE QUESO CREMA:

2 tazas (500 ml) de manteca sin sal, a temperatura ambiente

750 gr de queso crema, a temperatura ambiente

8 tazas (2 l) de azúcar impalpable tamizada

1 cda (15 ml) de extracto de vainilla

ARMADO:

Bandeja redonda de cartón de 23 cm.

Bandeja redonda de cartón de 15 cm.

2 ½ tazas (625 ml) de nueces picadas

¼ taza (60 ml) de jarabe de arce o miel

Manga pastelera

Boquilla de hoja plana (como se ve en página 188)

CONTINUACIÓN . . .

CONTINUACIÓN . . .

con la tercera capa. Refrigere la torta mientras prepara la torta de 15 cm.
repitiendo el procedimiento anterior, luego refrigere ambas tortas por 1 hora.

5. Aplique la cobertura de queso crema en la parte superior y los costados de
cada torta, tratando de que sea lo más lisa y nivelada posible. Refrigere las
tortas una hora más.

6. Para las nueces tostadas embebidas en jarabe de arce o miel, precaliente el
horno a 175° C. y cubra una placa de hornear con papel manteca/sulfurizado.
Unte las nueces con el jarabe de arce o la miel y distribúyalas uniformemente
en la bandeja preparada. Tueste las nueces por aproximadamente 15 minutos,
revolviéndolas ocasionalmente, hasta que estén igualmente doradas. Una
vez que las nueces se hayan enfriado, el jarabe de arce que las recubre se
habrá caramelizado y podrán reservarse en un recipiente hermético hasta ser
utilizadas.

7. Para el armado de la torta: colocar con cuidado la capa de 15 cm sobre la capa
de 23 cm, acomodándola para asegurarse de que esté centrada. Rellene una
manga pastelera con boquilla de hoja plana con cobertura de queso crema, y
dibuje líneas verticales a los costados de la torta, de abajo hacia arriba. Los
bordes desiguales en la superficie superior de cada capa de torta pueden ser
alisados con una pequeña espátula. Espolvoree generosamente las nueces
sobre la superficie superior de cada capa, cubriéndola completamente. La
torta debe almacenarse refrigerada, pero puede aguantar en exhibición (en
interiores o resguardada de la luz solar) hasta 5 horas. Puede ser horneada y
decorada hasta con 2 días de anticipación.

Ensamblando la torta de boda de otoño con cobertura de queso crema.

CRÈME BRÛLÉES

191 || Crème Brûlée clásico de vainilla

192 || Crème Brûlée de dulce de leche

195 || Crème Brûlée con crocante de almendras

CREMAS DE CARAMELO

194 || Crema caramelo de sésamo y miel

196 || Flan

198 || Crema de caramelo con jengibre y té verde

SOUFFLÉS

199 || Soufflés de Baileys® y chocolate

202 || Soufflés de frambuesa

203 || Soufflés de caramelo

BUDINES COCIDOS

204 || Budín de pan de banana y chocolate

206 || Postre de arroz con leche

206 || Budín de naranja y medialunas

OTRAS CREMAS

207 || Clafoutis de arándanos y naranjas

208 || Posset de limón

CRÈME BRULÉE CLÁSICO DE VAINILLA
• *Para 6 porciones individuales de crème brûlées* •

libre de
gluten

Una buena *Crème Brûlée* es algo simple y hermoso, y la proporción de ingredientes en éste receta reúne sabor (sin ser demasiado pesada) y una buena textura firme (sin tener demasiado huevo). En una palabra: *ideal*.

2 ½ tazas (625 ml) de crema doble

1 vaina de vainilla, o 1 cucharada (15 ml) de pasta de vainilla natural

8 yemas

6 cucharadas (90 ml) de azúcar, más un extra para el flameado

1. Precaliente el horno a 360º C. Coloque 6 moldes tipo ramekín de 180 ml en una fuente para horno con el borde de igual o mayor altura que los moldes.

2. Caliente 2 tazas (500 ml) de la crema con las semillas y la vaina de vainilla (o la pasta) hasta justo antes de hervir. En un bol de tamaño medio, bata las yemas, el azúcar y la ½ taza (125 ml) de crema restante. Lentamente agregue batiendo la crema caliente a la mezcla de yemas hasta que se unan. Distribuya la mezcla equitativamente entre los moldes y, de haber burbujas en el centro del postre, use el borde de una servilleta de papel para tocarlas y removerlas (el objetivo es lograr una superficie lisa en la crema quemada).

3. Vierta agua hirviendo alrededor de los moldes hasta la mitad de su altura, y hornee aproximadamente 25 minutos, hasta que el borde externo de los postres esté fijo pero el centro tiemble al moverlas. Deje enfriar 15 minutos en el baño María, luego retírelas del agua para dejarlas enfriar por completo a temperatura ambiente. Refrigere por al menos 4 horas.

4. Para servir, espolvoree la superficie de cada una de los postres con una fina capa de azúcar, luego con cuidado derrita y caramelice el azúcar usando un soplete de cocina. Agregue una segunda capa de azúcar y repita- ésta técnica crea una superficie crujiente con menor probabilidad de quemarse que si usted coloca una sola capa gruesa de azúcar.

nota de la cocina de Anna

La vainilla es un ingrediente sumamente importante, especialmente en una receta clásica como la crème brûlée. Diríjase a la página 13 para ver más tips y consejos.

Para sacar las semillas de una vaina de vainilla, primero pase un cuchillo a lo largo de la vaina para separarla. Luego utilice el lado sin filo de cuchillo y deslícelo por el interior de la vaina. Las semillas se adherirán al cuchillo y serán transferidas fácilmente a su crema para infundirle sabor.

CRÈME BRÛLÉE DE DULCE DE LECHE
• Para 6 porciones individuales de crème brûlées •

libre de
g l u t e n

ste postre es para los auténticos fanáticos del caramelo, ya que la leche condensada endulza realza el dulce de la créme brûlée.

1 lata (300 ml) de leche condensada
1 ½ tazas (375 ml) de crema doble
1 taza (250 ml) de crema con 5% de grasa
6 yemas
1 huevo
2 cdtas (10 ml) de extracto de vainilla
Azúcar, para el flameado

1. Precaliente el horno a 175º C. Engrase apenas 6 moldes de 180 ml tipo ramekin y colóquelos en una fuente para hornear con los bordes de la misma altura que los moldes.

2. Vierta la leche condensada en un cacerola de base pesada y agregue batiendo ½ taza (125 ml) de la crema doble. Revuelva constantemente con una espátula de silicona a fuego medio hasta que se haya espesado y caramelizado ligeramente, y tenga un color dorado, 12-14 minutos.

3. Agregue batiendo la taza de crema doble restante (250 ml) y la crema al 5%. Caliente a fuego lento hasta el punto anterior al hervor, batiendo hasta que la leche condensada caramelizada (dulce de leche) se disuelva en la crema. En un bol grande bata las yemas, el huevo entero y la vainilla. Vuelque la mezcla de leche condensada en los huevos y bata hasta que estén unidos uniformemente. Llene cuidadosamente los moldes con la preparación. Vierta agua hirviendo alrededor de los moldes hasta que el agua llegue, al menos, hasta la mitad de su altura. Hornee 30-35 minutos, hasta que estén firmes en los bordes pero blandas en el centro. Déjelas enfriar por 20 minutos en la fuente, luego retírelas con cuidado para enfriar a temperatura ambiente antes de refrigerarlas por al menos 3 horas.

4. Para servir, espolvoree la superficie de cada postre con una capa fina de azúcar, luego derrita y caramelice al azúcar usando un soplete de cocina. Agregue una segunda capa fina de azúcar y repita (ésta técnica crea una superficie crujiente con menor probabilidad de quemarse que si usted coloca una sola capa gruesa de azúcar). Las brûlées se conservarán en la heladera por hasta 2 días.

Crème Brûlée de vainilla (pág. 191)
y *Crème Br[ulée con crocante de almendra*
(pag. 195)

CREMA CARAMELO DE SÉSAMO Y MIEL
• *Para un postre de 20 cm* | *Rinde 8 porciones* •

libre de
gluten

Un toque de aceite de sésamo le agrega un inesperado sabor a nuez a ésta crema de caramelo. Mientras la crema se hornea, las semillas de sésamo flotan hacia la superficie, resultando en un buen tostado. Una vez que la crema de caramelo se invierte, las semillas forman una costra en la base del postre.

1. Precaliente el horno a 175° C.
2. En un cacerola, hierva el azúcar, el crémor tártaro y el agua. Hierva a fuego fuerte sin revolver, ocasionalmente pincelando con agua los costados de la cacerola, hasta que el azúcar se caramelice, alrededor de 3 minutos. Con cuidado vierta el azúcar caliente en una fuente térmica de vidrio de 20 cm, y esparza para cubrir el fondo. Luego que el azúcar se haya enfriado, engrase sutilmente la superficie de la fuente que no haya sido cubierta por el azúcar y coloque la fuente en un molde más grande, cuyos costados tengan, al menos, la misma altura de la fuente.
3. Caliente la leche con las semillas extraídas de la vaina de vainilla hasta que la leche esté a punto de hervir. Bata los huevos y la miel para unirlos, luego agréguelos lentamente a la leche, sin dejar de batir. Añada batiendo el aceite de sésamo y vierta la natilla en la fuente para horno (el aceite de sésamo flotará en la superficie de la natilla). Espolvoree las semillas de sésamo sobre la superficie de la natilla
4. Vierta agua hirviendo alrededor de la fuente y hornee por 50-60 minutos, hasta que la natilla esté fija en los bordes externos pero tiemble en el centro al moverla. Deje enfriar el postre en el baño María 15 minutos, luego retírela y deje enfriar a temperatura ambiente antes de refrigerar por, al menos, 4 horas.
5. Para presentar y servir, deslice un cuchillo por el borde interno de la fuente. Cubra la fuente con una fuente más grande en la que servirá el postre, invierta rápidamente y levante (alrededor de 125 ml de caramelo líquido también se irá con la natilla cuando invierta la fuente). Puede servirla con cuchara o cortarla. Se conservará en la heladera hasta 2 días.

½ taza (125 ml) de azúcar

½ cdta (2 ml) de crémor tártaro

2 cdas (30 ml) de agua

4 tazas (1 l) de leche

1 vaina de vainilla

6 huevos

1/3 taza (80 ml) de miel

1 ½ cdta (7,5 ml) de aceite de sésamo

2 cdas (30 ml) de semillas de sésamo

CRÈME BRÛLÉE CON CROCANTE DE ALMENDRAS
• Para 4 crème brûlées individuales •

libre de gluten

La dulzura sutil que agrega el arce le da un lindo toque a ésta Crème Brûlée. Ésta es una versión más liviana que la Crème Brûlée original, usando una crema al 12%, y leche en lugar de crema doble. Aún así logra una cremosidad satisfactoria. El paso de quemar las superficies de los postres se saltea, ya que la cobertura de arce y crocante de almendras aporta el toque crujiente.

1 ¼ tazas (310 ml) de crema al 12%

¾ tazas (185 ml) de leche

2/3 taza (160 ml) de jarabe de arce o 120 ml de miel

2 cdtas (10 ml) de extracto de vainilla

5 yemas

1 huevo

1 pizca de canela molida

1 receta de Crocante de Almendras (pág. 322)

1. Precaliente el horno a 160º C. Engrase apenas 6 moldes de 180 ml tipo ramekin y colóquelos en una fuente para hornear con los bordes de la misma altura que los moldes.

2. Bata juntos todos los ingredientes (excepto el crocante) y viértalos en los moldes preparados.

3. Vierta agua hirviendo alrededor de los moldes hasta que el agua alcance 2/3 de la altura de éstos.

4. Hornee 35-45 minutos, hasta que estén firmes en los bordes pero aún tiemblen en el centro. Deje enfriar en el baño María 10 minutos, luego retírelas con cuidado del agua para dejar enfriar a temperatura ambiente antes de refrigerar por, al menos, 4 horas.

5. El crocante puede prepararse mientras las crèmes están en el horno. Para servir, rompa el crocante en pedazos y dispóngalos sobre la superficie de las crèmes justo antes de servir. Se conservarán en la heladera por hasta 2 días.

nota de la cocina de Anna

Nos encanta la Crème Brûlée por el crocante del azúcar caramelizado, pero en realidad es mucho más que eso. La crema fría, apenas firme, que descansa debajo de la costra es igual de irresistible.

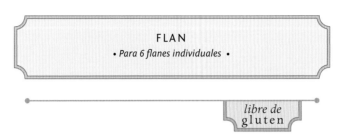

FLAN

• Para 6 flanes individuales •

libre de **gluten**

½ taza (125 ml) + 1/3 taza (80 ml) de
    azúcar

1 cda (15 ml) de jugo de limón

3 huevos

2 tazas (500 ml) de crema light (5-10 % de
    grasa)

2 cdtas (10 ml) de extracto de vainilla

Una pizca de canela molida

Siempre es refrescante un rico flan, un clásico de España que no debería faltar en ninguna cocina.

1. Precaliente el horno a 175° c. Engrase ligeramente 6 moldes individuales de 180 ml tipo ramekín y colóquelos en una placa para horno cuyos bordes tengan la misma altura que los moldes..

2. Para preparar la capa de caramelo, vierta 2 cucharadas (30 ml) de agua en una cacerola y agregue ½ taza (125 ml) del azúcar y el jugo de limón. Lleve el azúcar a un hervor a fuego fuerte, sin revolver. Hierva el azúcar hasta que se caramelice, a los 4 minutos aproximadamente. Mientras se cocina, pincele con agua los costados exteriores de la cacerola. Con cuidado vierta la preparación en los moldes preparados y deje enfriar 15 minutos.

3. Para preparar la natilla, bata los huevos con el 1/3 de taza restante (80 ml) de azúcar, luego agregue batiendo la crema, la vainilla y la canela. Vierta la mezcla en los moldes (es esperable que la canela flote en la superficie). Vierta agua hirviendo alrededor de los moldes hasta cubrir, al menos, a la mitad de la altura de éstos. Hornee 25-30 minutos, hasta los flanes estén firmes en los bordes pero aún blandos en el centro. Deje enfriar 20 minutos dentro de la placa, luego retire los moldes para dejarlos enfriar a temperatura ambiente antes de refrigerarlos, por lo menos 3 horas.

4. Para servir, deslice un cuchillo o una espátula alrededor de los bordes internos de cada molde para liberar el flan. Coloque un plato de postre sobre la superficie de cada molde e inviértalo. Levante el molde y sirva. Los flanes se conservarán en la heladera hasta por 2 días.

nota de la cocina de Anna

El estilo de crema con el que se hace este flan es enteramente diferente a la crème brulée. Se hace con huevos enteros, y cobran una firmeza tal que pueden ser invertidas sobre un plato. Además, al prepararse con leche o crema baja en grasas, tienen una consistencia sedosa y amable al paladar.

CREMA DE CARAMELO CON JENGIBRE Y TÉ VERDE

• *Para 6 postres individuales*•

libre de
gluten

$\mathcal{E}$l sabor del jengibre fresco en esta crema de caramelo bien fría, contrasta con el dulce del caramelo. El jengibre fresco puede agregar un picor similar al que da el chile, pero la dulzura de la natilla lo apacigua, creando un balance perfecto.

1. Precaliente el horno a 175°c.
2. En un cacerola, hierva el agua, ¾ taza (185 ml) del azúcar y el crémor tártaro. Hierva a fuego fuerte sin revolver, pincelando cada tanto con agua fría los costados del cacerola hasta que el azúcar se caramelice, alrededor de 3 minutos. Con cuidado vierta el azúcar en 6 moldes de 180 ml tipo ramekín, y esparza para cubrir el fondo de los moldes. Una vez que el azúcar se haya enfriado, engrase la parte de los moldes que no haya sido cubierta con azúcar y colóquelos en una fuente cuyos bordes tengan, por lo menos, la misma altura de los moldes.

3. Caliente la leche con el té verde y el jengibre hasta justo antes del hervor. Retire los saquitos de té o, si estuviera usando té en hebras, fíltrelo. Bata los huevos enteros, las yemas, la 1/3 taza (80 ml) de azúcar restante y la vainilla, y lentamente agregue la leche caliente mientras sigue batiendo. Reparta la mezcla entre los moldes. Vierta agua hirviendo alrededor de los moldes y hornee por 25-30 minutos, hasta que las natillas estén firmes pero aún tiemblen en el centro. Retire los moldes del agua y deje enfriar 10 minutos a temperatura ambiente, luego refrigere hasta que estén listos, al menos 3 horas.
4. Para servir, deslice un cuchillo o una espátula por el interior de cada molde. Coloque un plato sobre cada uno e invierta, teniendo cuidado con el jarabe de caramelo que puede derramarse. Sírvalas solas o con bayas frescas. Las natillas se conservarán en la heladera hasta 2 días.

3 cucharadas (45 ml) de agua

¾ taza (185 ml) + 1/3 taza (80 ml) de azúcar

½ cdta (2 ml) de crémor tártaro

2 ½ tazas (625 ml) de leche

2 saquitos de té verde o 1 cucharada (15 ml) de té verde en hebras

2 cdtas (10 ml) de jengibre fresco finamente rallado

2 huevos

3 yemas

½ cdta (2 ml) de extracto de vainilla

SOUFFLÉS DE BAILEYS® Y CHOCOLATE
• *Para 6 soufflés individuales* •

baja en azúcar

Uno no debería mencionar cuáles son sus recetas favoritas en un libro de cocina, pero debo confesar que esta es una de mis últimas favoritas, sobre todo luego de que le incluí un toque de Baileys®.

1. Precaliente el horno a 200° c. Engrase 6 moldes para soufflé de 250 ml u otros moldes para horno con capacidad para 250 ml. Espolvoree el interior de los moldes con azúcar y elimine los excesos dando golpecitos. Disponga los moldes en una placa para horno.

2. Bata la leche, ¼ taza (60 ml) del azúcar, la maicena y la vainilla en un bol pequeño y deje a un costado. Derrita el chocolate y la manteca en una cacerola pequeña a fuego lento, revolviendo constantemente hasta que se derrita. Agregue revolviendo la mezcla de leche en dos momentos, y bata hasta que se hayan unido uniformemente (tendrá una consistencia de pasta espesa y puede estar granulosa, pero será normal. Se suavizará más cuando se le agreguen las claras). Agregue revolviendo el Baileys y mantenga la pasta de chocolate caliente a fuego suave, revolviendo ocasionalmente.

3. Bata las claras y el crémor tártaro hasta lograr una consistencia espumosa, luego lentamente agregue las 6 cucharadas (90 ml) de azúcar restantes, y continúe batiendo hasta que las claras alcancen un pico medio cuando se levantan los batidores. Rápidamente pero con suavidad agregue de forma envolvente 1/3 de las claras al chocolate caliente- se desinflarán bastante, pero esto es esperable. Agregue de forma envolvente los 2/3 restantes y continúe mezclando hasta que estén incorporadas, luego vierta la preparación en los moldes.

4. Hornee los soufflés por 10-12 minutos, hasta que la superficie se vea opaca pero el interior esté aún brillante y tenga una textura homogénea. Servir de inmediato.

5. Los soufflés son más sabrosos si se los sirve con salsa de caramelo y Baileys vertida en el centro. Simplemente agregue 3 cucharadas (45 ml) de Baileys a la Salsa de Caramelo Cremosa (la salsa debe servirse a temperatura ambiente).

½ taza (125 ml) de leche

¼ taza (60 ml) + 6 cdas (90 ml) de azúcar

2 cdtas (10 ml) de maicena

1 cdta (5 ml) de extracto de vainilla

150 gr de chocolate amargo picado

2 cdas (30 ml) de manteca sin sal

¼ taza (60 ml) de licor Baileys

10 claras, a temperatura ambiente

½ cucharadita (2 ml) de crémor tártaro

1 receta de Salsa de Caramelo Cremosa (pág. 320) (opcional)

notas de la cocina de Anna

Si no tiene moldes para soufflé de 250 ml, pero sí ramekins de 180 ml, ate un collar de papel manteca alrededor de cada ramekin de modo que el papel sobresalga 5 cm por encima. Una vez que los soufflés salgan del horno, desate y con cuidado retire el papel.

1. La precisión en la temperatura del horno es crítica para un soufflé exitoso. Si usted pone el horno a 200° C, ¿realmente está a 200° C? La única forma de saberlo es colocando un termómetro para horno dentro del horno mismo. El termostato digital puede indicarle 200° C en el panel frontal del horno, pero de dónde se obtiene ésa medida no siempre es confiable.

2. Al hornear soufflés, tenga cuidado de no cerrar la puerta del horno rápidamente ni golpearla. Para obtener un soufflé que se eleve uniformemente, asegúrese de que el ventilador de convección esté apagado.

3. Si está planeando hacer éste soufflé para una cena, puede preparar los componentes con anticipación. El paso 2 puede adelantarse por completo y refrigerar la base de chocolate hasta el momento de hornear. Cuando esté listo para el armado, caliente la base de chocolate a fuego suave, asegúrese de que las claras están a temperatura ambiente antes de batirlas, y luego retome la receta en el paso 3.

variación
sin gluten

Omita el Baileys®, ya que no está certificado como libre de gluten.

Soufflés de Baileys® y chocolate (pag. 199)
con *Crema de caramelo* (pag. 320)
y *Soufflés* de frambuesa (pag. 202)
con *Salsa de chocolate* (pág. 320)

SOUFFLÉS DE FRAMBUESA
• *Para 8 soufflés individuales* •

libre de **lactosa** • *bajo en* **grasas**

*S*imple de preparar, este soufflé utiliza un jarabe cocido de frambuesa como base. La intensidad de las frambuesas se luce aquí.

1. Precaliente el horno a 190 ° C. Engrase 8 moldes para soufflé de 250 ml (ver nota 1 en página 200) y espolvoréelos con azúcar, eliminando los excesos con pequeños golpecitos y colocándolos en una placa para hornear.

2. Hierva, sin revolver, el puré de frambuesas y el azúcar en un cacerola hasta que alcance los 117° C en un termómetro de caramelo. Más o menos 5 minutos desde que la mezcla comienza a hervir.

3. Mientras se cocina el jarabe de frambuesa, bata las claras con el crémor tártaro hasta lograr una consistencia espumosa. Una vez que el jarabe alcance la temperatura indicada, viértalo con cuidado sobre las claras desde el costado del bol (para evitar derrames) mientras continúa batiendo. Luego aumente la velocidad a alta y continúe batiendo hasta que las claras alcancen un pico medio. Agregue de forma envolvente el jugo de limón, la vainilla y el Chambord u otro licor de frambuesa.

4. Vierta despacio la mezcla de soufflé en los moldes, llenándolos hasta la mitad. Hornee unos 20 minutos, hasta que hayan duplicado su tamaño y estén comenzando a dorarse en la superficie. Servir en el momento.

¾ taza (185 ml) de puré de frambuesa (aproximadamente 2 tazas/500 ml de frambuesas frescas o descongeladas pisadas y coladas)

1 taza (250 ml) de azúcar

5 claras a temperatura ambiente

½ cdta (2 ml) de crémor tártaro

1 cda (15 ml) de jugo de limón

1 cdta (5 ml) de extracto de vainilla

2 cdas (30 ml) de Chambord u otro licor de frambuesas

variación **sin gluten**

Omita el Chambord.

nota de la cocina de Anna

Es mejor servir el soufflé con una salsa, y la mejor manera de hacer esto es presentando un soufflé a cada invitado y colocar una salsera en la mesa (para éste soufflé recomiendo la Salsa Clásica de Chocolate, ver pág. 320). Cada invitado debería probar un primer bocado justo desde el centro del soufflé, luego la salsa puede verterse dentro y, así, cada bocado que le siga tendrá un poco de salsa.

SOUFFLÉS DE CARAMELO
• *Para 6 soufflés individuales* •

libre de **gluten**

*E*stos son muy parecidos a la crème de caramelo pero en forma de soufflé y son deliciosos servidos con salsa de chocolate (pág. 320)

1. Vierta el agua, 1/3 taza (80 ml) del azúcar y el jugo de limón en una cacerola pequeña y hierva. Deje hervir sin tapar y sin revolver, ocasionalmente pincelando con agua los costados del cacerola, hasta que la mezcla adquiera un color ámbar, aproximadamente 4 minutos. Retire la cacerola del calor y con cuidado agregue batiendo la crema doble (cuidado con el vapor), y bata hasta que esté homogénea. Puede volver a colocar la cacerola a fuego suave para derretir la preparación completamente si fuera necesario. Deje enfriar el caramelo a temperatura ambiente.

2. Precaliente el horno a 220º C. Engrase ligeramente 6 moldes de soufflé de 250 ml u otras moldes para horno de la misma capacidad (ver nota 1 en pág. 200) y espolvoree el interior con azúcar, eliminando los excesos con golpecitos. Coloque los moldes en una asadera o fuente para hornear.

3. Bata las yemas, la maicena y la vainilla juntas, y agregue la mezcla al caramelo frío mientras bate.

4. En un bol aparte, bata las claras y el crémor tártaro hasta lograr una consistencia espumosa, luego agregue lentamente 1/3 taza (80 ml) del azúcar restante mientras continua batiendo hasta que las claras alcancen un pico medio. Vierta las yemas sobre las claras batidas y revuelva suavemente, pero rápido, hasta que estén incorporadas. Vierta la mezcla de soufflé en los moldes y hornee por 8-10 minutos, hasta que los soufflés hayan duplicado su volumen y la superficie sea de un marrón uniforme y consistente. Servir en el momento.

3 cdas (45 ml) de agua
2/3 taza (160 ml) de azúcar
1 cda (15 ml) de jugo de limón
½ taza (125 ml) de crema doble
6 yemas
1 cda (15 ml) de maicena
1 cda (15 ml) de extracto de vainilla
7 claras
½ cdta (2 ml) de crémor tártaro

nota de la cocina de Anna

El tiempo es todo en los soufflés. Son livianos como el aire y se ven maravillosos al salir del horno, pero en un lapso de 10 minutos pueden derretirse y marchitarse. Los soufflés son distinguidos y elegantes, pero planee servirlos cuando se haya reservado tiempo suficiente entre el plato principal y el postre para hornearlos.

BUDÍN DE PAN DE BANANA Y CHOCOLATE
• Para un budín de 23 cm | Para 12 a 16 porciones •

Con este budín de pan se puede ailmentar a una multitud! Para prepararlo se hacen migas de un pan de banana entero y se integran a una base de crema de chocolate. Una vez que esto se hornea y se refrigera, el resultado es un postre muy lujurioso.

Como en una cheesecake, es mejor preparar este postre el día anterior a servirlo.

1 Pan de Banana y Chips de Chocolate (pág. 224)
125 gr de chocolate semiamargo picado
3 tazas (750 ml) de leche
3 huevos
1/3 taza (80 ml) de azúcar
1 cdta (5 ml) de extracto de vainilla

1. Precaliente el horno a 190º c. Engrase un molde redondo desmontable de 23 cm, envuelva el fondo en papel aluminio y disponga el molde en una asadera.

2. Corte el pan de banana en cubos de 2.5 cm y distribúyalos en una placa sin engrasar. Tueste el pan de banana hasta que el exterior de los cubos se haya secado, aproximadamente 10 minutos. Deje enfriar en la placa.

3. Coloque el chocolate picado en un bol. Caliente la leche hasta justo antes del hervor y viértala sobre el chocolate picado. Bata la mezcla hasta que el chocolate se haya derretido.

4. En un bol aparte, bata los huevos, el azúcar y la vainilla. Mientras bate, agregue la leche chocolatada a los huevos, y bata hasta que se hayan unido uniformemente. Agregue los trozos de pan de banana y revuelva hasta cubrirlos. Deje reposar la mezcla por 10 minutos, revolviendo ocasionalmente (los pedazos de pan de banana comenzarán a romperse, lo cual es esperable). Reduzca la temperatura del horno a 175º C.

5. Vierta la mezcla dentro del molde y vuelque agua hirviendo en la asadera hasta cubrir la mitad de la altura del molde. Hornee 60-70 minutos, hasta que un palillo insertado en el centro del budín salga limpio. Deje enfriar 15 minutos, luego retire del agua para dejarla enfriar completamente. Una vez frío, refrigere dentro del molde hasta que esté firme, aproximadamente 5 horas. Es mejor servirlo refrigerado. Se conservará en la heladera hasta 3 días.

nota de la cocina de Anna

Los budines y puddings son los postres de crema más simples, suelen tomar poco tiempo o usan ingredientes comunes al alcance de la mano; son un deleite aliviador para el final de una cena.

POSTRE DE ARROZ CON LECHE
• Rinde 6 postres individuales •

libre de **gluten**

Para vestir estos postres, pruebe espolvoreando azúcar en la superficie y flamearlos al estilo de una crème brulée.

2 ¼ tazas (560 ml) de leche

1 rama de canela

½ vaina de vainilla o 1 ½ cucharadita (7.5 ml) de
    pasta de vainilla

1/3 taza (80 ml) de arroz arborio

¼ taza (60 ml) de pasas de uva (opcional)

2 cdas (30 ml) de manteca sin sal

2 yemas

2/3 taza (160 ml) de azúcar

½ taza (125 ml) de crema doble

1. En una cacerola de base pesada, hierva la leche, la rama de canela y las semillas extraídas de la vaina de vainilla (o la pasta de vainilla). Agregue el arroz y cocine en un hervor suave, sin tapar y revolviendo a menudo, hasta que el arroz esté al dente, alrededor de 20 minutos. Retire del calor y agregue revolviendo las pasas (si las usara) y la manteca hasta derretirla. Retire la rama de canela.

2. Precaliente el horno a 175° c. Engrase ligeramente 6 moldes de 180 ml tipo ramekins y colóquelos en una asadera que sea más alta que los moldes.

3. Bata las yemas, el azúcar y la crema doble en un bol pequeño, y agréguelas batiendo a la cacerola con la mezcla de arroz con leche caliente. Coloque con un cucharón la preparación en los moldes preparados y vierta agua hirviendo en la asadera hasta cubrir la mitad de la altura de los moldes. Hornee aproximadamente 15 minutos, hasta que el azúcar en la superficie se haya derretido completamente. Los postres pueden servirse fríos o calientes. Se conservarán en la heladera por 3 días.

BUDÍN DE NARANJAS Y MEDIALUNAS
• Para 6 budines individuales •

libre de **gluten**

Medialunas mantecosas y tiernas hacen una base decadente para éstos postres. Necesitará medialunas de al menos 2 días. Las medialunas frescas colapsarán bajo el peso de la natilla con su miga tierna.

4 medialunas/croissants de hace 2 días

3 yemas

¼ taza (60 ml) de azúcar

2 cdas (30 ml) de mermelada de naranja

2 cdtas (10 ml) de ralladura de naranja

1 cdta (5 ml) de extracto de vainilla

¼ cdta (1 ml) de canela molida

¾ taza (185 ml) de leche

½ taza (125 ml) de crema mitad y mitad (ver pág. 12)

2 cdas (30 ml) de licor de naranja (opcional)

1. Precaliente el horno a 160° C. Engrase 6 moldes de 180 ml tipo ramekin y colóquelos en una asadera o fuente para horno más alta que éstos.

2. Corte las medialunas en trozos grandes (cubos de 5 cm) y distribúyalas en una fuente para horno sin engrasar. Tueste los pedazos de medialuna hasta que estén ligeramente marrones y secas, alrededor de 15 minutos. Déjelas enfriar.

3. En un bol grande, bata las yemas con el azúcar y la mermelada de naranja para unirlas, luego agregue batiendo la cáscara de naranja, la vainilla y la canela. Sin dejar de batir agregue la leche y la crema. Agregue las medialunas tostadas y revuelva hasta que queden cubiertas (se desinflarán rápidamente). Luego, con una cuchara, transfiera la preparación a los moldes.

4. Vierta agua hirviendo en la bandeja de hornear hasta alcanzar la mitad de la altura de los moldes, y hornee unos 40 minutos, hasta que adquieran la consistencia de un soufflé y estén dorados en la superficie. Mientras aún están calientes, pincele las superficies con licor de naranja (si lo usara) y sirva. La mejor forma de servir los budines es inmediatamente después de hornear.

CLAFOUTIS DE ARÁNDANOS Y NARANJAS

• *Para 4 clafoutis individuales* •

libre de
gluten

El batido que se prepara para este postre es similar al de un crepe pero, cuando se hornea, resulta ser liviana, esponjosa, y más consistente que una natilla. La acidez de los arándanos hace de éste postre un final refrescante para una rica comida.

1. Precaliente el horno a 190° c. Engrase 4 moldes de 180 ml tipo ramekin (u otros moldes para hornear chatos) y colóquelos en una fuente para hornear.
2. Revuelva juntos el azúcar, la harina de arroz, la cáscara de naranja y la canela. Agregue batiendo el huevo, la yema, la crema y la vainilla hasta que tengan una consistencia homogénea. Divida la mezcla en partes iguales entre los moldes y espolvoree cada uno con $\frac{1}{4}$ taza (60 ml) de arándanos.
3. Hornee los clafoutis 18 minutos, o hasta que estén inflados y dorados (se desinflarán al salir del horno). La mejor forma de servirlos es calientes, habiéndolos dejado enfriar por 10 minutos, o puede prepararlos con anticipación, refrigerarlos y recalentarlos por 12 minutos a 150° c antes de servir, espolvoreados con azúcar impalpable.

1/3 taza (80 ml) de azúcar

3 cdas (45 ml) de harina de arroz integral

2 cdtas (10 ml) de ralladura de limón

Una pizca de canela molida

1 huevo

1 yema

½ taza (125 ml) de crema doble

1 cdta (5 ml) de extracto de vainilla

1 taza (250 ml) de arándanos frescos o descongelados

Azúcar impalpable, para espolvorear

POSSET DE LIMÓN
• *Para 6 postres individuales* •

sin **huevo**   *libre de* **gluten**

Esta natilla ligera sin huevo toma firmeza gracias a la acidez del jugo de limón, que espesa la crema sin cuajarla. Dado que no se hornea ni utiliza huevos, la consistencia es más fluida que la de una crema de limón o una natilla. La crema gana la suficiente fuerza como para que se le coloquen bayas frescas encima y pueda ser comida con cuchara, pero sí se torna fluida cuando se le revuelve.

2 tazas (500 ml) de crema doble

½ taza (125 ml) de crème fraîche (no baja en grasas, ver receta en pág. 321), o yogur griego entero

2/3 taza (160 ml) de azúcar

1 cda (15 ml) de ralladura de limón

½ taza (125 ml) de jugo de limón

1 cdta (5 ml) de extracto de vainilla

1. Bata la crema, la crème fraîche, el azúcar y la cáscara de limón en una cacerola pequeña y sobre fuego medio-bajo hasta que el azúcar se derrita. Retire del fuego y agregue revolviendo el jugo de limón y la vainilla.

2. Vierta la mezcla en 6 recipientes individuales (pueden ser de vidrio o cerámica, vasos, bols o cuencos) y deje que se asiente por, al menos, 6 horas, y hasta 24 horas (cuanto más tiempo la refrigere, más firme estará).

3. Puede agregar bayas frescas al servir.

nota de la cocina de Anna
Dado que este postre no lleva horneado, puede directamente servirlos en piezas de cristal

muffins y otras
delicias para desayunar

210 ‖ Manjares de la mañana

MUFFINS

212 ‖ Muffins de arándanos de la vieja escuela
213 ‖ Muffins de la pileta de la cocina
213 ‖ Muffins de salvado y pasas
215 ‖ Muffins de avena con arándanos y pera
215 ‖ Muffins de banana y coco

TORTAS PARA EL CAFÉ

216 ‖ Torta de puré de manzana y nueces pecan
217 ‖ Torta de canela y Streusel
218 ‖ Torta leudada de damasco
220 ‖ Torta de arándanos y trigo sarraceno
222 ‖ Torta de queso crema y frutillas

PANES

221 ‖ Pan de yogur
224 ‖ Pan de Banana y chips de chocolate

SCONS

226 ‖ Scons de manzana, cheddar y nueces
227 ‖ Scons de chocolate blanco y pimienta
228 ‖ Scons de grosellas
230 ‖ Scons de arándanos rojos y trigo espelta

ROLLS

232 ‖ Rolls especiales
233 ‖ Rolls de trigo integral y zanahoria
234 ‖ Rolls de chocolate y arándanos
236 ‖ Rolls calientes cruzados

Muffins

Un muffin necesita ser relleno y llenador, y debería poder comerse tanto al desayuno como a la tarde.

Coffee Cakes

Las tortas para café tienen su identidad especial. Grandes compañeras para una taza de café (el té es aceptable también, por supuesto), éstas tortas también son lo suficientemente elegantes como para ser servidas de postre y pueden ser comidas como un agasajo al atardecer o hasta en el desayuno.

Panes

Un pan rápido es fácil de hacer. Hasta podría decirse que es el agasajo más práctico y eficiente para una mañana especial.

Scons

Aunque sepan consistentes, los scons no suelen estar tan cargados de manteca como imaginamos. Se disfrutan más en el día de su horneado. Se conservan crudos en el freezer excepcionalmente bien.

Rolls

Son los rolls de canela, pasas o chocolate, exponentes de pastelería con levadura. Lleva tiempo hacerlos, y mientras deja que se eleve la masa, usted puede anticipar ese aroma a levadura, manteca y canela que hace agua la boca cuando están en el horno. Hacen valer el esfuerzo siempre.

MUFFINS DE ARÁNDANOS DE LA VIEJA ESCUELA

• *Para 18 muffins* •

Llamé a éstos "de la vieja escuela" porque son sustanciosos, tiernos y dulces. Y, más que un componente funcional de un desayuno de todos los días, funcionan como un agasajo para días especiales.

1. Precaliente el horno a 190º c, y engrase 2 bandejas de muffins o cubra 18 moldes individuales con pirotines/capacillos.

2. En un bol grande, bata el azúcar, el yogur, los huevos, el aceite, la manteca derretida, la vainilla y la ralladura de naranja. En un bol aparte, tamice la harina, el polvo de hornear y la sal. Integre las dos preparaciones y revuelva hasta que estén homogéneas. Añada revolviendo los arándanos y, con una cuchara, distribuya la mezcla equitativamente entre los 18 moldes para muffins, luego espolvoree las superficies con el azúcar turbinado.

3. Hornee los muffins aproximadamente 20 minutos, o hasta que la superficie vuelva a su posición inicial luego de presionarla suavemente en el centro con el dedo. Deje enfriar los muffins por 10 minutos en los moldes antes de retirarlos para enfriar completamente. Los muffins se conservarán hasta 3 días en un contenedor hermético.

1 ½ tazas (375 ml) de azúcar

1 taza (250 ml) de yogur natural entero

2 huevos

¼ taza (60 ml) de aceite vegetal

¼ taza (60 ml) de manteca sin sal derretida

1 cdta (5 ml) de extracto de vainilla

1 cdta (5 ml) de ralladura de naranja

3 tazas (750 ml) de harina 0000

2 cdtas (10 ml) de polvo de hornear

1 cdta (5 ml) de sal

2 tazas (500 ml) de arándanos frescos

Azúcar turbinado, para espolvorear

MUFFINS DE LA PILETA DE LA COCINA
• *Para 12 muffins* •

libre de
l a c t o s a

S se ganan su nombre porque llevan dentro todo menos el lavabo de la cocina.

¾ taza (185 ml) de azúcar

½ taza (125 ml) de aceite vegetal

2 huevos

1 taza (250 ml) de manzanas tipo Granny Smith, peladas y ralladas gruesas.

1 taza (250 ml) de zanahorias ralladas gruesas

2/3 taza (160 ml) de ananá/piña triturado y escurrido

2 cdtas (10 ml) de ralladura de limón

2 cdas (30 ml) de jugo de limón

1 taza (250 ml) de harina de trigo integral

½ taza (125 ml) de copos de avena, más un extra para espolvorear

2 ¼ cucharaditas (12 ml) de polvo de hornear

1 cdta (5 ml) de canela molida

¼ cdta (1 ml) de sal

½ taza (125 ml) de pasas de uva

½ taza (125 ml) de semillas de girasol sin sal

½ taza (125 ml) de coco rallado sin endulzar

1. Precaliente el horno a 190º c, y prepare una bandeja de muffins o moldes individuales con pirotines.

2. En un bol grande, bata el azúcar, el aceite y los huevos. Agregue revolviendo la manzana, la zanahoria, el ananá, la cáscara y el jugo de limón.

3. En un bol aparte, tamice la harina integral, la avena, el polvo de hornear, la canela y la sal. Integre las dos preparaciones y revuelva hasta que se hayan unido. Agregue revolviendo las pasas, las semillas de girasol y el coco. Con un cucharón vierta la mezcla en los moldes preparados.

4. Hornee por aproximadamente 30 minutos, o hasta que la superficie vuelva a su posición inicial luego de presionarla suavemente en el centro con el dedo. Deje enfriar los muffins por 10 minutos en los moldes antes de retirarlos para enfriar completamente. Los muffins se conservarán hasta 3 días en un contenedor hermético.

MUFFINS DE SALVADO Y PASAS
• *Para 12 muffins* •

bajo en
g r a s a s

S anos y con fibra, éstos muffins integrales tienen menos grasa que sus versiones comerciales.

1 ½ tazas (375 ml) de salvado de trigo

½ taza (125 ml) de azúcar

¼ taza (60 ml) de azúcar rubio

1 ¼ tazas (310 ml) de harina

1 cdta (5 ml) de polvo de hornear

½ cdta (2 ml) de bicarbonato de sodio

½ cdta (2 ml) de sal

½ cdta (2 ml) de canela molida

1 huevo

1 taza (250 ml) de buttermilk (ver pág. 323)

¼ taza (60 ml) de aceite vegetal

½ taza (125 ml) de agua hirviendo

1 taza (250 ml) de pasas de uva

1. Precaliente el horno a 175º y coloque pirotines/capacillos en una bandeja para muffins o engrásela bien.

2. Mezcle el salvado, azúcar, azúcar moreno, harina, polvo de hornear, bicarbonato de sodio, sal y canela. En un bol aparte, bata el huevo, luego agregue el buttermilk y el aceite. Añada esto, revolviendo, a la mezcla de salvado, luego vuelque el agua hirviendo y mezcle hasta unirlos. Agregue revolviendo las pasas y transfiera la preparación a la bandeja para muffins.

3. Hornee 20-25 minutos, o hasta que la superficie vuelva a su posición inicial luego de presionarla suavemente en el centro con el dedo. Déjelos enfriar en la bandeja por 15 minutos, luego retírelos para dejar enfriar por completo. Se conservarán 3 días en un contenedor hermético.

MUFFINS DE AVENA CON ARÁNDANOS Y PERAS
• Para 12 muffins •

$\mathcal{E}$stos muffins son livianos y húmedos. La dulzura natural de la pera se equilibra con los arándanos, pero puede reemplazar los arándanos por casi cualquier otra fruta.

1⅓ tazas (330 ml) de copos de avena, más extra para espolvorear
1¼ tazas (310 ml) de yogur natural
½ taza (125 ml) de melaza
½ taza (125 ml) de azúcar rubia
½ taza (125 ml) de manteca sin sal, derretida y enfriada
1 huevo
½ taza (125 ml) de harina de repostería (0000)
½ taza (125 ml) de harina de trigo integral
1 ½ cdtas (7.5 ml) de polvo de hornear
½ cdta (2 ml) de bicarbonato de sodio
½ cdta (2 ml) de sal
¼ cdta (1 ml) de canela en polvo
¼ cdta (1 ml) de nuez moscada en polvo
2/3 taza (160 ml) de peras peladas y cortadas en cubos
1/3 taza (80 ml) de arándanos secos

1. Precaliente el horno a 190° y coloque pirotines/capacillos en una bandeja para muffins.
2. Mezcle la avena y el yogur juntos en un bol grande. Agregue revolviendo la melaza, el azúcar rubio, la manteca derretida y el huevo.
3. En un bol aparte, tamice las harinas, el polvo de hornear, el bicarbonato de sodio, la sal, la canela y la nuez moscada. Agregue la mezcla de harina a la mezcla de avena y revuelva hasta unirlos, luego agregue revolviendo las peras y los arándanos y espolvoree con un poco de avena. Vierta con un cucharón en los moldes para muffins.
4. Hornee por 20-25 minutos, o hasta que la superficie vuelva a su posición inicial luego de presionarla suavemente en el centro con el dedo. Déjelos enfriar 10 minutos en la bandeja antes de sacarlos para dejar enfriar completamente. Se conservarán en un recipiente hermético hasta 3 días.

MUFFINS DE BANANA Y COCO
• Para 10 muffins •

$\mathcal{S}$i lo suyo no es el coco, puede sustituirlo por la misma medida de nueces picadas.

¾ taza (185 ml) de bananas pisadas y maduras (más o menos 2)
½ taza (125 ml) de azúcar rubio
1 huevo
1 cdta (5 ml) de ralladura de lima
½ cdta (2 ml) de extracto de vainilla
½ taza (125 ml) de manteca sin sal, derretida y enfriada
1 ¼ tazas (310 ml) de harina
1 cdta (5 ml) de polvo de hornear
¼ cdta (1 ml) de sal
½ taza (125 ml) de coco rallado

1. Precaliente el horno a 190° y coloque pirotines en una bandeja de muffins.
2. Revuelva las bananas y el azúcar juntos, luego agregue revolviendo el huevo, la cáscara de lima y la vainilla. Agregue revolviendo la manteca derretida.
3. En un bol aparte, tamice la harina, el polvo de hornear y la sal, luego agregue la mezcla de harina a la mezcla de banana y revuelva hasta combinarlos. Agregue mezclando el coco y vierta la mezcla con un cucharón en la bandeja de muffins preparada.
4. Hornee por 20-25 minutos, o hasta que la superficie vuelva a su posición inicial luego de presionarla suavemente en el centro con el dedo. Déjelos enfriar 10 minutos en la bandeja antes de sacarlos para dejar enfriar completamente. Se conservarán en un recipiente hermético hasta 3 días.

Muffins de salvado y pasas, arriba a la izquierda (pag. 213), *Muffins de arándanos de la vieja escuela*, arriba a la derecha (pág. 212), y *Muffins de la pileta de la cocina*, centro (pág. 213)

TORTA DE PURÉ DE MANZANA CUBIERTA CON NUECES

• Para una torta de 23 cm | Cortar en 12 a 16 porciones •

Esta torta grande y húmeda es bellísima en su presentación y puede servir como postre si es necesario.

1. Precaliente el horno a 175º C y engrase un molde redondo de 23 cm.
2. En un bol grande, bata los huevos sólo hasta unirlos, luego agregue batiendo el puré de manzana, el azúcar moreno y el aceite hasta unirlos y lograr una consistencia fluida. En un bol aparte, tamice la harina, el polvo de hornear, la sal, la canela, la pimienta de Jamaica y el clavo de olor, y agregue ésta mezcla a la mezcla de puré de manzana, revolviendo hasta que se hayan combinado uniformemente. Vierta la preparación en el molde y prepare la cobertura.
3. Para la cobertura, mezcle el azúcar moreno, la manteca y la canela juntos, luego agregue revolviendo las nueces y la manzana rallada. Esparza sobre la preparación anterior.
4. Hornee por 60-70 minutos, hasta que un palillo insertado en el centro de la torta salga limpio. Deje enfriar la torta a temperatura ambiente, luego desmóldela antes de servir. La torta puede almacenarse en un contenedor hermético hasta 3 días.

TORTA:

2 huevos

1 ½ tazas (375 ml) de puré de manzana sin endulzar

1 ½ tazas (375 ml) de azúcar rubio

½ taza (125 ml) de aceite

2 ½ tazas (625 ml) de harina

2 cdtas (10 ml) de polvo de hornear

½ cdta (2 ml) de sal

½ cdta (2 ml) de canela molida

½ cdta (2 ml) de pimienta de Jamaica molida

¼ cdta (1 ml) de clavo de olor molido

COBERTURA:

½ taza (125 ml) de azúcar moreno

¼ taza (60 ml) de manteca sin sal, derretida

½ taza (2 ml) de canela molida

1 taza (250 ml) de nueces pecan, picadas

1 manzana, pelada y rallada gruesa

TORTA DE CANELA Y STREUSEL
• *Para una torta cuadrada de 20 cm | 9 a 12 porciones* •

Esta es la torta de café clásica, con una capa Streusel en la superficie de la torta.

1. Precaliente el horno a 175° c. Engrase un molde cuadrado de 20 cm y forre con papel manteca/sulfurizado la base y los costados.

2. Para la cobertura Streusel, mezcle con un tenedor la harina, el azúcar moreno, la canela y la sal en un bol pequeño para unirlos. Agregue la manteca derretida y revuelva hasta que la mezcla esté uniformemente humedecida.

3. Para la torta, bata la manteca y el azúcar hasta que la mezcla sea liviana y esponjosa. Agregue el huevo entero y luego la yema, y bata bien después de cada adición. Añada revolviendo la crème fraîche o yogur y la vainilla.
En un bol aparte, tamice los ingredientes secos: harina, el polvo de hornear, el bicarbonato de sodio y la sal. Integre las dos preparaciones y revuelva hasta apenas unirlas.

4. Vierta la mezcla en el molde preparado y esparza la cobertura Streusel por encima. Hornee la torta por aproximadamente 35 minutos, hasta que un palillo insertado en el centro de la torta salga limpio. Deje enfriar la torta por completo dentro del molde, luego córtela en los cuadrados que necesite servir. La torta se conservará, bien envuelta y sin refrigerar, por 3 días.

COBERTURA:

¾ taza (185 ml) de harina
½ taza (125 ml) de azúcar moreno
½ cucharadita (2 ml) de canela molida
Una pizca de sal
¼ taza (60 ml) de manteca sin sal derretida

TORTA:

½ taza (125 ml) de manteca sin sal a temperatura ambiente
¾ taza (185 ml) de azúcar
1 huevo
1 yema
½ taza (125 ml) de crème fraîche o yogur griego entero
1 cdta (5 ml) de extracto de vainilla
1 1/3 tazas (330 ml) de harina
1 cdta (5 ml) de polvo de hornear
¼ cdta (1 ml) de bicarbonato de sodio
¼ cdta (1 ml) de sal

TORTA LEUDADA DE DAMASCO
• Para una torta redonda de 23 cm | 12 a 16 porciones •

sta torta leudada de estilo europeo es adecuada para ocasiones especiales, como un feriado o el desayuno tardío de un domingo. Se disfruta más al día siguiente de haber sido horneada.

1. Mezcle la leche, el agua y la levadura juntas hasta que la levadura se haya disuelto, luego agregue revolviendo el azúcar, las yemas y la vainilla. Añada la harina, la sal y la nuez moscada y, utilizando una cuchara de madera, batidores o un batidor de pie con el accesorio de gancho para masas, mezcle la masa hasta que se una y parezca elástica, aproximadamente 3 minutos. Añada la manteca, y continúe uniendo la masa por otros 3 minutos- la masa debería ser pegajosa y elástica. Transfiera la masa a un bol ligeramente aceitado, cubra con film transparente y deje que la masa leve por 1-2 horas, hasta que haya duplicado su volumen.

1. Precaliente el horno a 175° c. y engrase un molde desmontable redondo de 23 cm.

2. Vierta la masa levada en el molde engrasado y, con los dedos enharinados, suavemente distribúyala hacia los bordes del molde. Disponga los damascos en mitades sobre la superficie de la masa.

3. En un bol pequeño, revuelva el azúcar, la harina y el cardamomo o la canela juntos para la cobertura. Agregue la manteca y mezcle hasta que la mezcla tenga la consistencia de migas gruesas y espolvoréela sobre los damascos. Deje reposar 10 minutos.

4. Hornee 30-40 minutos, hasta que los bordes se hayan dorado. Deje enfriar 20 minutos antes de cortar. Aguanta hasta 1 día en recipiente hermético.

TORTA:

½ taza (125 ml) de leche a temperatura ambiente

¼ taza (60 ml) de agua tibia (41° c)

2 ¼ cdtas (11 ml/1 paquete) de levadura instantánea

¼ taza (60 ml) de azúcar

2 yemas

1 cdta (5 ml) de extracto de vainilla

2 tazas (500 ml) de harina

½ cdta (2 ml) de sal

¼ cdta (1 ml) de nuez moscada molida

¼ taza (60 ml) de manteca sin sal a temperatura ambiente

COBERTURA:

1 lata (398 ml) de damascos en mitades, escurridos

6 cdas (90 ml) de azúcar

3 cdas (45 ml) de harina 0000

¼ cdta (1 ml) de cardamomo molido o canela molida

6 cdas (90 ml) de manteca sin sal fría, cortada en pedazos

nota de la cocina de Anna

Aunque a mí me gusta cocinar con frutas frescas y de estación, hago una excepción con los damascos. Los damascos enlatados poseen un gran sabor, y conservan su forma al ser horneados. Y como la estación de damascos frescos es tan corta en Niagara, donde vivo, me contento con usar enlatados cuando los frescos no son una opción.

Torta de canela y streusel (pág. 217)

TORTA DE ARÁNDANOS Y TRIGO SARRACENO
• *Para una torta cuadrada de 20 cm.* | *Cortar de 9 a 12 porciones* •

baja en grasas

baja en azúcar

*E*sta es una torta simple y saludable- tiene apenas 2.5 cm. de altura, por lo que es maravillosa para comer de a pequeños bocados. Pero, aunque su altura sea escasa, los sabores son intensos: trigo sarraceno, miel de trigo sarraceno ¡y hasta aceite de oliva!

1. Precaliente el horno a 175º C y engrase un molde cuadrado de 20 cm. Cubra el molde con papel manteca hasta que sobresalga apenas de los bordes.

2. Bata el yogur, el aceite de oliva, la miel y el huevo hasta unirlos. En un bol aparte, revuelva la harina integral, la harina de trigo sarraceno, el polvo de hornear, la canela y la sal, luego agregue ésto a la preparación anterior, mezclando hasta unirlas. Agregue los arándanos y mezcle bien, luego vierta en el molde preparado.

3. Hornee por 20-25 minutos, hasta que un palillo insertado en el centro de la torta salga limpio. Deje enfriar la torta a temperatura ambiente antes de cortarla. La torta puede almacenarse en un recipiente hermético hasta 3 días.

½ taza (125 ml) de yogur

1/3 taza (80 ml) de aceite de oliva

1/3 taza (80 ml) de miel de trigo sarraceno

1 huevo

¾ taza (185 ml) de harina de trigo integral

½ taza (125 ml) de harina de trigo sarraceno

1 ½ cdtas (7.5 ml) de polvo de hornear

½ cdta (2 ml) de canela molida

¼ cdta (1 ml) de sal

1 taza (250 ml) de arándanos frescos

PAN DE YOGUR PARA LAS MAÑANAS
• Para un pan de 23 x 13 cm | Rinde 12 a 16 porciones •

Con sus notas de naranja, ananá, coco y yogur, éste es un gran pan para el desayuno.

1. Precaliente el horno a 160° c. y engrase un molde para pan de 23 x 13 cm.
2. Bata la manteca y el azúcar juntos. Agregue los huevos de a uno, uniendo bien luego de cada adición. Agregue revolviendo el yogur y la cáscara de naranja.
3. En un bol aparte, tamice la harina, el polvo de hornear, la sal y la canela, y agréguelo revolviendo a la preparación anterior. Añada revolviendo los duraznos (o el ananá, si lo usara), las pasas y el coco. Vierta en el molde preparado.
4. Hornee por 60-70 minutos, hasta que un palillo insertado en el centro salga limpio. Deje enfriar el pan por 30 minutos, luego desmóldelo con golpecitos suaves para dejar enfriar completamente en una rejilla. El pan se conservará, bien envuelto y sin refrigerar, hasta 3 días.

6 cdas (90 ml) de manteca sin sal, a temperatura ambiente
1 taza (250 ml) de azúcar
3 huevos, a temperatura ambiente
160 ml de yogur natural
2 cdtas (10 ml) de ralladura de naranja
410 ml de harina
2 cdtas (10 ml) de polvo de hornear
¼ cdta (1 ml) de sal
Una pizca de canela molida
1 taza (250 ml) de duraznos/melocotones frescos pelados y cortados en cubos o una lata (398 ml) de ananás/piñas trituradas, bien escurridos
½ taza (125 ml) de pasas de uva
1/3 taza (80 ml) de coco rallado endulzado

nota de la cocina de Anna

Aun cuando usted esté tratando de ser más saludable al cocinar, es necesario utilizar crema y yogur enteros en sus recetas. Para una explicación más completa, diríjase a la página 14.

TORTA DE QUESO CREMA Y FRUTILLAS

• Para una torta de 23 cm | Rinde 12 a 16 porciones •

Esta torta es bastante alta, por lo tanto necesita de un molde redondo desmontable. Si usted no tiene un molde redondo desmontable, prepare la torta en un molde de 23 x 33 cm. (3,5 l), pero reduzca en 10-15 minutos el tiempo de horneado.

1. Precaliente el horno a 175º c. y engrase un molde redondo desmontable de 23 cm, y colóquelo en una bandeja de hornear.

2. Utilizando una batidora de pie con el accesorio de paleta (o batidora eléctrica), combine la harina con el azúcar. Agregue la manteca y mezcle hasta que la mezcla adquiera una textura de migas gruesas.

3. Separe 1 taza (250 ml) de la mezcla y pásela a un bol pequeño y reserve. Agregue el polvo de hornear, el bicarbonato y la sal al bol grande.

4. En un bol aparte, revuelva la crème fraîche o yogur, el huevo y la vainilla y agréguelos al bol grande, mezclando hasta unir todo (la mezcla será espesa). Vierta la preparación en el molde preparado.

5. Para la cobertura, bata el queso crema y el azúcar juntos hasta lograr una consistencia homogénea. Agregue revolviendo el huevo y la vainilla hasta unirlos, luego vierta la mezcla sobre la mezcla de la torta.

6. Revuelva la mermelada de frutilla para ablandarla. Agréguele las frutillas cortadas y mezcle hasta que estén bien cubiertas, luego esparza encima de la capa de queso crema. Añada revolviendo las nueces picadas dentro del bol que separó en el paso 3 y rocíelas sobre las frutillas.

7. Hornee 55 minutos, o hasta que un palillo insertado en el centro de la torta salga limpio de migas. Enfríe la torta a temperatura ambiente, luego deslice un cuchillo o una espátula alrededor del borde externo antes de retirar el anillo del molde. La torta se conservará en la heladera hasta 2 días.

TORTA:

2 ½ tazas (625 ml) de harina

¾ taza (185 ml) de azúcar

¾ taza (185 ml) de manteca sin sal fría, cortada en pedazos

1 cdta (5 ml) de polvo de hornear

½ cdta (2 ml) de bicarbonato de sodio

¼ cdta (1 ml) de sal

¾ taza (185 ml) de crème fraîche (ver pág. 321) o yogur griego entero

1 huevo

1 cdta (5 ml) de extracto de vainilla

COBERTURA:

250 g de queso crema, a temperatura ambiente

½ taza (125 ml) de azúcar

1 huevo

½ cdta (2 ml) de extracto de vainilla

½ taza (125 ml) de mermelada de frutilla

1 ½ tazas (375 ml) de frutillas frescas, cortadas en láminas

½ taza (125 ml) de nueces pecan, picadas

nota de la cocina de Anna

Las frutillas/fresas no son un ingrediente típico para meter en el horno en postres. Por sí solas, se tornan demasiado blandas, pierden su color brillante y pueden saber sosas, pero cuando se las mezcla con mermelada, como en ésta receta, su sabor y su color se mantienen.

PAN BÁSICO DE BANANA Y CHOCOLATE
• Para un pan de 23 x 13 cm | Rinde 12 a 16 porciones •

He hecho una encuesta (nada científica, por cierto) y los chips de chocolate le ganan a las nueces y pasas de uva como agregado para el pan de banana, particularmente para esa primera rebanada cuando el pan aún sigue caliente del horno.

1. Precaliente el horno a 175º C. y engrase un molde para pan de 23 x 13 cm (2 l).
2. Bata la manteca y el azúcar moreno hasta lograr una consistencia homogénea. Agregue revolviendo las bananas, luego el huevo y la vainilla. En un bol aparte, combine la harina, harina integral, el bicarbonato, la canela y la sal. Integre las dos preparaciones y combine hasta lograr una mezcla homogénea. Sume los chips de chocolate, luego transfiera al molde preparado y esparza uniformemente.
3. Hornee el pan por aproximadamente 1 hora, hasta que un palillo insertado en el centro de la torta salga limpio. Deje enfriar en el molde por 30 minutos, luego desmóldelo dándolo vuelta para enfriar completamente. El pan se conservará, bien envuelto y sin refrigerar, hasta 3 días.

80 ml de manteca sin sal, a temperatura ambiente

1 taza (250 ml) de azúcar negra

3 tazas (750 ml) de bananas maduras pisadas (3 o 4 bananas)

1 huevo a temperatura ambiente

1 cdta (5 ml) de extracto de vainilla

¾ taza (185 ml) de harina

¾ taza (185 ml) de harina integral

1 cdta (5 ml) de bicarbonato de sodio

¼ cdta (1 ml) de canela molida

¼ cdta (1 ml) de sal

¾ taza (185 ml) de chips de chocolate

SCONS DE MANZANA, CHEDDAR Y NUECES
• Para 8 scons •

sin huevo

Estos scons están del lado de los dulces, pero la sal de apio y el queso cheddar le den un toque salado

1. Precaliente el horno a 200° c. y cubra una placa para horno con papel manteca.

2. Revuelva la harina, el azúcar, el polvo de hornear, la sal de apio y la canela hasta combinarlos.

3. Agregue la manteca fría y córtela dentro de la mezcla con 2 cuchillos o con los dedos hasta lograr migas gruesas con la mezcla, pero en la que los pedazos de manteca aún sean visibles. Agregue el queso cheddar y revuelva hasta que quede bien cubierto.

4. Utilizando el lado grueso de un rallador, ralle la manzana y agréguela revolviendo a la mezcla de harina. Añada la leche revolviendo hasta que la mezcla comience a unirse, luego trasládela a una superficie de trabajo.

5. Rocíe las nueces sobre la masa y añádalas aplanando con la manos, luego plegando la masa hacia el centro, presionando las nueces dentro con el mismo movimiento (lograr esto requiere doblar 4 o 5 veces la masa, ver foto en página 229).

6. Dé forma de disco a la masa y aplánela con sus manos hasta que tenga 20 cm. de diámetro. Corte la masa en 8 pedazos triangulares y colóquelos en la placa.

7. Pincele las superficies de los scons con leche y hornee por aproximadamente 16 minutos, hasta que adquieran un fuerte color dorado. Los scons se sirven mejor el día que fueron horneados, pero pueden ser recalentados al día siguiente por 5 minutos en un horno a 150° c.

1²/₃ tazas (410 ml) de harina

2 cdas (30 ml) de azúcar

1 cda (15 ml) de polvo de hornear

½ cdta (2 ml) de sal de apio

1/8 cdta (0.5 ml) de canela molida

5 cdas (75 ml) de manteca sin sal refrigerada y cortada en pedazos pequeños

60 gr. de queso cheddar para rallar, rallado grueso

1 manzana Granny Smith, pelada

1/3 taza (80 ml) de leche fría, más un extra para pincelar

½ taza (125 ml) de nueces picadas, ligeramente tostadas

SCONS DE CHOCOLATE BLANCO Y PIMIENTA
• Para 10 scons •

Estos scons están hechos para ser servidos con mermelada de frutilla/fresas. También pueden servirse como galletas rellenas, rellenándolas con frutillas frescas y crema batida.

1. Precaliente el horno a 200° c. y cubra una bandeja para hornear con papel manteca.
2. Revuelva la harina, el azúcar, el polvo de hornear, la sal y la pimienta para combinarlos. Agregue la manteca y córtela dentro de la mezcla usando los dedos o dos cuchillos, hasta lograr una consistencia quebradiza en la que todavía sean visibles los trozos de manteca. Añada el chocolate blanco picado y mezcle hasta que esté bien impregnado.
3. En un bol aparte, bata el huevo, luego agregue batiendo la leche y la vainilla. Integre a la preparación anterior y revuelva hasta que comience a formarse una masa. Luego traslade a una superficie de trabajo.
4. Usando las manos, aplane y doble la masa 2 o 3 veces, hasta que adquiera una textura uniforme. Estire la masa hasta 2,5 cm de espesor y corte los scons con un cortador redondo de 6 cm, volviendo a estirar la masa si fuera necesario para obtener 10 scons (ver fotos en pág. 229).
5. Disponga los scons en la placa dejando 3 cm. de distancia entre ellos y pincele las superficies con leche. Hornee aproximadamente 15 minutos, o hasta que se hayan dorado uniformemente.
6. Es mejor servir los scons en el día que fueron horneados, pero pueden ser recalentados al día siguiente por 5 minutos en horno a 150° c.

410 ml de harina

1 cdta (15 ml) de azúcar

2 ½ cdtas (12 ml) de polvo de hornear

½ cdta (2 ml) de sal

½ cdta (2 ml) de pimienta negra

6 cdas (90 ml) de manteca sin sal, refrigerada y cortada en pedazos

125 gr de chocolate blanco picado o 1 taza (250 ml) de chips de chocolate blanco

1 huevo

6 cdas (90 ml) de leche fría, más un extra para pincelar

1 cdta (5 ml) de esencia de vainilla

SCONS DE GROSELLAS
• Para 16 scons •

Consistentes y de una textura hojaldrada, estos scons de estilo simple resultan adecuados tanto para el desayuno como para la hora del té, y pueden ser untados con cualquier mermelada.

1. Precaliente el horno a 200° c. y cubra una placa para hornear con papel manteca/sulfurizado.
2. Combine la harina, el azúcar, el polvo de hornear, la sal, la ralladura de limón y la nuez moscada.
3. Agregue la manteca, ayudándose con los dedos o cuchillos, hasta que la mezcla sea quebradiza pero aún sean visibles los pedazos de manteca.
4. En un bol aparte, bata el huevo y la yema, luego agregue batiendo la taza (250 ml) de leche. Añada a la preparación anterior e integre con una cuchara de madera hasta que la masa comience a unirse, para luego pasarla a una superficie de trabajo (la masa se sentirá pegajosa).
5. Rocíe las grosellas sobre la masa y presiónelas dentro mientras aplana la masa con las manos y luego la dobla a la mitad (lograr esto toma repetir 4 o 5 veces el proceso de doblado, ver foto en la página opuesta).
6. Dé a la masa forma de cuadrado y estire suavemente hasta lograr un cuadrado de 20 cm, espolvoreando ligeramente con harina si fuera necesario. Corte la masa en 16 scons cuadrados y colóquelos en la placa preparada, dejando 3 cm de espacio entre ellos.
7. Pincele los scons con leche y hornee 15 minutos, o hasta que se hayan dorado uniformemente. Es mejor servir los scons el mismo día en que fueron horneados, pero pueden ser recalentados al día siguiente 5 minutos en horno a 150° c.

3 tazas (750 ml) de harina

¼ taza (60 ml) de azúcar

4 cdtas (20 ml) de polvo de hornear

½ cdta (2 ml) de sal

½ cdta (2 ml) de ralladura de limón

1/8 cdta (0.5 ml) de nuez moscada molida

¾ taza (185 ml) de manteca sin sal refrigerada y cortada en pedazos

1 huevo

1 yema

1 taza (250 ml) de leche fría, más un extra para pincelar los scons

½ taza (125 ml) de grosellas secas

Dando forma a la masa para hacer scons.

SCONS DE ARÁNDANOS ROJOS Y TRIGO ESPELTA

• Para 12 scons •

bajo en grasas

Estos scons son saludables y sabrosos, con un exterior crujiente protegiendo un centro tierno. La harina de espelta tiene notas de nuez. Para una versión más dulce, puede utilizar arándanos secos en lugar de los frescos o congelados.

1. Precaliente el horno a 190° c. y cubra una placa para horno con papel manteca.
2. Mezcle revolviendo la harina de espelta, la harina integral, el azúcar, el polvo de hornear, la sal y la canela en un bol grande. En un bol aparte, bata el huevo, luego agregue el buttermilk y el aceite vegetal. Añada el líquido a la harina y revuelva hasta unirlos. Agregue revolviendo los arándanos (si está usando congelados, no hay necesidad de descongelarlos).
3. Vierta la masa en cucharadas grandes (o con una cuchara para helado) en la placa para horno preparada, dejando 4 cm entre cada scon. Hornee los scons por 15-18 minutos, hasta que las bases comiencen a dorarse. Se conservarán en un contenedor hermético por 2 días.

1 taza (250 ml) de harina de trigo espelta

1 taza (250 ml) de harina de trigo integral

7 cdas (105 ml) de azúcar Demerara o azúcar negro

1 cda (15 ml) de polvo de hornear

½ cdta (2 ml) de sal

½ cdta (2 ml) de canela molida

1 huevo

1 taza (250 ml) de buttermilk (ver pág. 323)

2 cdas (30 ml) de aceite vegetal

1 taza (250 ml) de arándanos rojos frescos o congelados

Scons de chocolate blanco y pimienta, arriba a la izquierda (pág. 227), *Scons de grosellas*, arriba a la derecha (pág. 228), *Scons de arándanos rojos y trigo espelta*, abajo a la izquierda (pág. 228), y *Scons de manzana, cheddar y nueces*, abajo a la derecha (pág. 226)

ROLLS ESPECIALES
• Para 6 rolls grandes •

*L*o que hace a estos rolls especiales es su relleno de queso cremoso y azúcar negro, que agrega una impresionante e inesperada sorpresa de cremosidad a cada bocado: realmente especial.

1. Para la masa, mezcle la leche, la levadura, el azúcar y el huevo hasta unirlos. Viértalo en un batidor de pie con el accesorio de gancho, o utilice una cuchara de madera, y agregue la harina, la sal y la nuez moscada mientras mezcla. Continúe mezclando hasta que se hayan combinado uniformemente. Agregue la manteca, y continúe mezclando hasta que se forme la masa (no es necesario amasar). Transfiera a un bol ligeramente engrasado, tape con film transparente, y deje leudar hasta que aumente su tamaño 1 ½ veces, alrededor de 2 horas.

2. Mientras, prepare el relleno. Bata el queso crema y la manteca, luego agregue batiendo el azúcar rubia, la vainilla y la canela. Reserve a un costado.

3. Engrase un molde cuadrado de 20 cm. Coloque la masa leudada en una superficie de trabajo levemente enharinada. Estire la masa formando un rectángulo de aproximadamente 38 cm. x 25 cm. Esparza el relleno de queso crema uniformemente sobre la masa y enróllelo desde el lado largo. Rebánelo en 6 rolls y dispóngalos en el molde preparado. Cubra el molde con un paño de cocina y déjelo reposar por 30 minutos.

4. Precaliente el horno a 175º c. Destape los rolls y hornéelos por aproximadamente 30 minutos, hasta que se hayan dorado uniformemente. Deje enfriar los rolls por 15 minutos.

5. Para el glaseado, bata el azúcar impalpable y la leche, y utilice un tenedor para rociar el glaseado sobre los rolls. Los rolls se sirven mejor calientes, pero pueden servirse a temperatura ambiente, se conservan hasta un día.

MASA:

¾ taza (185 ml) de leche a temperatura ambiente

2 cdtas (10 ml) de levadura instantánea

2 cdas (30 ml) de azúcar

1 huevo a temperatura ambiente

2 tazas (500 ml) de harina

½ cdta (2 ml) de sal

¼ cdta (1 ml) de nuez moscada

¼ taza (60 ml) de manteca sin sal a temperatura ambiente

RELLENO:

125 g de queso crema, a temperatura ambiente

3 cdas (45 mL) de manteca sin sal, a temperatura ambienbte

1 taza (250 ml) de azúcar rubia

1 cdta (5 ml) de esencia de vainilla

½ cdta (2 ml) de canela molida

GLASEADO:

½ taza (125 mL) de azúcar impalpable, tamizada

1 cda (15 mL) de leche

ROLLS DE TRIGO INTEGRAL Y ZANAHORIA
• *Para 12 rolls* •

Aún cuando nunca declararía que éstas facturas son saludables, la harina integral aporta su sabor a nuez y utilizar zanahorias frescas ralladas agrega humedad, por lo que se necesita menos manteca. Para un roll que le recuerde al *carrot cake*, pruebe reemplazar el relleno propuesto abajo por el relleno de queso cremoso de la página 232.

1. Revuelva el buttermilk, el agua tibia y la levadura en un bol grande o en el bol de una batidora de pie con el accesorio de gancho para masas, y déjelo reposar por 5 minutos. Agregue el azúcar, el huevo, la zanahoria, sal, harina común y la integral. Mezcle a velocidad baja hasta unir los ingredientes. Agregue la manteca, aumente la velocidad, y continúe hasta que la preparación tenga una consistencia elástica, aproximadamente 4 minutos (será muy suave y pegajosa). Vierta la masa en un bol apenas aceitado y déjela reposar en un rincón tibio hasta que haya duplicado su volumen, alrededor de 1 ½ hora.

2. Prepare el relleno mezclando la manteca y el azúcar juntos. Agregue revolviendo el jarabe de arce y la canela. Engrase una bandeja para muffins y vierta una cucharadita del relleno en el fondo de cada molde, reservando el resto del relleno para el interior de los rolls.

3. Vuelque la masa sobre una superficie de trabajo generosamente enharinada. Enharine la superficie de la masa y estírela en un rectángulo de 50 cm por 30 cm (la masa no se estirará fácilmente, por ser muy blanda). Esparza el relleno encima y espolvoree con las pasas y las nueces en trozos. Enrolle la masa desde el lado largo y rebánela en 12 rolls. Coloque cada roll en un molde de muffin. Cubra el molde con un paño de cocina y deje que la masa leve por otros 45 minutos.

4. Precaliente el horno a 175º c. Hornee 30 minutos, hasta que se hayan dorado uniformemente y aparezcan totalmente cocidos cuando separe para mirar entre las capas. Deje reposar 5 minutos e invierta el molde sobre una placa. Desmolde dando golpecitos sobre la base. Se sirven calientes o a temperatura ambiente. Se mantienen en recipiente hermético hasta 1 día.

MASA:

1 taza (250 ml) de buttermilk a temperatura ambiente (ver pág. 323)

¼ taza (60 ml) de agua tibia (41º c)

2 ¼ cdta (11 ml/1 paquete) de levadura instantánea

5 cdas (75 ml) de azúcar rubio

1 huevo a temperatura ambiente

1 ½ tazas (375 ml) de zanahoria rallada gruesa sin comprimirla

1 ¾ taza (435 ml) de harina integral

1 ¾ taza (435 ml) de harina

½ cdta (2 ml) de sal

2 cdas (30 ml) de manteca sin sal, a temperatura ambiente

RELLENO:

1/3 taza (80 ml) de manteca sin sal a temperatura ambiente

2/3 taza (160 ml) de azúcar rubio

1/3 taza (80 ml) de jarabe de arce o 60 ml de miel

1 cda (15 ml) de canela molida

½ taza (125 ml) de pasas de uva

½ taza (125 ml) de nueces, en trozos

nota de la cocina de Anna

Si planea servir cualquiera de éstas recetas para el desayuno, no necesita levantarse a las 5 a.m. para comenzar a cocinar. Prepare la receta la noche anterior hasta el paso 3. Pero, luego de colocar los rolls en los moldes, cubra la bandeja con film transparente y refrigere toda la noche. A la mañana siguiente, retire la bandeja de la heladera 45 minutos antes de hornearla, y retome en el paso 4.

ROLLS DE CHOCOLATE Y ARÁNDANOS
• Para 12 rolls •

$\mathcal{E}$stas facturas son parecidas a una torta y son más apropiadas para el postre que para el desayuno.

1. Para la pasta, revuelva todos los ingredientes juntos y deje a un costado mientras prepara la masa.
2. Haga la masa: utilizando batidora eléctrica de mano o de pie, bata la manteca y el azúcar hasta adquirir una consistencia esponjosa. Agregue los huevos, uno por vez, uniéndolos bien luego de cada adición. Añada revolviendo la vainilla.
3. En un bol aparte, tamice la harina, el cacao, la canela y la sal. Agregue los ingredientes secos a la mezcla de manteca alternándolos con el buttermilk, comenzando y terminando con los ingredientes secos. Asegúrese que estén bien integrados los ingredientes y raspe el bol luego de cada adición. Agregue revolviendo la pasta del paso 1 y añada los arándanos secos y los chips de chocolate (la mezcla será húmeda y pegajosa). Coloque la masa en un bol grande y ligeramente aceitado. Cubra con film transparente y deje leudar, en la heladera, durante la noche.
4. Prepare el relleno batiendo la manteca hasta que esté esponjosa, luego agregue batiendo el azúcar impalpable y el cacao. Engrase una bandeja para muffins.
5. Vuelque la masa sobre una superficie de trabajo generosamente enharinada. Enharine la superficie de la masa y estírela en un rectángulo de 50 cm por 30 cm (la masa no se estirará fácilmente, por ser muy blanda). Esparza el relleno encima y espolvoree con las pasas y las nueces en trozos. Enrolle la masa desde el lado largo y rebánela en 12 rolls. Coloque cada roll en un molde de muffin. Cubra el molde con un paño de cocina y deje que la masa leve 1 hora.
6. Precaliente el horno a 175° c.
7. Bata el huevo con el agua, pincele los rolls con la mezcla de huevo y hornee aproximadamente 50 minutos o hasta que vea, separando las capas de la preparación, que los rolls se han cocido por completo. Deje enfriar totalmente dentro del molde. Se conservarán en un contenedor hermético hasta 2 días.

PASTA:
¾ taza (185 ml) de leche a temperatura ambiente
2 cdas (30 ml) de azúcar
1 cda (15 ml) de levadura instantánea seca
¼ taza (60 ml) de cacao en polvo, tamizado
¼ taza (60 ml) de harina

MASA:
¾ taza (185 ml) de manteca sin sal a temperatura ambiente
½ taza (125 ml) de azúcar
3 huevos, a temperatura ambiente
2 cdtas (10 ml) de extracto de vainilla
4 tazas (1 l) de harina 0000
1/3 taza (80 ml) de cacao en polvo
1 cdta (5 ml) de canela molida
1 cdta (5 ml) de sal
1 ½ tazas (635 ml) de buttermilk a temperatura ambiente (ver pág. 323)
½ taza (125 ml) de arándanos secos
1 taza (250 ml) de chips de chocolate

RELLENO:
½ taza (125 ml) de manteca sin sal a temperatura ambiente
⅔ taza (160 ml) de azúcar impalpable tamizada
2 cdas (30 ml) de cacao en polvo tamizado
½ taza (125 ml) de arándanos secos

PARA PINCELAR:
1 huevo
2 cdas (30 mL) de agua

Rolls de chocolate y arándanos, arriba a la izquierda (pág. 234), *Rolls calientes cruzados,* arriba a la derecha (pág. 236), *Rolls de trigo integral y zanahoria,* abajo a la izquierda (pág. 234), y *Rolls especiales,* abajo a la derecha (pág. 232)

ROLLS CALIENTES CRUZADOS
• Para 12 rolls •

libre de huevo

Un clásico de la primavera, los bollitos dulces típicos de Canadá duplican su coeficiente de satisfacción cuando se hornean y rellenan como rolls.

1. Para la masa, revuelva la leche, el azúcar, la levadura, la cáscara de limón y la vainilla con un batidor de pie o a mano y déjela reposar por 5 minutos. Agregue la harina, la sal, la nuez moscada, la canela, las grosellas y las cáscaras cítricas y mezcle hasta unirlos. Utilizando un accesorio de gancho, amase hasta lograr una consistencia elástica, pero en la que la masa aún se pegue al fondo del bol (o, si amasara a mano, mezcle hasta lograr una masa rígida, luego vuelque en una superficie sutilmente enharinada y amase hasta que esté elástica pero aún pegajosa). Coloque la masa en un bol grande y ligeramente aceitado, cubra con plástico y déjela en un lugar caliente y libre de corrientes de aire por $1\frac{1}{2}$ horas.

2. Prepare el relleno revolviendo la manteca y el azúcar rubio. Agregue revolviendo el jarabe de arce y la canela. Engrase un molde de 23x33 cm y esparza la mitad del relleno en el fondo del molde, reservando el resto para el interior de los rolls.

3. Vuelque la masa sobre una superficie de trabajo enharinada. Enharine la superficie de la masa y estírela en un rectángulo de 50 cm por 30 cm (se estirará fácilmente por ser muy blanda). Esparza el relleno reservado encima. Enrolle la masa desde el lado largo y rebánela en 12 rolls. Colóquelos en el molde, dejando espacio entre ellos para que se expandan. Cubra el molde con un paño de cocina o envuélvalo con plástico y refrigere durante la noche.

4. A la mañana siguiente, precaliente el horno a 175° c.

5. Hornee los rolls por 40-45 minutos, hasta que adquieran un intenso color dorado. Mientras los rolls se hornean, prepare el glaseado caliente.

6. Para el glaseado: mezcle el azúcar, el jugo de limón y el agua en una cacerola pequeña a fuego medio. Caliente hasta que el azúcar se haya disuelto. Apenas los rolls salgan del horno, practíqueles agujeros con una brochette de bambú y pincélelos repetidamente con el glaseado, permitiendo que el mismo se absorba. Deje enfriar dentro del molde y sirva.

MASA:

2 ¼ tazas (560 ml) de leche a temperatura ambiente

½ taza (125 ml) de azúcar

1 cda (15 ml) de levadura instantánea

1 ½ cdta (7.5 ml) de cáscara de limón finamente rallada

1 cdta (5 ml) de extracto de vainilla

4 ½ tazas (1.125 l) de harina

1 cdta (5 ml) de sal

½ cdta (2.5 ml) de nuez moscada molida

¼ cdta (1 ml) de canela molida

1 ¼ tazas (310 ml) de grosellas secas

¾ taza (185 ml) de cáscaras de cítricos caramelizadas, cortadas en dados (pág. 321)

RELLENO:

1/3 taza (80 ml) de manteca sin sal, a temperatura ambiente

2/3 taza (160 ml) de azúcar rubio

1/3 taza (80 ml) de jarabe de arce

1 cda (15 ml) de canela molida

GLASEADO:

½ taza (125 ml) de azúcar

2 cdas (30 ml) de jugo de limón

2 cdas (30 ml) de agua

239 || Notas sobre postres festivos

TRIFLES

240 || Trifle de pan de jengibre y chocolate

241 || Trifle de crema, frutas y vino dulce

242 || Trifle de peras, Grand Marnier y chocolate blanco

246 || Trifle de manzana y crema de bourbon

ARROLLADOS

245 || Arrollado de chocolate y frambuesas

248 || Arrollado de café y avellanas

FRUITCAKES

250 || Aro de fruitcake liviano

252 || Budines navideños de whisky

CASA DE PAN DE JENGIBRE

254 || Casa de pan de jengibre

NOTAS SOBRE POSTRES FESTIVOS

Las fiestas son el tiempo perfecto para cocinar con familia y amigos, pero no solo para ellos. Los postres de este capítulo tienen la intención de impresionar y alimentar a un grupo más grande. Además, pueden prepararse con anticipación, por lo que usted puede involucrarse en las otras actividades que llenan su cronograma durante esas semanas.

TRIFLE DE PAN DE JENGIBRE Y CHOCOLATE

• *Para un trifle de 12 a 16 porciones (3 L)* •

La receta de pan de jengibre que utilizo aquí es la responsable de la humedad y blandura por la cual no es necesario pincelar con jarabe o licores la masa de este trifle. La salsa de chocolate negro funciona como el relleno de una trufa entre las capas de crema y galleta.

1. Para la crema pastelera de canela, hierva la leche y la canela a fuego medio. En un bol, bata las yemas, la maicena, el azúcar rubio y la vainilla. Lentamente vierta la leche caliente a la mezcla de huevo, batiendo constantemente hasta que toda la leche haya sido agregada. A fuego medio, bata hasta que la crema se espese y se torne brillante, aproximadamente 5 minutos.

2. Retire del fuego y agregue revolviendo la manteca hasta que se derrita. Cuele la mezcla dentro de un bol y cubra directamente la superficie de la crema con film transparente en contacto. Refrigere hasta que se haya enfriado completamente.

3. Para la salsa de chocolate, caliente la leche condensada y el chocolate a fuego lento, revolviendo hasta que se derrita. Agregue batiendo el agua y deje a un costado.

4. Cuando esté listo para el armado, bata la crema a un pico suave. Agregue la mitad de la crema batida a la crema pastelera, revolviendo con movimientos envolventes. Añada la cucharadita de azúcar a la mitad de crema restante, refrigere y reserve para la cobertura.

5. Arme el postre: corte el pan de jengibre a la mitad, luego corte rebanadas de 1 cm. de cada mitad. Disponga una capa de pan de jengibre al fondo de una fuente para trifles de 3 L (12 porciones). Vierta $^1/_3$ de la salsa de chocolate sobre el pan de jengibre y esparza. Vierta $^1/_3$ de la mezcla de crema pastelera de canela sobre la salsa de chocolate y esparza. Cubra la crema pastelera con una capa de pan de jengibre, y repita el proceso otras 2 veces, finalizando con la pastelera de canela. Refrigere el postre hasta que esté listo para servir.

6. Para servir, esparza la crema batida refrigerada sobre el postre y decore con los rulos de chocolate y la canela.

CREMA PASTELERA DE CANELA:

3 tazas (750 ml) de leche con 2% de grasa
1 cucharadita (5 ml) de canela molida
4 yemas grandes
½ taza (125 ml) de maicena
½ taza (125 ml) de azúcar rubio
1 cdta (5 ml) de extracto de vainilla
2 cdas (30 ml) de manteca sin sal

SALSA DE CHOCOLATE AMARGO:

1 lata (300 ml) de leche condensada
90 gr. de chocolate semiamargo, picado
½ taza (125 ml) de agua

ARMADO:

1 taza (250 ml) de crema para batir
1 cucharadita (5 ml) de azúcar
1 receta de Torta de Jengibre Clásica (página 134), fría
Rulos de chocolate (pág. 321), c/n para decorar
Canela, c/n para decorar

TRIFLE DE CREMA, FRUTAS Y VINO DULCE
• Para un trifle de 10 tazas (2.5 l) | 10-12 porciones •

Si no tiene vino Icewine a su disposición, puede reemplazarlo con vino Marsala dulce o jerez dulce.

1. Para las frutas en vino, hierva todas las frutas con el azúcar y el vino de su elección, sin tapar, hasta que se ablanden y el líquido se haya reducido a la mitad, aproximadamente 20 minutos. Deje enfriar, luego refrigere hasta que esté todo listo para ensamblar el trifle

2. Para la cobertura, bata la crema a un pico suave y agregue revolviendo el azúcar y el vino de su elección. Refrigere hasta que esté todo listo para ensamblar.

3. Para el relleno de crema, bata la crema a un pico suave y agregue revolviendo el extracto de vainilla. Refrigere. Vierta agua en una cacerola hasta colmar 5 cm. y hierva a fuego medio. En un bol de metal o vidrio, bata las yemas, el azúcar y el vino de su elección, luego disponga sobre la cacerola con agua hirviendo y bata constantemente hasta lograr el punto letra. Retire del calor.

4. Agregue batiendo el queso mascarpone o el queso cremoso (con batidora eléctrica si prefiere); si la mezcla sigue caliente, refrigere hasta que alcance al menos temperatura ambiente. Integre al relleno. Deje a un costado hasta que esté listo para armar.

5. Para la base de vainillas, mezcle el agua, el azúcar y el vino de su elección hasta que el azúcar se haya disuelto.

6. Para ensamblar, sumerja las vainillas en la base líquida sólo por un momento, de modo que se remojen pero no se empapen. Cubra el fondo de un bol de 10 tazas (2,5 L) con la mitad de las vainillas remojadas. Esparza la mitad del relleno de crema sobre las vainillas y disponga encima, con una cuchara, la mitad de las frutas al vino. Repita con la segunda mitad de las vainillas, el relleno de crema y la fruta. Esparza la crema batida sobre el trifle y refrigere hasta servir.

FRUTAS AL VINO:
2 peras, peladas y cortadas en cubos

2 duraznos, pelados y cortados en cubos

2 ciruelas rojas o negras, descarozadas y cortadas en cubos

3 damascos, descarozados y cortados en cubos

1 taza (250 ml) de azúcar

½ taza (125 ml) de Icewine, u otro vino blanco dulce

COBERTURA:
1 taza (250 ml) de crema para batir

2 cdtas (10 ml) de azúcar

2 cdas (30 ml) de vino de hielo

RELLENO DE CREMA:
1 taza (250 ml) de crema para batir

1 cda (15 ml) de extracto de vainilla

5 yemas grandes

½ taza (125 ml) de azúcar

1/3 taza (80 ml) de Icewine, Marsala o jerez

450 g de mascarpone o 500 g de queso crema, a temperatura ambiente

BASE DE VAINILLAS/BIZCOCHOS DE SOLETILLA:
1 ½ tazas (375 ml) de agua

1/3 taza (80 ml) de azúcar

½ taza (125 ml) de Icewine, Marsala o jerez

1 paquete grande de vainillas/bizcochos de soletilla/soletas

TRIFLE DE PERAS, GRAND MARNIER Y CHOCOLATE BLANCO
• *Para un trifle de 8 tazas (2 L) | 12 porciones* •

Si usted no tiene un bol para trifles (típicamente de lados planos y con un pie), puede usar cualquier otro bol de vidrio. Lo que cuenta es que pueda ver el trifle y todas sus capas encantadoras.

1. Precaliente el horno a 175° C, y cubra el fondo y los costados de un molde cuadrado de 20 cm con papel manteca.

2. Bata los huevos y el azúcar a velocidad alta hasta el punto letra (cuando hayan duplicado su volumen y se formen dibujos firmes al volcar una cucharada de mezcla sobre la preparación), aproximadamente 5 minutos. Agregue batiendo el extracto de vainilla (o la pasta, si la usara). Tamice la harina sobre los huevos y rápidamente agréguela revolviendo de forma envolvente. Vierta la mezcla en el molde preparado y nivélela.

3. Hornee la torta por 18-20 minutos, hasta que la superficie sea de un dorado uniforme y vuelva a su forma luego de ser presionada suavemente con el dedo. Deje enfriar a temperatura ambiente (la torta puede hornearse con un día de anticipación y almacenarse, envuelta en un film transparente).

4. Prepare la crema de chocolate blanco: caliente la leche y las semillas de la vaina de vainilla (o la pasta, si la usara) a fuego medio. Bata las yemas, el azúcar y la maicena en un bol pequeño. Coloque el chocolate blanco y la manteca en un bol más grande, y disponga un colador encima. Una vez que la leche esté a punto de hervir (cuando las burbujas apenas comiencen a aparecer en la superficie), agregue batiendo lentamente la mitad de la leche a la mezcla de huevo; luego transfiera esto de vuelta a la cacerola a fuego medio y bata hasta que comiencen a aparecer burbujas, aproximadamente 4 minutos. Vierta esta crema caliente sobre el chocolate blanco y la manteca a través del colador. Deje reposar 1 minuto, luego bata hasta que el chocolate

BIZCOCHO DEL TRIFLE:
3 huevos a temperatura ambiente
½ taza (125 ml) de azúcar
½ cucharadita (2 ml) de extracto o pasta de vainilla
¾ taza (185 ml) de harina

CREMA DE CHOCOLATE BLANCO:
1 ½ tazas (375 ml) de leche
½ vaina de vainilla o 1 ½ cucharadita (7.5 ml) de pasta de vainilla
4 yemas
¼ taza (60 ml) de azúcar
3 cdas (45 ml) de maicena
90 gr. de chocolate blanco picado
3 cdas (45 ml) de manteca sin sal
2 cdas (30 ml) de Grand Marnier

PERAS ESCALFADAS:
2 peras
2 tazas (500 ml) de agua
1 taza (250 ml) de azúcar
1 naranja ombligo pelada y rebanada
2 cucharadas (30 ml) de Grand Marnier

ARMADO:
⅓ taza (80 ml) de jalea de grosella roja
rulos de Chocolate (blanco) (página 321)

CONTINUACIÓN ...

CONTINUACIÓN . . .

y la manteca se hayan derretido. Agregue revolviendo el Grand Marnier. Coloque un film transparente directamente sobre la superficie de la natilla, deje enfriar a temperatura ambiente y luego refrigere.

5. Pele las peras, córtelas a la mitad y extraiga los corazones con una cuchara parisina/scabolas/vaciador de melones o una cucharita de té. Colóquelas en una cacerola pequeña con el agua, el azúcar y las rebanadas de naranja. Coloque una tapa directamente sobre las peras (ésta puede ser una tapa un poco más pequeña que la cacerola o un disco de papel manteca): esto permitirá que el líquido hierva sobre toda la superficie de las peras, las cuales flotarán en el líquido. Hierva las peras hasta que cedan fácilmente al ser perforadas con un cuchillo: dependiendo de la madurez de las peras, esto puede tomar entre 8 y 20 minutos. Deje enfriar las peras en el líquido y colóquelas en un bol utilizando una espumadera. Rocíe el Grand Marnier sobre las peras y refrigérelas hasta que esté todo listo para ensamblar.

6. Para el armado, rebane el bizcocho horizontalmente utilizando un cuchillo para pan. Revuelva la jalea de grosella roja para ablandarla y espárzala sobre la superficie del medio de la torta. Coloque la tapa de bizcochuelo sobre la jalea y recorte apenas 1 cm de los bordes externos. Corte la torta a la mitad, luego corte cada mitad en 12 "dedos" de torta. Disponga éstos dedos alrededor del interior de un bol para trifles de vidrio de 8 copas (2 L) de modo que la capa de jalea se vea desde el exterior. Disponga cualquier rebanada restante sobre el fondo del bol. Escurra las peras refrigeradas, guardando el líquido, y pincele la torta con dicho líquido. Rebane las peras bien finas y dispóngalas al fondo del bol. Revuelva la crema de chocolate fría para ablandarla y viértala sobre las peras. Refrigere hasta servirlo. Decore el trifle con rulos de chocolate antes de servir.

ARROLLADO DE CHOCOLATE Y FRAMBUESAS
• *Para un tronco de navidad de 25 cm.* | *Cortar en 12 porciones* •

El frosting de Merengue con estilo de malvavisco que recubre este arrollado de Navidad recuerda a la nieve: algo perfecto para evocar a las fiestas.

1. Precaliente el horno a 175º C. y cubra un molde para arrollados de 39 x 26 cm. con papel de aluminio.
2. Caliente la leche y la manteca hasta derretir la manteca. Mantenga caliente.
3. Bata los huevos y el azúcar en un bol grande de metal o de vidrio, y coloque el bol sobre una olla con agua hirviendo, batiendo hasta que la mezcla alcance aproximadamente 41° C. Bata ésta mezcla a velocidad alta hasta que se torne de un color amarillo pálido y alcance el punto letra (ver glosario, pág. 323), aproximadamente 5 minutos. Agregue batiendo la vainilla.
4. Tamice la harina, el cacao y la sal en un bol, luego, mientras bate a velocidad media, rápidamente agregue espolvoreando la mezcla de harina a la mezcla de huevo, batiendo sólo hasta incorporarlas. Vierta aproximadamente 1 taza (250 ml) de la preparación en la mezcla caliente de leche y revuelva con una cuchara. Lleve esto a la cacerola con la mezcla de leche y revuelva. Vierta la mezcla en el molde preparado y distribuya uniformemente (la mezcla será bastante líquida).
5. Hornee durante aproximadamente 15 minutos, hasta que la masa se retraiga al ser presionada gentilmente en el centro. Déjela enfriar por 5 minutos.
6. Mientras la torta aún esté caliente, espolvoréela con azúcar impalpable y deslice un cuchillo por los bordes exteriores para despegarla. Coloque un paño de cocina limpio sobre la torta, luego una tabla o placa para horno e inviértala. Desmolde. Con cuidado retire el papel manteca, espolvoree con azúcar impalpable y coloque un segundo paño de cocina por encima de la torta. Desde el lado corto, enrolle y deje enfriar por completo entre los paños de cocina. Éste paso le dará "memoria" al arrollado para no quebrarse o agrietarse al ser rellenado.
7. Cuando el arrollado se haya enfriado, prepare la receta de Frosting de Merengue con Jarabe de Arce y rellene mientras la cobertura aún está caliente. Desenrolle el arrollado y retire los paños de cocina. Revuelva la mermelada de frambuesa para ablandarla y espárzala sobre la torta. Esparza la mitad del Frosting sobre la mermelada y enrolle. Con cuidado, levante el arrollado y trasládelo a la fuente donde lo servirá. Esparza la cobertura restante sobre toda la superficie. Cubra con frambuesas frescas y virutas de chocolate y refrigere hasta el momento de servir. La torta se conservará en la heladera hasta 3 días.

TORTA:

¼ taza (60 ml) de leche
3 cdas (45 ml) de manteca sin sal
5 huevos
¾ taza (185 ml) de azúcar
1 cdta (5 ml) de extracto de vainilla
¾ taza (185 ml) de harina refinada para repostería (0000)
1/3 taza (80 ml) de cacao en polvo
¼ cdta (1 ml) de sal
Azúcar impalpable para espolvorear

RELLENO:

1 receta de Frosting de Merengue con Jarabe de Arce (página 153)
¾ taza (185 ml) de mermelada de frambuesa
1 taza (250 ml) de frambuesas frescas
Virutas de chocolate (negro) para decorar

TRIFLE DE MANZANA Y CREMA DE BOURBON
• Para un trifle de 12-tazas (3 L) | Rinde 12 a 16 porciones •

*N*o es un típico trifle, pero este postre navideño se logra apilando capas de manzana con una crema pastelera con matices de whiskey bourbon y nueces pecan tostadas.

1. Lleve la crema y la leche a ebullición en una cacerola pequeña. En un bol aparte, bata las yemas, el azúcar rubio, la maicena y la vainilla. Mientras bate, vierta suavemente la crema caliente, luego vuelva la mezcla a la cacerola. Bata la crema a fuego medio hasta que se haya espesado y comience a burbujear, alrededor de 3 minutos. Cuele la crema en un bol, y agregue revolviendo la manteca. Coloque un trozo de film transparente en contacto con la superficie de la crema -para que no se formen costras- y refrigere por completo. Una vez fría, agregue revolviendo 3 cucharadas (45 mL) de bourbon.

2. Monte la crema a medio punto. Incorpore 1 taza (250 mL) de la crema montada en la crema pastelera. Agregue revolviendo el azúcar, la vainilla, y 2 cucharadas (30 mL) de bourbon en la crema montada restante.

3. Para el armado, disponga de a cucharadas la mitad del crujiente de frutas en un bol de 3 L (12 tazas) para trifles y rocíe con bourbon. Cubra las frutas con la mitad de la crema pastelera y disponga encima la mitad de las nueces pecan. Cubra esto con lo que queda del horneado de frutas, rocíe con bourbon, y termine con la crema pastelera y las nueces pecan. Esparza la crema batida encima de todo y espolvoree ligeramente con canela. Refrigere hasta que esté listo para servir.

CREMA PASTELERA:
½ taza (125 mL) de crema
½ taza (125 mL) de leche
4 yemas
¼ taza (60 mL) de azúcar rubio
2½ cdas (37.5 mL) de maicena
2 cdtas (10 mL) de extracto de vainilla
2 cdas (30 mL) de manteca (mantequilla) sin sal
3 cdas (45 mL) de bourbon

CREMA MONTADA:
1½ tazas (375 mL) de crema batida
2 cdas (30 mL) de azúcar
1 cdta (5 mL) de extracto de vainilla
2 cdas (30 mL) de bourbon, más cantidad adicional para rociar

ARMADO:
1 receta de crujiente de frutas, hecho con manzanas (pág. 123), refrigerado
1½ tazas (375 mL) de nueces pecan en mitades, ligeramente tostadas
Canela molida, para decorar

ARROLLADO DE CAFÉ Y AVELLANAS
• *Para un arrollado de 25 cm* | *Rinde 12 porciones* •

*A*vellanas: le agregan un toque festivo a todo, y también a este arrollado. La mousse de chocolate sirve tanto como relleno y cobertura, y contiene el suficiente sabor a café como par aacentuar el sabor de la avellana, sin avasallar.

1. Precaliente el horno a 175° C. y cubra un molde para arrollados de 39 x 26 cm. con papel de aluminio.
2. Pase las avellanas, la harina y la sal por la procesadora hasta que las avellanas estén finamente molidas.
3. Bata los huevos y el azúcar en un bol grande de vidrio o metal, y coloque el bol sobre una cacerola con agua apenas hirviendo. Bata hasta que la mezcla se haya calentado a 41° C. Luego suba la velocidad a alta y continue batiendo hasta que adquiera un color amarillo pálido y alcance el punto letra (ver glosario, pág. 323), aproximadamente 7 minutos. Agregue batiendo la vainilla. Rápidamente sume la mezcla de avellanas mientras bate a velocidad media. Bata lo necesario para incorporar las dos mezclas, cuide de no sobre batir. Vierta aproximadamente 1 taza de la preparación en una fuente con el aceite de avellanas o vegetal, y mezcle hasta unirlos. Transfiera nuevamente a la preparación principal e incorpórela a mano. Luego vierta en el molde preparado y distribuya uniformemente.
4. Hornee durante alrededor de 15 minutos, hasta que la torta se retraiga al ser presionada gentilmente en el centro. Deje enfriar por 5 minutos.
5. Mientras la torta sigue caliente, espolvoree su superficie con azúcar impalpable y deslice un cuchillo por los bordes para despegarla. Coloque un paño de cocina limpio sobre la torta, luego una tabla o placa para horno e inviértala. Desmolde. Con cuidado retire el papel manteca, espolvoree con azúcar impalpable y coloque un segundo paño de cocina sobre la torta. Desde el lado corto, enrolle y deje enfriar por completo entre los paños de cocina. Éste paso le dará "memoria" al arrollado para no quebrarse o agrietarse al ser rellenado.
6. Para preparar la mousse, caliente la crema, la leche descremada en polvo y el café instantáneo en una pequeña olla hasta el punto justo antes de ebullición, y vierta sobre el chocolate. Deje reposar 1 minuto, hasta que el chocolate se haya derretido por completo. Deje enfriar a temperatura ambiente, luego refrigere hasta enfriar por completo, aproximadamente 2 horas.
7. Bata la preparación anterior hasta que forme picos medios, luego agregue revolviendo el licor de avellanas o el brandy, luego la vainilla.
8. Armado: desenrolle con cuidado la torta fría y retire los paños. Esparza encima la mitad de la mousse y vuelva a enrollarla. Disponga en la fuente donde va a servir. Cubra con la mitad restante de la mousse (si ésta comenzara a endurecerse mientras la esparce, aligérela con un poco más de crema líquida). Espolvoree con un poco de cacao en polvo y refrigérelo hasta servirlo. Este arrollado se conservará en la heladera hasta 2 días.

BIZCOCHUELO:
½ taza (125 ml) de avellanas peladas y tostadas
½ taza (125 ml) de harina refinada para repostería (0000)
¼ cdta (1 ml) de sal
6 huevos
2/3 taza (160 ml) de azúcar
1 cdta (5 ml) de extracto de vainilla
3 cdtas (45 ml) de aceite de avellana o aceite vegetal
Azúcar impalpable para espolvorear

MOUSSE DE CHOCOLATE AL CAFÉ:
1½ tazas (375 mL) de crema para batir
1½ cdas (22.5 mL) de leche en polvo descremada
1 cda (15 mL) de café instantáneo
150 g de chocolate semiamargo, picado
2 cdas (30 mL) de licor de avellanas o brandy
1 cdta (5 mL) de extracto de vainilla
Cacao en polvo, para espolvorear

nota de la cocina de Anna

Para consejos sobre tostar nueces, diríjase a la página 55. La clave para lograr bien este postre reside en que no se quiebre la masa. Para eso es clave enrollar cuando la torta aún está caliente y es más maleable. Una vez que se haya enfriado, puede ser desenrollado suavemente, rellenado y vuelto a enrollar sin que haya quebraduras.

ARO DE FRUITCAKE LIVIANO
• *Para una Bundt cake de 8-tazas (2 L)*
Rinde 20 a 24 porciones •

baja en azúcar

Esta torta navideña posee un color claro y un sabor suave, y es más parecida a una torta de desayuno que a una torta de frutas tradicional. En lugar de tener frutas azucaradas que han sido teñidas de rojo y verde, ésta torta contiene frutas secadas naturalmente que le agregan una profunda intensidad al sabor, y el poco chocolate que tiene realmente funciona junto con el ron.

1. Revuelva las nueces pecan, las ciruelas, los higos, los dátiles, los damascos, la cáscara cítrica y el chocolate con el ron. Cubra y deje reposar por una hora.

2. Precaliente el horno a 160º c. y engrase un molde Bundt de 8 tazas (2 l)

3. Tamice la harina, el polvo de hornear, el clavo de olor y la sal, y agréguelo revolviendo a la fruta. Bata el azúcar, la miel, la leche, las yemas y la vainilla, luego viértalo revolviendo a la mezcla de frutas. Bata las claras hasta alcanzar un pico medio al levantar los batidores, y agréguelas a la mezcla de la torta en dos momentos revolviendo de forma envolvente (las claras se desinflarán un poco, pero es normal).

4. Hornee la torta por aproximadamente 1 hora, hasta que un palillo insertado en el centro de la torta salga limpio. Deje enfriar la torta por 20 minutos en el molde, luego desmolde para enfriar completamente.

5. Mientras aún esté caliente, pincele la superficie de la torta con el ron. Una vez que esté fría, vuelva a pincelarla con ron. Envuelva y almacene la torta por 5 días antes de cortarla. Si la torta de frutas está bien envuelta, se conservará hasta 2 semanas, o puede congelarse hasta por 3 meses.

¾ taza (185 ml) de pacanas en trozos

½ taza (125 ml) de ciruelas en pasas descarozadas

½ taza (125 ml) de higos secos picados

½ taza (125 ml) de dátiles picados descarozados

½ taza (125 ml) de damascos secos

1/3 taza (80 ml) de cáscaras cítricas azucaradas cortadas en cubos (página 321)

90 gr. de chocolate amargo picado

1/3 taza de ron ámbar, más un extra para pincelar la torta

2 ¼ tazas (560 ml) de harina

2 ½ cdas (37.5 ml) de polvo de hornear

¼ cdta (1 ml) de clavo de olor molido

¼ cdta (1 ml) de sal

¾ taza (185 ml) de azúcar

2 cdas (30 ml) de miel

2 huevos, separados

1 cdta (5 ml) de extracto de vainilla

BUDINES NAVIDEÑOS DE WHISKY
• *Para 12 mini fruitcakes* •

libre de lactosa

Estos tradicionales budines navideños de Norteamérica se conocen como fruitcakes y son ideales para aquellos que disfrutan la intensidad de las tortas cargadas de alcohol y frutas. Se empaquetan bien para ser regaladas.

1. Revuelva las pasas, los dátiles, los damascos, los higos, los arándanos, las almendras y las pacanas con la canela, el jengibre, el clavo de olor y la nuez moscada, y agregue revolviendo el whisky. Tape y deje reposar por, al menos, 4 horas, pero no más de 1 día.

2. Precaliente el horno a 150º c. y engrase 12 moldes para pancitos de 5.5 x 10 x 3 cm. Tamice la harina, el polvo de hornear y la sal sobre la fruta, y revuelva hasta incorporarlos.

3. Corte la naranja en cuartos, retire las semillas, y dispóngalas (con cáscara y todo) en una procesadora junto con el azúcar moreno. Pulse hasta lograr un puré. Agregue los huevos y la vainilla y vuelva a procesar. Vierta ésto sobre la fruta y mezcle hasta unir. Llene los moldes con la mezcla.

4. Hornee aproximadamente 40 minutos, hasta que un palillo insertado en el centro de la torta salga limpio. Pincele cada mini tortas con un poco de whisky, luego déjelas enfriar completamente en sus moldes. Desmolde y pincele 2 veces más con whisky antes de envolverlas para guardar. Las tortas deberían reposar por 5 días antes de comerse, y pueden almacenarse hasta 4 semanas.

2 tazas (500 ml) de pasas de uva
1 taza (250 ml) de dátiles descarozados y picados
1 taza (250 ml) de damascos picados y secos
1 taza (250 ml) de higos picados y secos
1 taza (250 ml) de arándanos picados y secos
1 taza (250 ml) de almendras fileteadas
1 taza (250 ml) de nueces pacanas en mitades
1 cdta (5 ml) de canela molida
1 cdta (5 ml) de jengibre molido
¼ cdta (1 ml) de clavo de olor molido
¼ cdta (1 ml) de nuez moscada molida
1 taza (250 ml) de whisky, más un extra para pincelar
1 ¼ tazas (310 ml) de harina
½ cdta (2 ml) de polvo de hornear
½ cdta (2 ml) de sal
1 naranja entera
1 taza (250 ml) de azúcar moreno
4 huevos a temperatura ambiente
1 cda (15 ml) de extracto de vainilla

CASA DE PAN DE JENGIBRE
• Para 1 casa de jengibre de 23 x 12 cm y 19 cm de altura

Una casa de jengibre lleva un poco de tiempo y planificación, pero no tiene que ser excesivamente difícil y es una tarea que debería compartir con otros. Ésta es una morada de proporciones modestas, por lo que no ocupará por completo la mesa del comedor.

1. Precaliente el horno a 160º c. y cubra 3 bandejas para hornear con papel manteca/sulfurizado.

2. En una superficie ligeramente enharinada, desenrolle el primer disco de galletita de jengibre y forme un rectángulo de aproximadamente 50 cm por 25 cm y 6 mm de grosor. Coloque la parte superior del molde para pan sobre la masa y corte alrededor del borde del molde para obtener dos rectángulos de 23 x 12 cm: estas dos piezas formarán el techo.
Colóquelos en una bandeja de hornear y hornee por aproximadamente 20 minutos, hasta que empiecen a adquirir un color marrón en los bordes. Las piezas de jengibre deberían tornarse firmes después de enfriarse, pero, si aún se sienten blandas, puede devolverlas al horno y hornearlas por otros 5-7 minutos.

3. Repita el paso 2, pero ésta vez utilice la base del molde para recortar de la masa 2 rectángulos de 20 x 10 cm: estos serán los lados largos de su casa. Colóquelos en la siguiente placa para horno y hornee por apenas menos de 20 minutos, hasta que comiencen a adquirir un color marrón en los bordes.

4. Realice un molde o patrón de papel para los las 2 piezas finales de la casa (ver nota en página 254). Repita el paso 2, pero ahora recorte las 2 piezas finales de las casa utilizando el molde que dibujó. Colóquelas en la tercera placa para horno y, si lo desea, corte 8 rectángulos pequeños de la masa restante para hacer de postigos. Hornee los rectángulos pequeños por aproximadamente 12 minutos y las piezas finales por aproximadamente 18 minutos, hasta que los bordes comiencen a adquirir un color marrón. Deje que todas las piezas de la casa se enfríen completamente antes de ensamblarlas.

5. Para el glaseado real, bata las claras con batidora eléctrica de mano o de pie apenas para aflojarlas. Agregue el azúcar impalpable, el jarabe de maíz y el jugo de limón, y bata primero a baja velocidad para unirlos, luego a alta hasta que el glaseado real sea blanco y esponjoso, alrededor de 5 minutos. Mantenga el glaseado bien cubierto mientras ensambla la casa de

ESTRUCTURA:

2 recetas de la masa de Galletas de Jengibre (página 49), modelada en 3 discos, envuelta y refrigerada

GLASÉ REAL:

2 claras
2 tazas (500 ml) de azúcar impalpable tamizada
1 cda (15 ml) de jarabe de maíz
1 cdta (5 ml) de jugo de limón

ENSAMBLADO:

Molde para pan de 23 x 13 cm (2 l), idealmente con lados angulados
Regla
Manga pastelera
Punta plana pequeña
Azúcar impalpable para espolvorear

CONTINUA . . .

CONTINUACIÓN . . .

jengibre (puede almacenarse en un bolsa de plástico resellable a temperatura ambiente: no refrigere).

6. Primero, pinte la decoración en cada pieza de la casa de jengibre- esto es más fácil de hacer antes de ensamblar la torta. Llene una manga pastelera de punta plana con glaseado real. Dibuje un diseño para el techo en las dos piezas más grandes, y dibuje marcos para las ventanas y cualquier otro diseño en las piezas de los lados largos, adhiriendo los postigos en un ángulo utilizando glaseado real. Dibuje puertas y otros detalles deseados en las piezas finales. Deje que el glaseado se seque por, al menos, dos horas.

7. Ensamble los costados de la torta. Coloque glaseado real con la manga en cada borde y una con glasé las piezas de los costados. Usted puede elegir apoyar, con cuidado, un libro contra cada lado para contenerlo en su lugar mientras se seca por 2 horas.

8. Por último, disponga el techo sobre la casa. Aplique con la manga glasé real alrededor de los bordes superiores de los lados ensamblados de la casa y coloque cada pieza de techo encima. Dibuje una línea de glasé para unir las dos piezas del techo y déjelo secar por 2 horas. Un par de libros apilados por debajo de los bordes del techo los mantendrán en su lugar mientras secan.

9. Una vez seca, la casa de jengibre puede ser trasladada a una bandeja de presentación y espolvoreada con azúcar impalpable, o puede agregarle golosinas adicionales si lo desea. Se mantendrá, sin cubrirla, hasta una semana y aún será comestible, y se conservará hasta un mes si se usara sólo para decoración.

nota de la cocina de Anna

Crear una casa de jengibre que no requiera dibujar y trazar un juego elaborado de moldes me tomó un poco de esfuerzo. Buscando en la cocina, descubrí que un molde básico para pan con los costados rectos era la base perfecta, ya que un molde para pan de 13 x 23 cm (2 l) posee una superficie superior más ancha que su fondo, y puede usarse como molde para el techo y los costados de la casa. Solo las fachadas de la casa necesitan un patrón en papel. Para crear las fachadas, calque el frente del molde para pan en un papel: será de 12 cm arriba y 10 cm abajo e irá en declive por los costados. Encuentre el centro en el patrón. Mida 9 cm desde el centro hacia arriba y dibuje líneas desde éste punto hacia los dos extremos del borde superior, formando un triángulo. Ahora ya tiene un molde para recortar, y las piezas finales encajarán con las piezas del costado y del techo.

postres sin lactosa

258 || Notas sobre repostería libre de lactosa

261 || Cuadrados de limón
262 || Scons de jarabe de arce y pasas
264 || Key Lime Pie
264 || Masa para tarta libre de lactosa y libre de huevo
265 || Torta de zanahoria esponjosa
266 || Tarta de vainilla, caramelo y merengue
268 || Mini tartas de manteca sin manteca
270 || Torta libre de lactosa de chocolate
272 || Torta de frutas festiva

Reemplazando la lactosa

Comparado con reemplazar huevos o harina de trigo en una receta, reemplazar leche, manteca y otros productos lácteos es probablemente el más fácil de los desafíos en cuestión de reemplazos. Pero hay algunos productos que funcionan mejor que otros, o que pueden tener otras virtudes que los hacen una opción viable para usted.

Las recetas que utilizan aceite vegetal en éste capítulo han sido especialmente diseñadas y probadas para usarlo en lugar de grasa sólida. Típicamente, el aceite vegetal no puede reemplazar a la manteca en una receta convencional obteniendo resultados similares. El tipo de aceite vegetal que desee usar dependerá de usted, pero cualquier aceite con sabor neutral estará bien.

Reemplazando la Leche de Vaca

En lugar de leche de vaca, utilice una de las siguientes:

leche de almendra tiene un lindo cuerpo y un contenido de grasa adecuado, y además no requiere cambiar las medidas en una receta. Por eso es la leche de reemplazo libre de lactosa que más prefiero. Si usted está cocinando para alguien con alergia a las nueces, no podrá utilizarla.

leche de soja No tan consistente como la leche de almendras, igualmente se cocina aceptablemente bien en muffins, tortas y en otras delicias.

leche de arroz ésta es la alternativa menos favorable a la leche, ya que tiende a tener poca consistencia y carece de la grasa que le da a las comidas horneadas estructura y terneza.

Reemplazando la manteca

En lugar de manteca, utilice una de las siguientes

margarina vegetal la selección de margarinas ha mejorado mucho, incluyendo muchas opciones no hidrogenadas. Utilizar margarina no hidrogenada en lugar de manteca requiere de un trabajo delicado, ya que se integrará en la masa mucho más rápido que la manteca. Seleccione un producto con sabor natural y sin sal.

aceite virgen de coco se está tornando más popular y también más accesible, aún siendo bastante costoso. Diferente al aceite de coco hidrogenado, el aceite virgen de coco es sólido naturalmente (no hidrogenado), haciendo que se comporte de forma similar a la manteca en el horneado. Como la manteca, posee niveles altos de grasas saturadas, pero éste es el menor de dos males cuando se los compara con grasas hidrogenadas (grasas trans). Tiene efectivamente sabor a coco, por lo que puede afectar el sabor final.

manteca vegetal barata y accesible, ésta opción también está cargada de grasas trans. El agregado de átomos de hidrógeno extra a las moléculas de grasa convierte una grasa líquida en una grasa sólida, pero también cambia el modo en que nuestro cuerpo la procesa, aumentando nuestro colesterol malo (LDL) y disminuyendo nuestro colesterol bueno (HDL).

Tanto si usted es intolerante a la lactosa como si está cocinando para alguien que lo es, encontrará éstas delicias fácilmente accesibles, con métodos parecidos a la cocina tradicional y proporciones de los ingredientes que similarmente reemplazan a los productos lácteos

Otras recetas en el libro libres de lactosa:

35	||	Amaretti
39	||	Biscotti de chocolate y almendras
42	||	Biscotti de coco y avellanas
65	||	Cuadraditos de dátiles (variación libre de lactosa)
150	||	Cobertura de 7 minutos
153	||	Cobertura de merengue y jarabe de arce
154	||	Angel Food Cake
154	||	Torta chiffon de chocolate
202	||	Soufflés de frambuesa
212	||	Muffins de la pileta de la cocina
252	||	Budines navideños de whisky
277	||	Pan de banana y nueces
277	||	Muffins de pasas y puré de manzanas
278	||	Cookies de chips de chocolate (variación libre de lactosa)
280	||	Mini tartas de arándanos y crema de coco
282	||	Cupcakes de vainilla
292	||	Brownies
297	||	Pan de banana y naranja
310	||	Postre de arroz con leche de almendras y miel
311	||	Pan de manzana, canela y pasas
316	||	Barras de frutillas, avena y almendras
317	||	Manzanas al horno ricas en fibre

Además de salsas y decoraciones (págs. 319 a 322)

CUADRADOS DE LIMÓN

• Para un molde cuadrado de 20 cm. | Cortar en 25-36 cuadrados •

libre de **lactosa**   *egg-* **free**

Estos fantásticamente ácidos cuadraditos se preparan en instantes. El tofu suave reemplaza la necesidad de huevo, y cuando hice la prueba de sabores con mi madre, ¡prefirió éstos cuadrados de limón a mis clásicos cuadrados de limón cargados de lactosa!

1. Precaliente el horno a 175º c. Engrase un molde cuadrado de 20 cm y cúbralo con papel manteca de modo que el papel suba por los costados del molde.

2. Mezcle revolviendo 1 taza (250 ml) de la harina, el azúcar y la cáscara de limón para unirlos. Agregue la margarina y córtela dentro de la mezcla (o el aceite de coco o la manteca vegetal) hasta que la mezcla adquiera una textura áspera y quebradiza, luego agregue revolviendo el 1/3 de taza (80 ml) restante de harina y vierta la mezcla en el molde preparado, presionándola hacia el fondo del molde. Hornee la base por aproximadamente 20 minutos, hasta que los bordes comiencen a tornarse marrones. Mientras se cocina, prepare el relleno

3. Para el relleno, haga un puré, utilizando una procesadora, con el tofu, la margarina (o el aceite de coco o la manteca vegetal) y el azúcar, logrando una consistencia homogénea. Agregue la leche de almendras o de soja, la cáscara de limón, el jugo de limón, la maicena y el polvo de hornear y procese hasta lograr que la mezcla sea homogénea. Vierta la pasta sobre la base (está bien si la base aún sigue caliente) y hornee por 20-25 minutos, hasta que los cuadrados muestren signos de burbujas en los bordes y están fijos pero aún tienen un pequeño temblor al moverlos. Deje enfriar el molde a temperatura ambiente, luego refrigere antes de cortarlo en cuadraditos. Los cuadrados pueden conservarse refrigerados hasta 3 días.

BASE:

1 1/3 tazas (330 ml) de harina

¼ taza (60 ml) de azúcar impalpable

1 cucharadita (5 ml) de cáscara de limón finamente rallada

½ taza (125 ml) de margarina libre de lactosa o aceite de coco virgen

RELLENO:

250 gr. de tofu blando

3 cucharadas (45 ml) de margarina libre de lactosa, aceite de coco virgen o manteca vegetal

½ taza (125 ml) de azúcar

¼ taza (60 ml) de leche de almendras o leche de soja

2 cucharaditas (10 ml) de cáscara de limón finamente rallada

½ taza (125 ml) de jugo de limón fresco

2 cucharadas (30 ml) de maicena

1 cucharadita (5 ml) de polvo de hornear

SCONS DE JARABE DE ARCE Y PASAS

• Rinde 8 scons grandes •

libre de **lactosa** *libre de* **huevo** *bajo en* **grasas**

𝓔stos scons son fáciles de hacer, y usted puede cambiar las pasas por nueces o pacanas.

1. Precaliente el horno a 190° C y cubra una bandeja para horno con papel manteca.

2. Revuelva la harina, el polvo de hornear, la canela, el jengibre y la sal juntos.

3. En un bol aparte, bata la ¾ taza (185 ml) de leche de almendras o de soja, ½ taza (125 ml) del jarabe de arce y el aceite vegetal.

4. Realice un hueco en el centro de la harina y vierta allí el líquido. Revuelva la mezcla hasta que sea demasiado dura para removerla, luego coloque la masa en una superficie de trabajo e introduzca las pasas removiendo la masa. Amase solamente hasta que ésta se haya unido.

5. Forme con la masa un disco de 20 cm. de diámetro y córtela en 8 porciones con forma de triángulo. Coloque los scons en la bandeja para horno, dejando 5 cm entre cada uno. Revuelva la cucharada (15 ml) restante leche de almendras o de soja junto con la cucharada (15 ml) restante de jarabe de arce, y pincele la superficie de los scons.

6. Hornee por 20-25 minutos, hasta que las superficies y las bases de los scons se hayan dorado. Servir calientes o a temperatura ambiente.

7. Los scons se disfrutan más el día que fueron horneados, pero la masa o los scons horneados pueden congelarse (no refrigerar).

3 tazas (750 ml) de harina 0000

2 cdtas (10 ml) de polvo de hornear

1 cdta (5 ml) de canela molida

1 cdta (5 ml) de jengibre molido

¼ cdta (1 ml) de sal

¾ taza (185 ml) + 1 cucharada (15 ml) de leche de almendras o leche de soja

½ taza (125 ml) + 1 cucharada (15 ml) de jarabe de arce puro

3 cdas (45 ml) de aceite vegetal

½ taza (125 ml) de pasas de uva

nota de la cocina de Anna

Me gusta el impacto visual que las pasas Thompson pueden generar, pero prefiero cocinar con pasas rubias, que no son tan dulces.

KEY LIME PIE
• Para una tarta de 23 cm. | Cortar en 8 porciones •

libre de lactosa   **libre de huevo**

Mi versión de la clásica tarta de lima con su relleno ácido pero cremoso. La base sabe igual que una galletita Graham porque utiliza los ingredientes clave de éstas galletitas: harina de trigo integral, miel y un toque de canela, pero por supuesto sin los lácteos o los huevos.

BASE:

1 ½ tazas (375 ml) de harina de trigo integral
¼ taza (60 ml) de aceite vegetal
3 cdas (45 ml) de azúcar negra
3 cdas (45 ml) de miel
Una pizca de canela molida
Una pizca de sal

RELLENO:

360 gr. de tofu blando
1 taza (250 ml) de azúcar
1 cda (15 ml) de cáscara de lima finamente rallada
½ taza (125 ml) de jugo de lima
2 cdtas (10 ml) de extracto de vainilla

DECORACIÓN:

1 taza (250 ml) de frambuesas frescas

1. Precaliente el horno a 175° y engrase sutilmente un plato para tartas de 23 cm.
1. Revuelva la harina, el aceite, el azúcar, la miel, la canela y la sal hasta lograr una masa quebradiza. Presiónela dentro del molde y hornee 15 minutos, luego deje enfriar mientras prepara el relleno.
2. Para el relleno, realice un puré con el tofu, azúcar, cáscara y jugo de lima y vainilla. Vierta sobre la base (no pasa nada si aún está un poco tibia). Hornee unos 25 minutos, hasta que la tarta burbujee en los bordes y el relleno esté firme pero tiemble un poco en el centro. Deje enfriar la tarta a temperatura ambiente, luego refrigere hasta que se asiente, al menos 3 horas.
3. Para servir, decore el borde de la tarta con frambuesas frescas. Se conservará en la heladera hasta 2 días.

MASA PARA TARTA LIBRE DE LACTOSA Y LIBRE DE HUEVO
• Suficiente para una tarta de doble corteza •

receta base

libre de lactosa   **libre de huevo**

Utilizar aceite vegetal en lugar de manteca en una masa de tarta no es una técnica nueva, pero sí requiere de una mano delicada para no sobre trabajar la masa. El polvo de hornear ayuda a que la masa leude, y aunque la pasta no tendrá la misma textura hojaldrada que una pasta de manteca, se derretirá en su boca con el mismo atractivo y tendrá la estructura para contener cualquier relleno.

2 1/3 tazas (580 ml) de harina
1 cda (15 ml) de azúcar
1 cdta (5 ml) de sal
¼ cdta (1 ml) de polvo de hornear
½ taza (125 ml) de aceite vegetal
½ taza (125 ml) de leche fría de almendras o de soja

1. Revuelva a mano la harina, el azúcar, la sal y el polvo de hornear para unirlos.
2. Vierta de una vez el aceite y la leche de almendras o de soja y mezcle rápidamente, apenas hasta que la masa se una -no sobre mezcle (la masa debería tener vetas de aceite atravesándola). Envuélvala y deje aparte por 40 minutos antes de desplegarla. La masa debería ser hecha en el mismo día que será utilizada. No se refrigera o almacena bien si fue hecha con anticipación.

nota de la cocina de Anna

Si usted prefiriera utilizar aceite de coco virgen como la grasa en su receta para masa de tarta libre de lactosa, puede seguir la receta de la Masa doble para Tarta en la página 83 y agregarle 2 cucharadas (30 ml) de agua a la masa (pero no omita los huevos).

TORTA DE ZANAHORIA ESPONJOSA

• *Para una torta de 23 cm* | *Rinde 12 porciones* •

libre de lactosa

Esta receta es como una torta de zanahoria tradicional, que típicamente se realiza utilizando aceite vegetal, por lo que pocos ajustes tuvieron que realizarse para hacerla libre de lactosa. La Cobertura de merengue y Jarabe de Arce (página 152) reemplaza la necesidad de una cobertura de queso cremoso, y mantiene la torta fresca por días.

1. Precaliente el horno a 160° C. Engrase un molde para torta de 23 cm.
2. Tamice la harina, el polvo de hornear, el bicarbonato de sodio, la canela y la sal vertiéndolos en un bol grande. Agregue revolviendo las zanahorias ralladas. En un bol aparte, bata el azúcar rubio, el aceite, y los huevos, y agregue ésto a la mezcla de zanahorias, mezclando hasta que esté bien unido. Agregue revolviendo las pasas o las nueces (si las usara) y vierta la mezcla dentro del molde preparado. Hornee la torta por 40-50 minutos, hasta que un palillo insertado en el centro salga limpio. Déjela enfriar por 20 minutos en el molde, luego desmolde para enfriar completamente.
3. Prepare la receta de Cobertura de Merengue y Jarabe de Arce, y utilice la cobertura mientras aún está tibia. Corte la torta por la mitad horizontalmente y coloque una de las capas de la torta sobre una fuente. Esparza una taza llena de cobertura sobre la torta y tape con la segunda capa. Esparza la cobertura restante sobre la superficie y los costados de la torta. Decore los bordes de la torta con las nueces en mitades si lo desea. Deje que la torta se fije por 1 hora y almacene sin envolver hasta cortarla. La torta se conservará hasta 3 días.

2 tazas (500 ml) de harina
2 cdtas (10 ml) de polvo de hornear
1 cdta (5 ml) de bicarbonato de sodio
1 cdta (5 ml) de canela molida
½ cdta (2 ml) de sal
3 tazas (750 ml) de zanahoria rallada gruesa
2/3 taza (160 ml) de azúcar rubia
2/3 taza (160 ml) de aceite vegetal
4 huevos
½ taza (125 ml) de pasas o nueces en trozos (opcional)

1 receta de Cobertura de Merengue y Jarabe de Arce (página 153)
Nueces en mitades para decorar (opcional)

TARTA DE VAINILLA, CARAMELO Y MERENGUE
• *Para una tarta de 23 cm.* | *Cortar en 8-10 porciones* •

libre de
lactosa

Esta variación para una tarta de caramelo y crema es satisfactoriamente cremosa, aún sin tener una gota de crema a la vista. Utilizar leche de almendras es definitivamente preferible, ya que su fino sabor a almendra complementa el relleno cremoso de caramelo.

1. En una superficie sutilmente enharinada, desenrolle la masa a 3 mm de grosor. Cubra una tartera de 23 cm. de bordes ondulados, y recorte y modele los bordes. Refrigere por 20 minutos.

2. Precaliente el horno a 190º. Cubra la masa de la tarta con papel aluminio y dele peso colocando encima del papel arroz o porotos secos. Hornee por 18-20 minutos, luego retire el papel de aluminio con el peso y hornee por 10-12 minutos más, hasta que el centro de la masa de tarta esté seco y los bordes se hayan dorado ligeramente. Mientras la tarta aún está caliente del horno, bata la clara de huevo para ablandarla y pincélela sobre la superficie de la tarta (ésto crea una barrera para prevenir que la corteza se torne esponjosa). Deje enfriar.

3. Hierva el azúcar, el crémor tártaro y el agua en una olla de tamaño medio a fuego fuerte. Sin revolver y sin tapar, hierva el azúcar pincelando ocasionalmente con agua los costados de la olla hasta que el azúcar adquiera un color ámbar claro, alrededor de 6 minutos. Retire la olla del calor y agregue batiendo 1 taza (250 ml) de la leche de almendras, teniendo cuidado del vapor que sube. Devuelva la olla al calor a fuego bajo, agregue batiendo la leche de almendras restante de a poco hasta que se haya incorporado toda. Si quedara un poco de azúcar caramelizada en el batidor, siga batiendo hasta que se derrita.

4. Suba el fuego de la mezcla de leche a medio y siga cocinando. Mientras tanto, bata en un bol las yemas, el jarabe de arce, la maicena y la vainilla. Cuando la mezcla de leche esté hirviendo, lentamente vierta sobre la mezcla de huevo sin dejar de batir. Vuelva la preparación a la olla y continúe batiendo a fuego medio hasta que se haya espesado y burbujee, aproximadamente 4 minutos. Retire del calor y transfiera a un bol a través de un colador. Cubra la crema pastelera con film transparente en contacto con la superficie y enfríe por 30 minutos. Pasado éste tiempo, trasládela con una cuchara a la tarta enfriada y coloque el envoltorio de plástico directamente sobre la superficie de la natilla una vez más y refrigere hasta fijarla, alrededor de 2 horas.

5. Prepare y termine la receta de merengue como está indicado para el Lemon pie (pág. 93), incluyendo el sacar la tarta rellena del refrigerador con anticipación antes de preparar el merengue, para que éste no se deslice ni se escurra. La tarta puede conservarse en heladera hasta 2 días.

½ receta de Masa para Tarta Libre de Lactosa y Libre de Huevo (página 264)
1 clara

RELLENO:

1 taza (250 ml) de azúcar
½ cucharadita (2 ml) de crémor tártaro
3 cucharadas (45 ml) de agua
2 ½ tazas (625 ml) de leche de almendras
6 yemas
1/3 taza (80 ml) de jarabe de maíz puro
6 cucharadas (90 ml) de maicena
1 cucharada (15 ml) de extracto de vainilla
1 receta de Merengue Italiano (página 93)

MINI TARTAS DE MANTECA SIN MANTECA
• Para 12 tarteletas •

libre de lactosa   *libre de* huevo

*I*ncluso sin la manteca o los huevos, el relleno en éstas tartas resulta suave y viscoso, con ésa pequeña gota de jarabe escondiéndose al fondo. La parte superior se horneará de forma más suave que la de una tarta tradicional, pero, por lo demás, son prácticamente iguales.

1. Precaliente el horno a 190º c y sutilmente engrase un molde para 12 muffins.
1. Forme con la masa 2 troncos. Corte cada tronco en 6 trozos. Desenrolle cada pedazo de masa hasta alcanzar los 10 cm. de diámetro sobre una superficie de trabajo enharinada, y corte círculos de 10 cm. de diámetro con un corta pasta. Cubra la base de cada molde de muffin con la pasta.
2. Utilizando la procesadora, realice un puré con el azúcar negra, el jarabe de maíz o de arce, el aceite, el tofu, el vinagre y la vainilla hasta lograr una consistencia homogénea. Espolvoree unas pocas pasas o nueces en pedazos dentro de cada taza de muffin, y vierta una cantidad igual de relleno dentro de cada una (llenando aproximadamente tres cuartos de las tazas).
3. Hornee las tartas por alrededor de 20 minutos, hasta que la corteza haya adquirido un color marrón-dorado y el relleno burbujea en los bordes externos. Enfríe las tartas completamente antes de desmoldarlas.
4. Pueden almacenarse en un contenedor hermético hasta 3 días.

1 receta de Masa para Tarta Libre de Lactosa y Libre de Huevo (página 264)
¾ taza (185 ml) de azúcar negra
¾ taza (185 ml) de jarabe de maíz o jarabe de arce puro
1/3 taza (80 ml) de aceite vegetal
150 gr. de tofu blando
1 cda (15 ml) de vinagre blanco
1 cdta (5 ml) de extracto de vainilla
1/3 taza (80 ml) de pasas doradas o nueces

nota de la cocina de Anna:
Puede utilizar 2 huevos enteros en lugar del tofu para una versión que sea únicamente libre de lactosa, pero extienda el tiempo de horneado 5 minutos.

TORTA LIBRE DE LACTOSA DE CHOCOLATE
• *Para una torta de 20 cm* | *Rinde 8 a 10 porciones* •

libre de lactosa   *libre de* huevo

*L*a leche de almendras fría mezclada con el vinagre es la clave de ésta torta rica en sabor y húmeda hecha sin lácteos ni huevos. Me gusta usar vinagre balsámico, ya que complementa el sabor del chocolate, tiene una dulzura sutil y enriquece ése profundo color chocolate.

1. Precaliente el horno a 175° c. Engrase dos moldes para torta de 20 cm. Cubra el fondo de cada molde con papel manteca, luego espolvoree los costados con harina, eliminando los excesos con golpecitos.

2. Tamice la harina, el azúcar, el cacao, el polvo de hornear y la sal en un bol grande. En un bol aparte, bata la leche de almendras o de soja con el aceite, el vinagre y la vainilla. Realice un hueco en la harina y vierta dentro los líquidos, mezclando bien a mano o con batidora eléctrica. Bata la mezcla por un minuto hasta lograr una consistencia homogénea, luego divídala entre los dos moldes para torta, esparciéndola uniformemente. Hornee las tortas por 25-30 minutos, hasta que un palillo insertado en el centro de la torta salga limpio. Deje enfriar las tortas dentro de los moldes por 30 minutos, luego desmóldelas y colóquelas en una rejilla para enfriar completamente.

3. Para la cobertura, bata la margarina con el azúcar negra y la vainilla hasta lograr una consistencia homogénea. Agregue batiendo el cacao y luego mitad del azúcar impalpable. Agregue 3 cucharadas (45 ml) de la leche de almendras o de soja, luego agregue batiendo el azúcar impalpable restante, agregando la cuchara (15 ml) restante de la leche de almendras y de soja al final para darle a la cobertura una consistencia adecuada para esparcir fácilmente.

4. Coloque una de las capas de torta sobre un plato y esparza una capa uniforme de cobertura sobre ésta. Coloque la segunda capa sobre la primera y cubra la superficie y los costados con cobertura de forma homogénea. Debería quedar alrededor de ¾ taza (185 ml) de cobertura para trazar diseños con la manga pastelera si lo deseara. La torta puede dejarse a temperatura ambiente hasta servirla y las sobras pueden envolverse y almacenarse en la estantería. La torta se conservará a temperatura ambiente hasta 2 días.

TORTA:

1 ½ tazas (375 ml) de harina

1 taza (250 ml) de azúcar

¼ taza (60 ml) de cacao en polvo con proceso holandés o común

1 cdta (5 ml) de polvo de hornear

½ cdta (2 ml) de bicarbonato de sodio

¼ cdta (1 ml) de sal

1 taza (250 ml) leche de almendras o de soja refrigerada

6 cdas (90 ml) de aceite vegetal

1 cda (15 ml) de vinagre balsámico

1 cdta (5 ml) de extracto de vainilla

COBERTURA:

½ taza (125 ml) de margarina libre de lactosa

3 cdas (45 ml) de azúcar negra

1 cdta (5 ml) de extracto de vainilla

½ taza (125 ml) de cacao en polvo con proceso holandés o común, tamizado

2 ½ tazas (625 ml) de azúcar impalpable, tamizada

3-4 cdas (45-60 ml) de leche de almendras o de soja

TORTA DE FRUTAS FESTIVA
• Para una torta de 23×13 cm (2 L) | Rinde 12 a 16 porciones •

libre de lactosa   *libre de* huevo

En estas tortas la protagonista es precisamente la fruta. El jugo de naranja mantiene la torta de frutas húmeda y dulce, y elimina la necesidad del agregado de licores.

1. Precaliente el horno a 175° c. y engrase un molde para budines de 13x23 cm (2 l).

2. Haga hervir el agua y el jugo de limón, agréguele las pasas, las cáscaras cítricas y las cerezas secas y revuelva. Deje enfriar la mezcla a temperatura ambiente, revolviendo ocasionalmente.

3. Agregue revolviendo el azúcar y el aceite a la fruta, luego tamice sobre la mezcla la harina, el polvo de hornear, la canela, la nuez moscada, el clavo de olor y la sal y revuelva. Traslade la mezcla al molde preparado y espárzalo para nivelar. Hornee la torta de frutas por 45-50 minutos, hasta que un palillo insertado en el centro de la torta salga limpio.

4. Deje enfriar la torta por 20 minutos dentro del molde, luego desmóldela sobre una rejilla para enfriarla completamente. La torta de frutas se conservará, bien envuelta, hasta 2 semanas, o puede congelarse hasta por 3 meses.

1 ½ tazas (375 ml) de agua

1 taza (250 ml) de jugo de naranja

2 tazas (500 ml) de pasas de uva

1 ½ tazas (375 ml) de cáscaras cítricas azucaradas (pág. 321)

½ taza (125 ml) de cerezas secas

1 taza (250 ml) de azúcar

2 cdas (30 ml) de aceite vegetal

2 ½ tazas (625 ml) de harina

1 ½ cdta (7.5 ml) de polvo de hornear

½ cdta (2 ml) de canela molida

½ cdta (2 ml) de nuez moscada molida

½ cdta (2 ml) de clavo de olor molido

½ cucharadita (2 ml) de sal

275 || Notas sobre repostería sin huevo

277 || Pan de banana y nueces
277 || Muffins de pasas y puré de manzana
278 || Cookies de chips de chocolate libres de huevo
278 || Cobbler de frutos rojos
279 || Cheesecake de chocolate y naranja
280 || Mini tartas de arándanos y crema de coco
282 || Cupcakes de vainilla
284 || Pudding tibio de chocolate y cerezas

Reemplazando los huevos

Para reemplazar huevos en una receta de repostería, necesita mirar primero la naturaleza de la receta para determinar la mejor solución.

Un huevo grande posee $\frac{1}{4}$ taza/60 ml de volumen, por lo que debe compensar ésta cantidad de líquido en una receta. Algunas opciones para reemplazar huevos incluyen:

Polvo de hornear + humedad En muchos panes y muffins, $\frac{1}{2}$ cucharadita adicional de polvo de hornear más $\frac{1}{4}$ taza (60 ml) de leche, yogurt o puré de manzana pueden reemplazar un huevo. Con frecuencia 1 o 2 cucharaditas (5-10 ml) de vinagre son necesarias para hacer actuar la levadura y espesar los ingredientes para que leven y se unan a tiempo mientras la torta se cocina en el horno.

Semillas de lino molidas + humedad En panes, pero especialmente en cookies, 1 cucharada (15 ml) de semillas de lino molidas más 3 o 4 cucharadas (45-60 ml) de puré de manzana pueden reemplazar la humedad que usualmente dan los huevos. Las semillas de lino dan estructura, grasas y fibras agregadas.

tofu blando Éstos tipos de tofu pueden reemplazar a los huevos en mezclas que se unen en una procesadora, como un cheesecake o hasta una mezcla de torta. Es mejor pesar el tofu, ya que medirlo por volumen puede ser difícil.

Los huevos ofrecen estructura y riqueza a los postres, por lo que encontrar una alternativa adecuada puede ser una aventura.

Otras recetas libres de huevo en el libro:

26 || Shortbread tradicionales
27 || Triángulos de vainilla y harina de maíz
27 || Triángulos de azúcar demerara
28 || Bolas de nieve de pistacho
28 || Mantecadas de chocolate
29 || Medallones de lima y coco (variación sin huevo)
30 || Ruedas de canela
37 || Cookies de encaje con nueces pecan
46 || Rugelach de frambuesa y chocolate blanco (variación sin huevo)
73 || Barras de crumble de frambuesa
73 || Cuadraditos de canela, manzana y almendras con Streusel
74 || Cuadraditos de avena y frutos secos
76 || Crumble de duraznos y harina Kamut (variación sin huevo)
114 || Masa de tarta con frutos secos
123 || Crujiente de frutas clásico
144 || Cobertura de fudge de chocolate
146 || Cobertura de caramelo
208 || Posset de limón
226 || Scons de manzana, cheddar y nueces
236 || Rolls calientes cruzados
260 || Scons de jarabe de arce y pasas
261 || Cuadrados de limón
264 || Key Lime Pie
264 || Masa para tarta libre de lactosa y libre de huevo
268 || Mini tartas de manteca sin manteca
270 || Torta de chocolate libre de lactosa
272 || Torta de frutas festiva
293 || Shortbread de miel y almendras
310 || Postre de arroz con leche de almendras y miel
314 || Pudding cremoso de café
316 || Barras de frutilla, avena y almendras
317 || Manzanas al horno ricas en fibra

Además de salsas y decoraciones (págs 319 a 322)

PAN DE BANANA Y NUECES
• Para un pan de 23 × 13 cm (2 L) •
Cortar en 12 a 16 rebanadas

libre de lactosa   *libre de* huevo

Esta receta de pan de banana es húmeda y encantadora- ¡aquí no se extrañan los huevos ni los lácteos!

1 ½ tazas (375 ml) de bananas maduras pisadas (aproximadamente 3 bananas de tamaño medio)
1/3 taza (80 ml) de azúcar rubia
1/3 taza (80 ml) de aceite vegetal
1/3 taza (80 ml) de leche de almendras o de soja
1 2/3 tazas (410 ml) de harina
2 cdtas (10 ml) de polvo de hornear
½ cdta (2 ml) de bicarbonato de sodio
¼ cdta (1 ml) de sal
1 taza (250 ml) de nueces en trozos

1. Precaliente el horno a 175° c. y engrase un molde para pan de 13x23 cm (2 l).
2. Bata juntas las bananas pisadas, el azúcar rubia, el aceite y la leche de almendras o de soja.
3. En un bol aparte, tamice la harina, el polvo de hornear, el bicarbonato de sodio y la sal.
4. Agregue la mezcla seca a la mezcla de bananas y revuelva hasta unirlos uniformemente. Agregue revolviendo las nueces en trozos, traslade la mezcla al molde preparado y esparza para nivelar.
5. Hornee el pan de banana por 45-50 minutos, hasta que un palillo insertado en el centro de la hogaza salga limpio. Déjelo enfriar por 20 minutos dentro del molde, luego sáquelo para enfriar completamente.
6. El pan de banana se conservará hasta 3 días a temperatura ambiente, o puede congelarlo hasta 3 meses. No lo refrigere.

MUFFINS DE PASAS Y PURÉ DE MANZANA
• Para 12 muffins •

libre de lactosa   *libre de* huevo

Estos muffins son tiernos y húmedos, y se conservan bien por días.

1 ½ tazas (375 ml) de puré de manzana sin endulzar
¾ taza (185 ml) de azúcar rubia
6 cdas (90 ml) de aceite vegetal
1 ½ tazas (375 ml) de harina
2 cdtas (10 ml) de polvo de hornear
¾ cdta (4 ml) de canela molida
¼ cdta (1 ml) de pimienta de Jamaica molida
¼ cdta (1 ml) de sal
1 taza (250 ml) de avena arrollada regular
¾ taza (185 ml) de pasas Thompson

1. Precaliente el horno a 175° c. y cubra una bandeja para muffins con pirotines/capacillos grandes.
2. Bata el puré de manzana, el azúcar rubia y el aceite juntos.
3. En un bol aparte, tamice la harina, el polvo de hornear, la canela, la pimienta y la sal. Agregue esto al puré de manzana y revuelva para unir. Agregue revolviendo la avena y las pasas, y coloque, con una cuchara, la mezcla dentro de las tazas de muffins.
4. Hornee los muffins por aproximadamente 30 minutos, hasta que un palillo insertado en el centro de un muffin salga limpio. Déjelos enfriar dentro del molde por 20 minutos, luego sáquelos para enfriar completamente. Se conservarán en un recipiente hermético hasta 4 días.

nota de la cocina de Anna
Si usted se ve tentado a reemplazar la harina común de esta receta por harina integral para hacerlo más saludable, tenga cuidado. Aunque en una receta tradicional, se pueda reemplazar hasta un 50% de la harina común con harina integral, comprobará que aquí el resultado no es satisfactorio. La fibra del grano integral (el salvado y el germen de trigo) puede interferir el trabajo del gluten, lo que resultaría en muffins menos aireados y densos, más teniendo en cuenta la ausencia de huevos de esta receta.

COOKIES DE CHIPS DE CHOCOLATE LIBRES DE HUEVO
• Para 2 docenas de cookies pequeñas •

libre de
huevo

Basadas en las Cookies de chips de chocolate de pág. 19, estas cookies fueron adaptadas a una dieta especial, pero son igual de deliciosas y suaves.

½ taza (125 ml) de manteca
½ taza (125 ml) de azúcar rubia
¼ taza (60 ml) de puré de manzana sin endulzar
1 cdta (5 ml) de esencia de vainilla
1 ¼ tazas (310 ml) de harina 0000
2 cdas (30 ml) de maicena
1 cda (15 ml) de semillas de lino molidas
½ cdta (2 ml) de bicarbonato de sodio
½ cdta (2 ml) de sal
1 taza (250 ml) de chips de chocolate o chocolate en trozos.

1. Precaliente el horno a 175º c. y cubra una bandeja para hornear con papel manteca.
2. Bata la manteca y el azúcar juntas hasta lograr una crema homogénea, luego agregue revolviendo el puré de manzana y la vainilla.
3. En un bol aparte, tamice la harina, la maicena, las semillas de lino, el bicarbonato de sodio y la sal. Agregue a la mezcla de manteca y revuelva hasta unir, luego agregue revolviendo el chocolate. Disponga la masa de a cucharaditas de té sobre la placa, dejando 4 cm. entre cada galletita, y presionándolas un poco en el centro.
4. Hornee 11-13 minutos hasta que apenas empiecen a dorarse. Deje enfriar en la placa y almacene en un contenedor hermético hasta 3 días.

variación
sin leche

Utilice margarina libre de lactosa en lugar de la manteca, y chips de chocolate libres de lactosa.

COBBLER DE FRUTOS ROJOS
• Rinde 6 a 8 porciones •

libre de
huevo

La corteza de este pastel tiene la cima crujiente esperada que cubre un centro suave, similar al de una torta.

2 tazas (500 ml) de manzanas para peladas y cortadas en dados, como manzanas Granny Smith o Mutsu
1 ½ tazas (375 ml) de frambuesas frescas o congeladas
1 ½ tazas (375 ml) de arándanos frescos o congelados
3 cdas (45 ml) + 1/3 taza (80 ml) de azúcar

1 ¼ taza (310 ml) de harina
2 cdtas (10 ml) de polvo de hornear
1/3 taza (80 ml) de manteca fría sin sal, cortada en pedazos
¾ tazas (185 ml) de crème fraîche (ver pág. 321) o yogur griego entero
1 cdta (5 ml) de extracto de vainilla

1. Precaliente el horno a 175º c.
2. Mezcle las manzanas en cubos, las frambuesas y los arándanos con 3 cucharadas (45 ml) del azúcar y distribuya en un plato para horno de 8 tazas (2 l)
3. Revuelva la harina, el 1/3 de taza (80 ml) restante de azúcar y el polvo de hornear. Agregue la manteca cortándola sobre la mezcla hasta que ésta adquiera una consistencia quebradiza. En un bol aparte, revuelva la crème fraîche o yogur con la vainilla, y agréguelas a la harina, mezclando bien hasta unirlos. Rompa la masa en pedazos sobre la fruta, dejando espacios en el medio para que la cobertura se expanda al hornearse. Hornee por 25-30 minutos, hasta que la fruta burbujee a los costados y la cobertura esté sutilmente dorada. Deje enfriar el pastel por 15 minutos, luego sírvalo con helado. El pastel se conservará en la heladera hasta 3 días.

CHEESECAKE DE CHOCOLATE Y NARANJA
• Para un cheesecake de 23 cm | Cortar en 10-12 porciones •

libre de
huevo

*P*ecaminosamente sustancioso y espeso, éste cheesecake nunca se resquebrajará en el centro ya que los huevos suelen ser los culpables detrás de éste problema.

1. Precaliente el horno a 175º c. Engrase un molde redondo desmontable de 23 cm. y cubra el fondo con papel manteca.

2. Procese la avena, el azúcar negra, el cacao y la sal, luego agregue la manteca derretida sin dejar de procesar hasta que se hayan combinado uniformemente. Presione ésto contra el fondo del molde preparado y hornee por 10 minutos. Deje enfriar la base mientras prepara el relleno.

3. Realice un puré con el queso crema y el azúcar utilizando la procesadora hasta lograr una consistencia homogénea, raspando el bol con una espátula. Agregue la cáscara de naranja y el tofu y continúe procesando, raspando el bol. Agregue la crema y la vainilla procesando, y agregue el chocolate derretido; revuelva bien para que se integre. Luego, vierta el relleno en la base fría y distribuya uniformemente (este relleno no se moverá mientras se hornea).

4. Hornee el cheesecake por 20 minutos, hasta que el relleno burbujee sutilmente y pierda su brillo en los bordes, pero el centro aún brille. Déjelo enfriar a temperatura ambiente, luego refrigérelo por al menos 4 horas antes de servir. El cheesecake se conservará en la heladera hasta 5 días.

BASE:

1 taza (250 ml) de avena arrollada
1/3 taza (80 ml) de azúcar negra
3 cdas (45 ml) de cacao en polvo
Una pizca de sal
¼ taza (60 ml) de manteca sin sal, derretida

RELLENO:

2 paquetes (250 gr. c/u) de queso crema a temperatura ambiente
1 taza (250 ml) de azúcar
1 cda (15 ml) de cáscara de naranja finamente rallada
120 gr. de tofu de seda o suave
2/3 taza (160 ml) de crème fraîche (ver pág. 321) o yogur griego entero
1 cdta (5 ml) de extracto de vainilla
150 gr. de chocolate amargo picado

MINI TARTAS DE ARÁNDANOS Y CREMA DE COCO
• *Para 18 mini tartas* •

libre de lactosa   *libre de* huevo

La leche de coco contribuye a este decadente relleno cremoso, reemplazando los huevos con maicena como espesante.

1. Precaliente el horno a 175° c. y engrase apenas una bandeja para mini muffins de 24 huecos.
2. Prepare la base de la tarta y presiónela contra el fondo y costados de los moldes de muffins. Hornee por 10 minutos, luego enfríe a temperatura ambiente.
3. Vierta la leche de coco en una olla pequeña y extraiga y agregue las semillas de la vaina de vainilla (o agregue revolviendo la pasta de vainilla). En un bol, revuelva el azúcar y la maicena y agréguelas batiendo a la leche de coco y luego, a fuego medio, bata hasta que la mezcla hierva y se espese, alrededor de 6 minutos. Traslade la natilla a un bol, cubra su superficie con un envoltorio de plástico y deje enfriar a temperatura ambiente.
4. Una vez fría, coloque el relleno de coco dentro de las bases de las mini tartas con una cuchara y corone cada una con 3 arándanos. Refrigere por, al menos, 2 horas dentro de la bandeja para muffins antes de sacarlas para servir.
5. Las tartas se conservarán en la heladera hasta 3 días.

1 receta de la base de la Tarta de Lima (página 264)
1 lata (398 ml) de leche de coco
1 vaina de vainilla o 1 cucharada (15 ml) de pasta de vainilla
½ taza (125 ml) de azúcar
¼ taza (60 ml) de maicena
1 taza (250 ml) de arándanos frescos

nota de la cocina de Anna
Puede hacer el relleno de coco hasta con un día de anticipación y refrigerarlo hasta rellenar sus bases para tarta. Pero antes de utilizar el relleno, es mejor realizar un puré usando una procesadora o una licuadora de mano/minipimer para volver a hacerla homogénea.

CUPCAKES DE VAINILLA
• Para 24 cupcakes medianos •

libre de lactosa   *libre de* huevo

*M*ullidos, dulces y húmedos, éstos cupcakes son un éxito en las fiestas de cumpleaños. Granas o azúcares coloreados agregados vestir a éstos cupcakes para adecuarse a cualquier fiesta temática.

1. Precaliente el horno a 175° c. y cubra 2 bandejas para muffins con pirotines de tamaño medio.

2. Tamice la harina, el azúcar, el polvo de hornear y la sal colocándolos en un bol grande. En un bol aparte, bata la leche de almendras o de soja con el aceite, el jugo de limón y la vainilla. Realice un hueco en el centro de la harina y vierta allí los líquidos. Bata vigorosamente hasta unir bien (la mezcla será bastante líquida). Vierta la mezcla en las bandejas para muffins con los pirotines, llenando la taza hasta 2/3 de su total.

3. Hornee los cupcakes por aproximadamente 25 minutos, hasta que un palillo insertado en el centro de uno salga limpio. Déjelos enfriar en la bandeja, luego sáquelos antes de colocarles la cobertura.

4. Bata la margarina con la mitad del azúcar impalpable hasta unirlas, luego agregue batiendo la leche de almendra o de soja y la vainilla. Agregue el azúcar impalpable restante y bata hasta que la cobertura sea homogénea y esponjosa, alrededor de 3 minutos. Coloque la cobertura sobre los cupcakes esparciéndola o utilizando una manga pastelera y almacene a temperatura ambiente. Los cupcakes se conservarán en un contenedor hermético hasta 2 días.

CUPCAKES:

2 ¼ tazas (560 ml) de harina

1 ¾ tazas (435 ml) de azúcar

2 cdtas (10 ml) de polvo de hornear

½ cdta (2 ml) de bicarbonato de sodio

¼ cdta (1 ml) de sal

1 ½ tazas (375 ml) de leche de soja o leche de almendras

½ taza (125 ml) de aceite vegetal

1 cda (15 ml) de jugo de limón

2 cdtas (10 ml) de extracto de vainilla

COBERTURA:

1 taza (250 ml) de margarina libre de lactosa

7 tazas (1.75 l) de azúcar impalpable tamizada

½ taza (125 ml) de leche de almendras o de soja

2 cdtas (10 ml) de extracto de vainilla

nota de la cocina de Anna

Mientras que muchas tortas y recetas de cupcakes requieren de apenas una pequeña cantidad de azúcar, ésta receta necesita más que el promedio. El azúcar aquí agrega más que dulzura. Como la receta es libre de huevo, el azúcar también añade humedad y terneza. Con menos azúcar, los cupcakes serían secos y quebradizos.

PUDDING TIBIO DE CHOCOLATE Y CEREZAS
• Rinde 8 porciones •

libre de huevo

Las tortas pudding fueron un postre popular en los 70's, y después perdieron su estilo al tornarse en una premezcla envasada. Buscando en las versiones originales hechas desde cero, descubrí que muchas eran libres de huevo, por lo que son aptas para dietas especiales. Ésta torta se une como una simple mezcla de torta, se cubre con un crocante de azúcar y se termina con un chorro de agua hirviendo. Mientras el postre se hornea, la mezcla se separa, produciendo una costra en la superficie y escondiendo una salsa suave y con estilo de pudding por debajo. La mejor forma de servirla es tibia, mientras ésa salsa de budín aún está pegajosa y suave.

1 taza (250 ml) de harina
2/3 taza (160 ml) de azúcar
2 cdas (30 ml) + ¼ taza (60 ml) de cacao en polvo
2 cdtas (10 ml) de polvo de hornear
½ cucharadita (2 ml) de sal
½ taza (125 ml) de leche
2 cdas (30 ml) de aceite vegetal
1 cdta (5 ml) de extracto de vainilla
½ taza (125 ml) de chips de chocolate
½ taza (125 ml) de cerezas secas picadas gruesas
2/3 taza (160 ml) de azúcar negra
1 ¾ taza (435 ml) de agua hirviendo

1. Precaliente el horno a 175° c. y engrase una fuente para horno de 8 tazas (2 l).
2. Tamice la harina, el azúcar, 2 cucharadas (30 ml) del cacao, el polvo de hornear y la sal en un bol grande. Agregue la leche, el aceite y la vainilla, y mezcle para unir bien (la mezcla será espesa). Agregue revolviendo los chips de chocolate y las cerezas secas. Vierta la mezcla en el plato preparado y distribúyala uniformemente.
3. Revuelva el azúcar negra y el ¼ de taza (60 ml) restante de cacao en polvo para combinarlos, y espolvoree uniformemente sobre la mezcla de torta. Vierta el agua hirviendo directamente sobre toda la superficie de la torta.
4. Hornee por 40 minutos, hasta que la torta burbujee alrededor de todo el borde externo. Déjela reposar por 10 minutos antes de servir. Es mejor comer el postre justo después de hornearlo, pero las porciones que sobren pueden ser recalentadas, tapándolas sin presionar, en el microondas por 20 segundos. Recalentar en el horno no es recomendable.

nota de la cocina de Anna

La mezcla puede prepararse con anticipación y refrigerarse. Sólo retírela de la heladera 30 minutos antes de hornear la torta y luego espolvoree con el azúcar antes de verter encima el agua hirviendo.

postres sin gluten

289 || Notas sobre repostería sin gluten

291 || Macarons de zanahoria y almendras
292 || Brownies
293 || Shortbread de miel y almendras
294 || Torta para café de avellanas y canela
296 || Base para tarta libre de gluten
297 || Pan de banana y naranja
298 || Galette de frambuesa y naranja
300 || Torta de libra de limón y almendras
302 || Pudding de chocolate y 5 especias al vapor
304 || Torta de nueces y semillas de amapola
306 || Pavlovas de chocolate

El desafío Libre de Gluten

Omitir granos de trigo y otros granos que contienen gluten en recetas de repostería es un desafío. Es el gluten, o la proteína, en el grano el que le da la estructura a los artículos tradicionales de repostería. Las tortas y los muffins mantienen su forma cuando el polvo de hornear se activa, y el gluten hace que las cookies y la masa de tarta se mantengan unidas cuando se las estira y hornea.

Desearía que hubiera una respuesta mágica, un único ingrediente que pudiera sustituir la harina de trigo en todas las recetas, pero no la hay. Existen premezclas de harina libre de gluten en el mercado, pero los resultados pueden variar dependiendo de la receta que utilice.

En éste capítulo, no me he concentrado en evitar de plano la harina. En lugar de ello, me enfoco en las fortalezas de otros ingredientes para obtener lo mejor de las recetas. También incluyo algunos ítems tradicionales, que surgen de unir ingredientes que son alternativos a la harina de trigo y que más se adecúan a las recetas.

No especifico "libre de gluten" para el polvo de hornear, el extracto de vainilla o el azúcar impalpable, ya que éstos productos son considerados, generalmente, libres de gluten. Sin embargo, si usted tiene una seria intolerancia al gluten, debería buscar versiones libres de gluten certificadas para éstos productos, las cuales están disponibles en dietéticas, para utilizar en su repostería.

Manteniendo el sabor y la estructura

Las dos áreas principalmente afectadas al momento de reemplazar harina de trigo por una opción libre de gluten son el sabor y la estructura. La harina de trigo posee un gusto distintivo y, a la vez, familiar, uno que usted podría no sentir hasta que deba reemplazarlo por otra cosa.

El gluten le da a las comidas horneadas su resistencia. Es el elemento que retiene el aire mientras el polvo de hornear o los huevos se elevan en el horno. Reemplazarlo con otros ingredientes que dan estructura puede lograrse, obteniendo resultados similares (pero no idénticos).

Combinar ingredientes puede ayudar a mantener el sabor y la estructura, al darle a nuestros panes y postres cuerpo y fortaleza y ayudándolos a unirse.

cuerpo

Una legumbre molida, una semilla u otro producto son necesarios para reemplazar el cuerpo de la harina de trigo. Algunas de las harinas libres de gluten se describen a continuación. Hay muchas más, pero no son tan fácilmente accesibles o neutras en sabor como éstas. Por supuesto que experimentar es la mejor manera de determinar sus propias preferencias.

Harina de arroz La más fácilmente accesible y fácil para trabajar. Tanto integral como blanca, ésta es la más neutral (o familiar) en su gusto. En ocasiones puede ocasionar una textura arenosa.

Harina de legumbres (arveja, soja) Un ingrediente frecuente en las premezclas para uso general. Tiene una textura fina pero un sabor pronunciado, más fuerte que el de la harina de arroz.

Harina de sorgo Tiene un sabor placentero y una textura más fina que la harina de arroz, pero otorga un color gris a los horneados.

Harina de papa Fabricada a partir de papas secas y molidas, tiene un agradable color amarillo pálido y responde bien cuando se la mezcla con harina de arroz. Absorbe los líquidos apropiadamente, lo que contribuye a que los horneados tengan buena textura. No es lo mismo que el almidón de papa.

fuerza

Los almidones se agregan a las premezclas libres de gluten para otorgarle a las recetas horneadas la capacidad de mantenerse unidas, sin desmigajarse.

Almidón de tapioca El almidón preferido para usar en premezclas sin gluten. Sostiene con más fuerza que los demás almidones y casi no tiene gusto.

Almidón de maíz El más popular y disponible de los almidones, pero con menos fuerza que los demás.

Almidón de papa En términos de fuerza, está a mitad de camino entre los almidones de tapioca y maíz.

aglutinante

Las gomas naturales sirven para espesar las mezclas, permitiéndoles que retengan el aire y sean ligeros en textura. Son muy útiles en tortas y panes, no así en cookies.

Goma de guar Tomada del grano de guar, supera en ocho veces el poder aglutinante del almidón de maíz y es muy estable. Le da resistencia a los horneados, y ayuda a que no se desplomen en la cocción. Se usa en pequeñas cantidades (solo 1 a 2 cucharaditas/5 a 10 mL en una receta de torta).

Goma xántica Producida a partir de la fermentación de azúcares simples. Asegúrese de comprar la versión libre de gluten, ya que puede ser derivada del trigo. Como la goma de guar, ofrece la resistencia que necesitamos para hornear, pero es menos potente.

Su nivel de tolerancia para el grano molido y las semillas le dará forma a sus requisitos dietarios, los cuales deben ser determinados y acatados médicamente. Las recetas en éste capítulo evitan todos los granos y harinas que contienen gluten. Algunas recetas utilizan alternativas a la harina de trigo: generalmente una combinación de harina de arroz, un almidón y un aglutinante. Otras recetas usan el soporte estructural de otros ingredientes como los huevos, nueces molidas y chocolate para obtener resultados familiares y tentadores.

Recetas en otros capítulos del libro que son Libres de Gluten:

35 || Amaretti
136 || Torta de chocolate sin harina
152 || Crema de manteca de limón
152 || Crema de limón
150 || Cobertura de 7 minutos
153 || Cobertura de merengue y jarabe de arce
168 || Cheesecake de chocolate
191 || Crème Brûlée clásica de vainilla
192 || Crème Brûlée de dulce de leche
195 || Crème Brûlée con crocante de almendras
194 || Crema de caramelo con sésamo y miel
196 || Flan
198 || Crema de caramelo con jengibre y té verde
199 || Soufflés de Baileys® y chocolate (si se omite el Baileys®)
202 || Soufflés de frambuesa (si se omite el Chambord)
203 || Soufflés de caramelo
206 || Postre de arroz con leche
207 || Clafoutis de arándanos y naranjas
208 || Posset de limón
316 || Pudding cremoso de café

Además de Salsas y decoraciones (págs. 319 a 322)

Las recetas arriba mencionadas no utilizan avena en grano entero o en harina. Algunas personas con intolerancia al gluten pueden consumir avena si ésta está certificada como libre de gluten (el punto de origen y el proceso determinan ésto), otros no pueden. Si usted puede consumir avenas, podrá disfrutar de las siguientes recetas, que utilizan avena en grano entero o en harina:

36 || Cookies de encaje con nueces pecan
74 || Cuadraditos de avena y frutos secos

MACARONS DE ZANAHORIA Y ALMENDRAS
• Para 2 docenas de macarons •

libre de
gluten

bajo en
grasas

*U*n poco más sustanciosas que un macaron Francés tradicional de almendras, estas cookies no son tan pegajosas y dulces como un *macaroon* de coco.

1 ½ tazas (375 ml) de almendras molidas

1 taza (250 ml) de zanahoria rallada gruesa

½ taza (125 ml) de azúcar

3 claras a temperatura ambiente

¼ cucharadita (1 ml) de crémor tártaro

1. Precaliente el horno a 175° c. y cubra dos placas para horno con papel manteca.

2. Revuelva las almendras y las zanahorias con $\frac{1}{4}$ de taza (60 ml) del azúcar y 1 clara. Bata las 2 claras restantes con el cremor tártaro hasta que adquieran una consistencia espumosa, luego lentamente vierta el $\frac{1}{4}$ de taza (60 ml) de azúcar restante y continúe batiendo hasta que las claras formen un pico rígido (ver pág. 82). Agregue las claras a la mezcla de zanahorias mezclando de forma envolvente en 2 momentos. Coloque cucharadas generosas de la mezcla sobre las placas preparadas, dejando 4 cm entre cada macaron.

3. Hornee los macarons por 15-20 minutos, hasta que se hayan dorado sutilmente y se sientan secos al tacto. Déjelos enfriar completamente sobre las placas antes de sacarlos. Se conservarán en un contenedor hermético hasta 3 días.

BROWNIES

• Para un molde cuadrado de 20 cm | Cortar en 25 brownies •

libre de lactosa   *libre de* gluten

Esta es una de ésas recetas en las cuales trabajar sin gluten resulta hasta incluso ventajoso. La textura de éstos brownies es densa y masticable, y tienen una superficie agradable y brillante.

1. Precaliente el horno a 175° c. Engrase un molde cuadrado de 20 cm. y cubra con papel manteca de modo que el papel suba por los bordes del molde.
2. Revuelva el azúcar, el cacao y el aceite juntos hasta que toda la mezcla esté húmeda.
3. Agregue los huevos y la vainilla, y bata para unirlos.
4. Sume la harina de arroz, la maicena y la sal, y mezcle hasta incorporarlas. Añada revolviendo las nueces en trozos. Vierta la mezcla en el molde preparado y esparza uniformemente.
5. Hornee los brownies por aproximadamente 25 minutos, hasta que pierdan su brillo y un palillo insertado en el centro salga limpio. Déjelos enfriar a temperatura ambiente antes de cortarlos. Los brownies se conservarán en un contenedor hermético hasta 2 días.

1 ¼ tazas (310 ml) de azúcar

¾ taza (185 ml) de cacao en polvo con proceso holandés (alcalinizado) o común, tamizado

½ taza (125 ml) de aceite vegetal

3 huevos

1 cdta (5 ml) de extracto de vainilla

½ taza (125 ml) de harina de arroz integral

2 cdas (30 ml) de maicena

½ cdta (2 ml) de sal

½ taza (125 ml) de nueces en trozos

SHORTBREAD DE MIEL Y ALMENDRAS
• Para 2 docenas de galletitas •

libre de **huevos**

libre de **gluten**

Como muchas recetas tradicionales de galletas tipo shortbread, ésta (hecha con almendras molidas) mejor mientras pasan uno o dos días en la lata de las galletas.

1. Precaliente el horno a 160° c. y cubra dos placas para horno con papel manteca.
2. Bata la manteca hasta lograr una consistencia liviana y esponjosa. Agregue el azúcar impalpable, la miel y el extracto de almendras y bata por 2 minutos más.
3. Agregue revolviendo la harina de arroz, las almendras molidas, la goma guar y la sal y revuelva hasta unir la mezcla. Ayudándose con cucharitas, forme esferas con la masa. Colóquelas en la bandeja preparada, dejando espacios de 2,5 cm entre cada una.
4. Hornee las galletitas shortbread por 12-15 minutos, apenas hasta que comiencen a dorarse en la base. Déjelas enfriar en la bandeja antes de retirarlas. Las galletitas se conservarán en un contenedor hermético hasta 4 días.

2/3 taza (160 ml) de manteca sin sal a temperatura ambiente

¼ taza (60 ml) de azúcar impalpable tamizada, más un extra para espolvorear

3 cdas (45 ml) de miel

1/8 cdta (0.5 ml) de extracto de almendras

1 taza (250 ml) de harina de arroz integral

½ taza (125 ml) de almendras molidas

1 cdta (5 ml) de goma guar

¼ cdta (1 ml) de sal

TORTA PARA CAFÉ DE AVELLANAS Y CANELA

• *Para una torta Bundt de 8 tazas (2 l)* | *Rinde 12 a 16 porciones* •

libre de gluten

*P*ara cocinar una torta libre de gluten que sea lo más similar posible a una torta con harina de trigo en textura, usted necesitará una combinación de harina de arroz: para el cuerpo; harina de papa: para la textura fina; almidón de tapioca: para la terneza y el sostén; y goma xántica para contener el levado.

1. Precaliente el horno a 175° c. y engrase un molde Bundt de 8 tazas (2 l).
2. En un bol pequeño, revuelva el azúcar negra, las avellanas, el jugo de limón y la canela y reserve a un lado.
3. En un bol grande, revuelva la harina de arroz, la harina de papa, el almidón de tapioca, la xántica, el polvo de hornear y la sal juntos.
4. En un bol aparte, bata el azúcar y los huevos juntos, luego agregue batiendo el buttermilk y la vainilla.
5. Integre las dos preparaciones y basta hasta que estén apenas combinadas. Luego, vierta 2/3 de la masa dentro del molde Bundt y espolvoree el crumble de azúcar negra encima. Usando un cuchillo sin filo, revuelva para integrar el crumble a la masa. Cubra con la masa restante y deslice el cuchillo sobre la superficie un poco más.
6. Hornee la torta por aproximadamente 45 minutos, hasta que un palillo insertado en el centro salga limpio. Deje enfriar la torta dentro del molde por 30 minutos, luego desmolde para enfriarla completamente.
7. La torta se conservará, bien envuelta, por 2 días, o puede congelarse hasta 3 meses. No refrigere.

2/3 taza (160 ml) de azúcar negra
½ taza (125 ml) de avellanas picadas ligeramente tostadas
1 cucharada (15 ml) de jugo de limón
1 cucharadita (5 ml) de canela molida
1 ½ tazas (375 ml) de harina de arroz integral
2/3 taza (160 ml) de harina de papa (no almidón de papa)
¼ taza (60 ml) de almidón de tapioca

2 cdtas (10 ml) de goma xántica
2 cdtas (10 ml) de polvo de hornear
¼ cucharadita (1 ml) de sal
1 ½ tazas (375 ml) de azúcar
3 huevos
1 ¾ tazas (435 ml) de buttermilk (ver pág. 323)
2 cdtas (10 ml) de extracto de vainilla

BASE PARA TARTA LIBRE DE GLUTEN
• *Para una tarta de 23 cm* •

libre de
gluten

He descubierto que la harina de sorgo es la que mejor resulta para una masa de tarta libre de gluten, por su gusto y la facilidad para ser estirada. Aun cuando la base pueda quebrarse un poco al estirar y hornearse, se terminará bien en el horno. También puede cortarse y servirse muy fácilmente.

1. Revuelva la harina de arroz, la harina de sorgo, el almidón de tapioca, el azúcar, la sal y las especias para combinarlas. Agregue la manteca y córtela dentro del bol hasta que toda la mezcla sea áspera y quebradiza, pero aun queden unos pocos pedazos de manteca visibles.
2. En un plato pequeño, bata los huevos, el agua y la vainilla. Agregue ésto a la mezcla de harina y revuelva hasta que la masa se unifique.
3. Dé forma de disco a la masa, envuélvala y refrigere por 15 minutos (para refrigerar la manteca)

⅔ taza (160 ml) de harina de arroz (blanco o integral)

½ taza (125 ml) de harina de sorgo

½ taza (125 ml) de almidón de tapioca

2 cdas (30 ml) de azúcar negra o azúcar demerara

½ cdta (2 ml) de sal

½ cdta (2 ml) de canela molida

¼ cdta (1 ml) de nuez moscada molida

½ taza (125 ml) de manteca fría sin sal, cortada en pedazos

2 huevos

1 cda (15 ml) de agua fría

1 cdta (5 ml) de extracto de vainilla

notas de la cocina de Anna

1. La harina de arroz es bastante neutral en color y sabor. La harina de sorgo posee un leve sabor a nuez y un color más oscuro.
2. Seleccioné la harina de arroz, el sorgo y la tapioca a propósito pensando en cómo trabajan juntas y en su sabor. Y también por su accesibilidad (algunos insumos libres de gluten pueden ser costosos).
3. Diferente a la tradicional masa de harina en pastelería, que debe reposar para relajar el gluten en la harina antes de estirarla, la masa en la pastelería sin gluten necesita refrigerarse para fijar la manteca y permitir a las harinas de arroz y de sorgo absorber un poco del líquido para lograr un estiramiento más fácil. Usted notará que la base se quiebra un poco al estirar y levantarla, pero una vez horneada, se mantendrá bien unida y se cortará en porciones sin problema.

PAN DE BANANA Y NARANJA
• Para un pan de 23x13 cm (2 l) | Cortar en 16-20 rebanadas •

libre de **lactosa**   *libre de* **gluten**

sta receta logra un pan alto y que se corta en muchas porciones. También se congela bien, por lo que usted puede envolver la mitad del pan horneado para congelarlo y guardarlo para un día más adelante.

1. Precaliente el horno a 175° c. y engrase un molde para pan de 23x13 cm. (2 l).
2. Bata los huevos en un bol grande. Agregue batiendo las bananas, el jugo de naranja, el aceite, el azúcar negra y la cáscara hasta combinarlos. En un bol aparte, tamice la harina de arroz, la harina de papa, la goma xántica, el polvo de hornear, la canela y la sal, luego agregar esto revolviendo a la mezcla de banana. Agregue revolviendo las pasas, luego vierta la mezcla en el molde.
3. Hornee por 50-60 minutos, hasta que un palillo insertado en el centro de la torta salga limpio. Deje enfriar por completo dentro del molde antes de desmoldarlo para servir o almacenar. El pan se conservará, bien envuelto, hasta 3 días, o puede congelarse hasta 3 meses.

2 huevos

1 ½ tazas (375 ml) de puré de bananas maduras (2 a 3 bananas)

1 taza (250 ml) de jugo de naranja

½ taza (125 ml) de aceite vegetal

2/3 taza (160 ml) de azúcar rubia empaquetada

2 cdtas (10 ml) de cáscara de naranja finamente rallada

2 tazas (500 ml) de harina de arroz integral

½ taza (125 ml) de harina de papa

2 cdtas (10 ml) de goma xántica

2 cdtas (10 ml) de polvo de hornear

1 cdta (5 ml) de canela molida

½ cdta (2 ml) de sal

2/3 taza (160 ml) de pasas doradas

nota de la cocina de Anna

En ésta receta, es importante realizar el puré con las bananas utilizando una procesadora o minipimer, en lugar de simplemente pisarlas con un tenedor. El puré de banana presta humedad y ayuda a crear una textura agradable en el pan.

GALETTE DE FRAMBUESAS Y DURAZNOS
• *Para una tarta de 23 cm.* | *Cortar en 6-8 porciones* •

libre de
g l u t e n

Una galette es una tarta que puede modelarse de múltiples formas, típicamente horneada en una placa para horno. Pero a mí me gusta hornearla, plegada rústicamente, en una tartera para contener todos los deliciosos jugos de los duraznos y las frambuesas.

1. Precaliente el horno a 190º c. Espolvoree ligeramente una tartera de 23 cm. con harina de arroz.
2. Prepare el relleno mezclando todos los ingredientes del relleno juntos hasta unirlos uniformemente.
3. Espolvoree una superficie de trabajo con harina de arroz y suavemente estire la masa (espolvoreando con más harina de arroz su palo de amasar y la masa todo lo que sea necesario) hasta aproximadamente un diámetro de 23 cm. Levántela y dispóngala en la tartera. Vierta con una cuchara el relleno de frutas sobre la base de la tarta. Repliegue con cuidado los bordes de la base (aproximadamente 5 cm) sobre el relleno de fruta: generalmente son necesarios 6 dobleces. Bata el huevo y el agua, pincele la superficie de la masa con esto y espolvoree con azúcar turbinado o demerara.
4. Hornee por alrededor de 45 minutos, hasta que la base se haya dorado uniformemente y el relleno de frutas burbujee. Deje enfriar por aproximadamente 1 hora antes de cortar. La tarta puede servirse tibia, a temperatura ambiente o refrigerada, y se conservará en la heladera hasta 2 días.

1 receta de Base para Tarta Libre de Gluten (página 296) refrigerada

2 tazas (500 ml) de frambuesas frescas o freezadas (descongeladas)

3 duraznos, pelados y cortados en dados

2/3 taza (160 ml) de azúcar negra o demerara

1 cda (15 ml) de almidón de tapioca o almidón de maíz

½ cdta (2 ml) de extracto de vainilla

¼ cdta (1 ml) de pimienta de Jamaica molida

PARA PINCELAR:

1 huevo

1 cucharada (15 ml) de azúcar

Azúcar turbinado o demerara para espolvorear

variación
s i n   a z ú c a r

Para hacer ésta receta libre de azúcar, simplemente elimine el azúcar negra de la base (sin reemplazo) y utilice, en el relleno, ½ taza (125 ml) de jarabe de agave en lugar del azúcar negra.

TORTA DE LIBRA DE LIMÓN Y ALMENDRAS

• Para una torta de 23 cm. | Cortar en 12-16 porciones •

libre de
gluten

Los huevos le dan a ésta torta su estructura, para que se mantenga unida sin el gluten. Se lucen su textura y sabor, similares al de una torta de libra o budín tradicionales, y la fabulosa acidez del limón.

1. Precaliente el horno a 190° c. Engrase un molde redondo desmontable de 23 cm. y cúbralo con azúcar, eliminando los excesos con golpecitos.

2. Bata la manteca, ¾ de taza (185 ml) del azúcar y la cáscara de limón con una batidora eléctrica de mano o de pie. Agregue las yemas de a dos por vez, batiendo bien luego de cada agregado. Agregue batiendo la vainilla, luego vierta el jugo de limón mientras mezcla.

3. En un bol aparte, bata las claras hasta que estén espumosas, luego agregue el ¼ de taza (60 ml) de azúcar restante, batiendo hasta que las claras logren un pico medio. En otro bol, combine la harina de almendras, la harina de papa y la sal; agregue 1 taza (250 mL) de esta mezcla a la preparación de manteca del paso 2 e intégrelas revolviendo a mano.
Agregue mezclando de forma envolvente la mitad de las claras, luego suavemente eche la mezcla de almendras restante sin dejar de revolver. Luego añada, mezclando de forma envolvente, las claras restantes. Vierta la preparación en el molde, esparciendo uniformemente.

4. Hornee la torta por 10 minutos a 190° c, luego baje la temperatura del horno a 160° c. y hornee por aproximadamente 30 minutos más, hasta que un palillo insertado en el centro de la torta salga limpio. Deje enfriar la torta completamente dentro del molde antes de desmoldarla para servir. Se conservará por 3 días a temperatura ambiente o puede congelarse.

½ taza (125 ml) de manteca sin sal a temperatura ambiente

1 taza (250 ml) de azúcar

1 ½ cdas (22.5 ml) de cáscara de limón finamente rallada

6 huevos, separados, a temperatura ambiente

2 cdtas (10 ml) de extracto de vainilla

¾ taza (185 ml) de jugo de limón recientemente exprimido, a temperatura ambiente

1 taza (250 ml) de almendras molidas

2/3 taza (160 ml) de harina de papa (no almidón de papa)

¼ cdta (1 ml) de sal

notas de la cocina de Anna

1. Es importante que todos sus ingredientes estén a temperatura ambiente en ésta receta, incluyendo el jugo de limón, para que la mezcla no resulte cuajada. Si la mezcla diera ésa apariencia mientras se la trabaja, no tema: al salir del horno será agradable.

2. Como muchas tortas de gran densidad, ésta torta de libra, incluso mejora luego de haber sido congelada y descongelada. Puede congelarlo hasta 3 meses.

PUDDING DE CHOCOLATE Y CINCO ESPECIAS AL VAPOR
• Para 8 tortas individuales •

libre de gluten

Estos son postres individuales especiados e ideales para las fiestas. Cocinar al vapor el budín asegura que la torta sea húmeda, y la mejor forma de servirlos es tibia. Una cucharada de Compota de arándanos rojos (página 321) le agregaría un toque festivo extra.

1. Precaliente el horno a 175° c. Engrase 8 moldes ramequin de 180 ml y luego espolvoréelos con azúcar, eliminando los excesos con pequeños golpecitos. Coloque los platos en una asadera cuyos bordes externos sean más altos que los moldes.

2. Derrita el chocolate en un bol de metal o de plástico colocado sobre una olla con agua hirviendo suavemente, revolviendo hasta que se haya derretido. Deje a un costado.

3. Bata la manteca, $\frac{1}{4}$ de taza (60 ml) del azúcar y la cáscara de naranja hasta que la mezcla esté esponjosa, luego agregue batiendo las yemas y la vainilla. Agregue batiendo el chocolate derretido. Combine las almendras y las Cinco Especias Chinas y agregue a la manteca, mezclando hasta homogeneizar.

4. En un bol aparte, bata las claras hasta que estén espumosas. Agregue lentamente el $\frac{1}{4}$ de taza (60 ml) restante de azúcar, sin dejar de batir hasta que las claras formen un pico suave (ver pág. 82). Integre las claras a la preparación anterior, revolviendo envolventemente hasta que estén incorporadas. Vierta luego la preparación en los moldes. Llene con agua hirviendo la asadera hasta cubrir la mitad de la altura de los moldes. Tape la asadera con papel aluminio y hornee 45 minutos, hasta que los puddings se retraigan al ser presionados. Déjelos reposar, aún cubiertos, por 15 minutos.

5. Para servir, deslice una espátula por el borde interno de los moldes e inviértalos sobre platos de postre. Espolvoree con cacao y sirva tibios.

6. Alternativamente, estos postres pueden prepararse con un día de anticipación y calentarse en sus platos sobre un baño de agua (tal como fueron horneadas) por 15 minutos a 160° C.

125 gr. de chocolate amargo picado

½ taza (125 ml) de manteca sin sal a temperatura ambiente

½ taza (125 ml) de azúcar

2 cdtas (10 ml) de cáscara de naranja finamente rallada

5 huevos separados, a temperatura ambiente

1 cdta (5 ml) de extracto de vainilla

¾ taza (185 ml) de almendras molidas

1 cdta (5 ml) de polvo Cinco Especias Chinas

Cacao en polvo, para espolvorear

nota de la cocina de Anna

El polvo Cinco Especias Chinas es una mezcla de anís estrellado, clavo de olor, canela, pimienta de Sichuán y semillas de hinojo que combina muy bien con chocolate. La mezcla de especias le da un toque sofisticado, pero si usted prefiere un postre básico de chocolate, puede omitirlas.

TORTA DE NUECES Y SEMILLAS DE AMAPOLA
• Para una torta de 23 cm. | Cortar en 16 porciones •

libre de
gluten

*E*sta es una torta de estilo europeo en una sola capa, cuya mejor forma de ser servida es con una porción de crema o de bayas frescas.

1. Precaliente el horno a 175º c. Engrase un molde redondo desmontable y espolvoree el fondo y los costados con azúcar, eliminando los excesos con pequeños golpecitos.
2. Procese las nueces, las semillas de amapola y 1/3 de taza (80 ml) del azúcar hasta que esté finamente molida.
3. Bata la crema y otra 1/3 de taza (80 ml) del azúcar hasta lograr una consistencia liviana y esponjosa. Agregue las yemas y la vainilla, y bata hasta unirlos bien.
4. En un bol aparte, bata las claras hasta lograr una consistencia espumosa, luego agregue lentamente la 1/3 de taza (80 ml) del azúcar restante y bata hasta que las claras sostengan un pico suave. Agregue las claras a la mezcla de manteca revolviendo de forma envolvente. Sume las nueces y semillas de amapola molidas, sin dejar de revolver hasta incorporarlas. Con una cuchara, combine aproximadamente 1/3 de taza (80 ml) de ésta mezcla con la crema y luego devuélvalo a la preparación anterior revolviendo de forma envolvente. Vuelquer la masa en el molde y hornee alrededor de 45 minutos, hasta que un palillo insertado en el centro de la torta salga limpio. Deje enfriar la torta a temperatura ambiente (se hundirá un poco al enfriarse), luego refrigere hasta enfriarla por completo antes de desmoldar y servir. La torta se conservará hasta 3 días en la heladera.

1 ¼ tazas (310 ml) de nueces en trozos
¾ taza (185 ml) de semillas de amapola
1 taza (250 ml) de azúcar
2 /3 taza (160 ml) de manteca sin sal a temperatura ambiente
5 huevos separados, a temperatura ambiente
1 cdta (5 ml) de extracto de vainilla
½ taza (125 ml) de crema para batir

nota de la cocina de Anna
Si usted tiene acceso a semillas de amapola molidas, son preferibles (y pueden utilizarse en la misma medida), pero la receta resulta deliciosamente buena con semillas de amapola enteras también.

PAVLOVAS DE CHOCOLATE
• Para 8 Pavlovas individuales •

libre de gluten

Las Pavlovas de chocolate son típicamente más suaves que las de puro merengue. Éstas se hornean con un color exterior de chocolate pálido, pero cuando usted las parte al medio, encuentra un interior sustancioso, parecido a un brownie.

1. Precaliente el horno a 140° c. Corte dos hojas de papel manteca para ajustarlas a 2 placas para horno. Trace 4 círculos en cada hoja, cada uno de 10 cm de diámetro, utilizando un marcador/rotulador. Disponga el papel en las placas, con el lado dibujado hacia abajo (para que la tinta no se transfiera a las Pavolvas)

2. Bata las claras y el cremor tártaro hasta lograr una consistencia espumosa, luego agregue lentamente el azúcar y continúe batiendo a alta velocidad hasta que las claras sostengan un pico rígido al levantar los batidores (las claras serán espesas y lustrosas, ver pág. 82). Tamice el cacao y la maicena sobre las claras y revuelva de forma envolvente, luego añada sin dejar de revolver el vinagre y la vainilla.

3. Vierta una taza generosa del merengue en cada círculo dibujado en el papel. Presione delicadamente en el centro de cada uno, pero no esparza o toque el merengue demasiado.

4. Hornee las Pavlovas 75-90 minutos, hasta que estén secas en el exterior. Déjelas enfriar a temperatura ambiente, luego almacénelas en un contenedor hermético hasta servirlas.

5. Sirva las Pavlovas con una porción de Crème Fraiche (página 321) sobre cada una, y espolvoree con bayas frescas. Las Pavlovas se conservarán, sin ensamblarlas, en un contenedor hermético hasta un día.

6 claras a temperatura ambiente
½ cdta (2 ml) de cremor tártaro
1 ½ tazas (375 ml) de azúcar
3 cdas (45 ml) de cacao en polvo con proceso holandés (alcalinizado) o común
2 cdtas (10 ml) de maicena
1 cda (15 ml) de vinagre balsámico
1 cda (5 ml) de extracto de vainilla
1 receta de Crème Fraiche (página 321)
4 tazas (1 l) de bayas surtidas frescas

postres bajos en grasas y/o azúcar

309 || Notas sobre repostería baja en grasas y/o azúcar

310 || Postre de arroz con leche de almendras y miel

311 || Pan de manzana, canela y pasas

312 || Muffins de calabaza, húmedos y tiernos

314 || Pudding cremoso de café

316 || Barras de frutillas, avena y almendras

317 || Manzanas al horno ricas en fibra

NOTAS SOBRE REPOSTERÍA BAJA EN GRASAS Y/O AZÚCAR

Los postres en éste capítulo están diseñados para satisfacer el paladar sin usar grasas o azúcar en exceso. En lugar de usar sustitutos, éstas recetas fueron pensadas para usar ingredientes y métodos que sean satisfactorios en sí mismos.

Otras receats en el libro que son bajas en grasas y/o azúcar:

35 ‖ Amaretti (bajos en grasa)

39 ‖ Biscotti de chocolate y almendras (bajos en grasa)

154 ‖ Angel Food Cake (baja en grasa)

202 ‖ Soufflés de frambuesa (bajos en grasa)

213 ‖ Muffins de salvado y pasas (bajos en grasa)

220 ‖ Torta para café de arándanos y trigo sarraceno (baja en grasa y baja en azúcar)

230 ‖ Scons de arándanos rojos y trigo espelta (bajos en grasa)

262 ‖ Scons de jarabe de arce y pasas (bajos en grasa)

291 ‖ Macarons de zanahoria y almendras (bajos en grasa)

298 ‖ Galette de frambuesa y naranja (variación sin azúcar)

314 ‖ Pudding cremoso de café (bajo en grasa y azúcar)

Además de las salsas y decoraciones (págs. 319 a 322)

POSTRE DE ARROZ CON LECHE
DE ALMENDRAS Y MIEL
• Rinde 6 porciones •

libre de lactosa   *libre de* huevo   *libre de* gluten

bajo en grasas   *bajo en* azúcar

El arroz de grano corto es clave en ésta receta. El almidón que libera un arborio o un arroz para sushi al cocinarse espesa la leche, dándole una riqueza agradable sin agregarle ningún tipo de grasa.

1. Hierva la leche de arroz o de almendras con la canela, el cardamomo y el anís estrellado. Agregue revolviendo el arroz y cocínelo, tapado y a un hervor suave, revolviendo ocasionalmente hasta que el arroz esté tierno, alrededor de 20 minutos.

2. Agregue revolviendo la miel y retire el anís estrellado. Vierta con un cucharón el budín de arroz en platos para servir y refrigere hasta servirlo. El budín será bastante líquido mientras esté tibio, pero se fijará una vez refrigerado. El budín se conservará en la heladera hasta 3 días.

3 1/3 tazas (830 ml) de leche de arroz o leche de almendras

½ cdta (2 ml) de canela molida

½ cdta (2 ml) de cardamomo molido

1 anís estrellado entero

2/3 taza (160 ml) de arroz de grano corto, como arborio o arroz para sushi

¼ taza (60 ml) de miel

PAN DE MANZANA, CANELA Y PASAS

• *Para un pan de 23 x 13 cm (2 L)* | *Cortar en 16 a 20 rebanadas* •

libre de lactosa | *bajo en* grasas | *bajo en* azúcar

Como el puré de calabaza, la mantequilla de manzana sirve para agregar a las masas humedad y dulzura. Asegúrese de comprar mantequilla de manzana pura, que está hecha solamente de manzanas que han sido cocinadas lentamente para concentrar su sabor y dulzura. Por ésta dulzura natural, el azúcar no es necesario en ésta receta.

1. Precaliente el horno a 160° c. y engrase un molde para pan de 23x13 cm.
2. En un bol grande, bata la mantequilla de manzana, el jugo de naranja o de manzana y los huevos. Agregue revolviendo la manzana rallada.
3. En un bol aparte, revuelva la harina, el polvo de hornear, la canela, la pimienta, el bicarbonato de sodio y la sal. Agregue ésto a la mezcla de mantequilla de manzana y revuelva apenas hasta unirlos uniformemente. Agregue revolviendo las pasas y vierta la mezcla en el molde preparado, esparciendo para nivelar.
4. Hornee el pan por 45-50 minutos, hasta que un palillo insertado en el centro de la hogaza salga limpio. Déjelo enfriar dentro del molde por 20 minutos, luego desmóldelo para que se enfríe completamente antes de cortarlo. El pan se conservará, bien envuelto, hasta 3 días. Puede congelarse hasta 3 meses, pero no refrigere.

1 taza (250 ml) de mantequilla de manzana pura

½ taza (125 ml) de jugo de naranja o de manzana

2 huevos

1 manzana de tamaño medio, cualquier variedad, pelada y rallada gruesa

2 tazas (500 ml) de harina integral

1 cda (15 ml) de polvo de hornear

½ cdta (2 ml) de canela molida

¼ cdta (1 ml) de pimienta de Jamaica molida

¼ cdta (1 ml) de bicarbonato de sodio

¼ cdta (1 ml) de sal

¾ taza (185 ml) de pasas

MUFFINS DE CALABAZA HÚMEDOS Y TIERNOS
• *Para 12 muffins* •

bajo en
grasas

El puré de calabaza es un ingrediente fantástico para utilizar en la repostería baja en grasa y baja en azúcar. Además de sus beneficios nutricionales (tiene caroteno alfa y beta, vitaminas C y E, potasio, magnesio y es alto en fibras), el puré de calabaza puro agrega humedad y endulza naturalmente muchas recetas.

1. Precaliente el horno a 190º c. y engrase apenas una bandeja para muffins o disponga pirotines/capacillos grandes en sus huecos.
2. Combine la harina integral, la harina común, el polvo de hornear, el bicarbonato de sodio, la sal, la nuez moscada y la pimienta en un bol grande.
3. En un bol aparte, bata la calabaza, el azúcar, el buttermilk, las claras y el aceite vegetal.
4. Vierta los líquidos en la mezcla seca y revuelva hasta apenas unirlos. Vierta dentro de los moldes para muffin y hornee por 20-25 minutos, hasta que un palillo insertado en el centro salga limpio. Deje enfriar 20 minutos antes de retirarlos de los moldes. Pueden almacenarse en un recipiente hermético hasta 3 días o congelarse hasta 3 meses. No refrigere.

1 taza (250 ml) de harina integral

2/3 taza (160 ml) de harina

1 ½ cdta (7.5 ml) de polvo de hornear

1 cdta (5 ml) de bicarbonato de sodio

½ cdta (2 ml) de sal

½ cdta (2 ml) de nuez moscada molida

¼ cdta (1 ml) de pimienta de Jamaica molida

1 ½ tazas (375 ml) de puré de calabaza

2/3 taza (160 ml) de azúcar negro o demerara

2/3 taza (160 ml) de buttermilk (pág. 323)

2 claras

3 cdas (45 ml) de aceite vegetal

PUDDING CREMOSO DE CAFÉ
• *Para 4 postres individuales* •

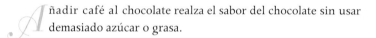

libre de **huevo**   *libre de* **gluten**   *bajo en* **grasas**   *bajo en* **azúcar**

*A*ñadir café al chocolate realza el sabor del chocolate sin usar demasiado azúcar o grasa.

1. En una cacerola pequeña a fuego medio, hierva la leche, el azúcar, el chocolate picado y el café en polvo, batiendo hasta que el chocolate se haya derretido y el café en polvo se haya disuelto en la leche.

2. En un bol pequeño, bata el café frío con la maicena y la vainilla. Agregue batiendo de a poco la mezcla de maicena a la leche caliente. Bata esto sobre fuego medio hasta que vuelva a hervir y se espese, aproximadamente 4 minutos.

3. Vierta el budín en 4 platos pequeños para servir y envuelva en film transparente en contacto con los budines (esto prevendrá la formación de una costra en su superficie). Refrigere hasta enfriar, alrededor de 3 horas. Para servir, retire el film y espolvoree sutilmente con cacao en polvo. El budín se conservará en la heladera hasta 3 días.

2 tazas (500 ml) de leche al 1%

¼ taza (60 ml) de azúcar

60 gr de chocolate amargo picado

1 cda (15 ml) de café instantáneo en polvo

¼ taza (60 ml) de café preparado a temperatura ambiente

3 ½ cdas (52.5 ml) de maicena

1 cdta (5 ml) de extracto de vainilla

Cacao en polvo, tamizado, para decorar

Pan de manzana, canela y pasas (pág. 311)

BARRAS DE FRUTILLA, AVENA Y ALMENDRAS

• Para un molde cuadrado de 20 cm | Cortar en 25 a 36 barras •

libre de lactosa   *libre de* huevo   *bajo en* grasas

La manteca de almendra le da a éstas barras un delicioso sabor a tostado, y resulta maravillosa con conservas de frutilla. Cualquier conserva de fruta baja en azúcar resultará buena en ésta receta.

1. Precaliente el horno a 175º c. Cubra un molde para horno cuadrado de 20 cm. con papel manteca de modo que el papel asome un poco por los bordes.
2. Combine la harina, la avena y el azúcar.
3. En un bol aparte, mezcle la manteca de almendra, el aceite y el jugo de naranja. Agregue ésto a la mezcla de harina y revuelva hasta que adquiera una textura áspera y quebradiza.
4. Presione la mitad de la mezcla sobre el molde y esparza encima la conserva de frutillas. Rocíe la mezcla de avena restante sobre las frutillas en conserva y presione suavemente.
5. Hornee aproximadamente 35 minutos, hasta que se doren apenas alrededor de los bordes. Déjelas enfriar, luego refrigere antes de cortarlas. Las barras se conservarán en la heladera hasta 4 días.

1 ¼ tazas (310 ml) de harina integral

1 ½ tazas (375 ml) de avena

½ taza (125 ml) de azúcar demerara o negra

2/3 taza (160 ml) de manteca de almendra pura, bien revuelta

3 cucharadas (45 ml) de aceite vegetal

2 cucharadas (30 ml) de jugo de naranja

1 taza (250 ml) de frutillas/fresas en conserva (pueden ser bajas en azúcar)

MANZANAS AL HORNO RICAS EN FIBRA
• *4 manzanas asadas* •

libre de lactosa | *libre de* huevo | *bajo en* grasas | *bajo en* azúcar

La combinación de avena con salvado, germen de trigo y semillas de lino le da al crocante que cubre estas manzanas un maravilloso sabor a nuez.

1. Precaliente el horno a 190º c.
2. Pele las manzanas hasta la mitad y extraiga los corazones, cuidando de no perforar la base de las frutas. Colóquelas en un plato para hornear y rellene el centro de cada una con una cucharada (15 ml) de pasas.
3. Mezcle la avena, el salvado de avena, las semillas de lino, el salvado de trigo, el germen de trigo, la canela y el clavo de olor. Agregue el jarabe de arce o miel y el aceite, y revuelva hasta combinar. Rellene y cubra la parte superior de las manzanas con esta preparación.
4. Hornee unos 25 minutos, hasta que el crocante apenas se dore y las manzanas estén tiernas. Déjelas enfriar por 10 minutos antes de servir. Las manzanas pueden cocinars ey refrigerarse con un día de anticipación, pero deben servirse tibias. Puede recalentarlas en un horno a 160º c. entre 10 y 15 minutos.

4 manzanas rojas
4 cdas (60 ml) de pasas
2/3 taza (160 ml) de avena
2 cdas (30 ml) de salvado de avena
2 cdas (30 ml) de semillas de lino molidas
1 cda (15 ml) de salvado de trigo
1 cda (15 ml) de germen de trigo
½ cdta (2 ml) de canela molida
¼ cdta (1 ml) de clavo de olor molido
3 cdas (45 ml) de jarabe de arce o 30 ml de miel
1 cda (15 ml) de aceite vegetal

nota de la cocina de Anna
Usted puede duplicar la porción de crocante de avena de ésta receta y esparcirlo sobre manzanas cortadas en dados para hacer un crujiente de manzanas como el de pág. 123 con mayor contenido de fibras. El tiempo de horneado será aproximadamente el mismo.

salsas y decoraciones

SALSAS

320 || Crema inglesa de vainilla
320 || Salsa de chocolate
320 || Salsa cremosa de caramelo
320 || Coulis de frambuesa
321 || Coulis de mango
321 || Compota de arándanos
rojos
321 || Compota de frambuesa
321 || Crème Fraîche
321 || Crema chantilly

DECORACIONES

322|| Virutas de chocolate
322|| Crocante de frutos secos
322|| Cáscaras cítricas confitadas

SALSAS

．．．．．．．．．．．．．．．．．．．．．．．．．．．．．．．．．．．．．．．

Esta es una selección clásica para acompañar todo tipo de postres. Piense en salsas de frutas para postres cremosos o una torta, y en salsas de chocolate o caramelo para postres de frutas.

CREMA INGLESA DE VAINILLA
• Para 1 taza (250 mL) •

1 taza (250 ml) de crema mitad y mitad (ver pág. 12)
2 yemas
2 cdas (30 ml) de azúcar
1 cdta (5 ml) de extracto de vainilla o pasta de vainilla

1. En una cacerola, cocine la crema hasta justo antes del hervor.
2. En un bol pequeño, bata las yemas, el azúcar y la vainilla. Mientras bate, lentamente vierta la crema caliente sobre las yemas y devuelva toda la mezcla a la cacerola. Cocine a fuego medio, revolviendo con cuchara de madera o una espátula de silicona hasta que la salsa cubra la cuchara o la espátula, alrededor de 3 minutos. Cuele y deje enfriar a temperatura ambiente. Luego refrigere hasta servir. La salsa se conservará en la heladera hasta 3 días.

SALSA DE CHOCOLATE
• Para 1 taza (250 mL) •

Esta salsa de chocolate es densa y sustanciosa. Es mejor servirla caliente.

¼ taza (60 ml) de crema para batir
90 gr de chocolate semiamargo, picado
3 cdas (45 ml) de manteca sin sal
2 cdas (30 ml) de azúcar rubia
2 cdas (30 ml) de jarabe de maíz
1/8 cdta (0.5 ml) de sal
1 cda (15 ml) de brandy (opcional)

1. Revuelva juntos la crema, chocolate, manteca, azúcar rubia, jarabe de maíz y sal en una cacerola de fondo pesado a fuego medio-bajo hasta que se hayan derretido y mezclado los ingredientes.

2. Retire del fuego y agregue revolviendo el brandy, si lo usa, y sirva tibio o a temperatura ambiente, o refrigere para usar más tarde. La salsa de chocolate se mantendrá en la heladera hasta la fecha de vencimiento de la crema indicada en el pote.

SALSA CREMA DE CARAMELO
• Para 1¼ tazas (310 mL) •

3 cdas (45 ml) de agua
2 cdtas (10 ml) de jugo de limón
2/3 taza (160 ml) de azúcar
¾ taza (185 ml) de crema para batir

1. Vierta el agua y el jugo de limón en una cacerola de fondo pesado y agregue el azúcar. Sin revolver, lleve el azúcar a hervor a fuego fuerte. Continúe hirviendo, pincelando ocasionalmente los costados de la cacerola con agua, hasta que tome un rico color ámbar. Retire del fuego y con cuidado agregue batiendo la crema (ojo con el vapor).
2. Deje que la salsa de caramelo se enfríe en la cacerola, luego sirva a temperatura ambiente para disfrutar su textura satinada, pero conserve en heladera. Se mantendrá en la heladera hasta la fecha de vencimiento de la crema indicada en el pote.

nota de la cocina de Anna

Esta salsa de caramelo va bien con saborizantes como 2 cucharadas (30 mL) de Baileys®, Grand Marnier, Kahlúa, o whisky. También con 1 cucharadita (5 mL) de vainilla más 2 cucharadas (30 mL) de manteca para hacer la salsa butterscotch. Siempre incorporar estos agregados después de la crema, mientras la salsa está tibia.

COULIS DE FRAMBUESA
• Para 1 taza (250 mL) •

1½ tazas (375 mL) de frambuesas frescas o descongeladas
3 Cdas (45 mL) de azúcar, o a guso

Haga un puré con las frambuesas y el azúcar, luego pase a través de un colador. Refrigere hasta que esté listo para servir. El coulis se mantendrá en heladera hasta 4 días.

COULIS DE MANGO
• Para 1 taza (250 mL) •

1 mango maduro
2 cdas (30 mL) de azúcar

Pele el mango y córtelo en dados. Hagalo puré con el azúcar y refrigere hasta servir (no hace falta colar). Se mantendrá hasta 4 días en heladera.

COMPOTA DE ARÁNDANOS ROJOS Y VAINILLA
• Para 2 tazas (500 mL) •

2 tazas (500 mL) de arándanos rojos frescos o congelados
½ taza (125 mL) de agua
1 vaina de vainilla o 1 Cda (15 mL) de pasta de vainilla
1 cdta (5 mL) de ralladura de naranja
⅔ taza (160 mL) de azúcar

1. Usando fuego medio, lleve a hervor los arándanos, agua, semillas que raspó de la vaina de vainilla (o la pasta) y la ralladura de naranja. Deje que hierva unos 5 minutos, luego añada el azúcar y hierva 10 minutos más, revolviendo ocasionalmente.
2. Retire del fuego, enfríe a temperatura ambiente, luego refrigere hasta servir. Se mantendrá en heladera hasta 2 semanas.

COMPOTA DE FRAMBUESA
• Para 1½ tazas (375 mL) •

⅓ taza (80 mL) de azúcar
1½ cdta (7.5 mL) de maicena
2 tazas (500 mL) de frambuesas frescas o congeladas
¼ cdta (1 mL) de pimienta de Jamaica

Revuelva el azúcar y la maicena y añada esto a una cacerola o sauteuse con 1 taza (250 mL) de las frambuesas. Haga hervir a fuego medio, revolviendo ocasionalmente. Una vez que esté hirviendo, retire del fuego y agregue la restante 1 taza (250 mL) de frambuesas. Refrigere hasta que esté listo para servir, pero consuma la compota a temperatura ambiente (retírela de la heladera 1 hora antes de servir). Se conserva en heladera hasta 5 días.

CRÈME FRAÎCHE
• Para 1 taza (250 mL) •

1 taza (250 mL) de crema para batir
1 Cda (15 mL) de buttermilk (ver pág. 323)

1. Revuevla la crema junto con el buttermilk, y vierta la mezcla en un recipiente de vidrio o plástico (un frasco con tapa a rosca o un tupper servirán). Coloque este recipiente en un bol y llene con agua de la canilla caliente, solo hasta alcanzar el nivel de la crema. Reserve esto en un lugar cálido y libre de corrientes para que fermente unas 24 a 48 horas (el calor y la humedad exterior impactarán en el tiempo—a mayor calor y humedad menor tiempo de fermentación).
2. Verifique que la preparación tenga un aroma fresco a cítricos y refrigere la crème fraîche sin revolver hasta que esté asentada, unas 3 horas.
3. Para usar, descarte el líquido del fondo. La crème fraîche se mantendrá en heladera hasta la fecha de vencimiento de la crema indicada en el pote.

CREMA CHANTILLY
• Para 2 tazas (500 mL) •

La crema chantilly es simplemente crema con agregado de vainilla. Para preparar una crema que mantenga su volumen, lea los tips en pág. 12.

1 taza (250 mL) de crema para batir
1 cda (15 mL) de azúcar
1 cdta (5 mL) de extracto de vainilla o pasta de vainilla

Bata la crema hasta que monte un pico blando al levantar los batidores. Agregue batiendo el azúcar y la vainilla, y refrigere hasta servir, más o menos una hora.

DECORACIONES

Con apenas unos simples trucos, decorar y terminar postres se vuelve fácil.

VIRUTAS DE CHOCOLATE
• *Cantidad deseada* •

125 g, o más, de chocolate semiamargo, con leche o blanco

Use un pelador de vegetales para sacar virutas de chocolate, y rocíe sobre tartas, tortas o cupcakes.

CROCANTE DE FRUTOS SECOS
• *Para ½ taza (125 mL)* •
Suficiente para decorar 1 torta o tarta, o 6 postres individuales

⅓ taza (80 mL) de frutos secos cortados en láminas
    (almendras, avellanas, nueces, o nueces pecan)
3 Cdas (45 mL) de jarabe de arce o 33 ml de miel

1.
1. Precaliente el horno a 160° c. Cubra un molde de 20 cm. con papel de aluminio y engráselo bien.
2. Eche las nueces, luego vierta el jarabe de arce encima, apenas revolviendo para mezclar. Hornee por aproximadamente 18 minutos, hasta que el jarabe burbujee vigorosamente. Deje enfriar el crocante por completo, y reserve a temperatura ambiente hasta servir.Para servirlo, retire el aluminio del crocante y rómpalo en pedazos. Se conservará en un recipiente hermético hasta una semana.

JENGIBRE CONFITADO
• *Para ½ taza (125 mL)* •

45 g de jengibre, cortado en láminas finas
⅓ taza (80 mL) de agua
⅓ taza (80 mL) de azúcar

1. Haga hervir las láminas de jengibre en un jarabe hecho con el agua y azúcar a fuego medio hasta que el jengibre esté transparente, alrededor de 20 minutos. Refrigere hasta que esté listo para servir.

CÁSCARAS CÍTRICAS CONFITADAS
• *Rinde 1½ tazas (375 mL)* •

2 naranjas o limones enteros
1 taza (250 ml) de azúcar, más un extra para recubrir.

1. Utilizando un cuchillo de cocina, trace un círculo en la parte superior e inferior de cada fruta. Haga una incisión hacia abajo en 4 o 5 lugares, y arranque la cáscara. Luego corte en juliana.
2. Hierva agua en una pequeña olla y agregue las cáscaras. Déjelas hervir por 1 minuto, luego escurra el agua (este paso elimina la amargura de las cáscaras).
3. Lleve a hervor el azúcar con 1 taza (250 ml) de agua, y agregue las cáscaras cítricas blanqueadas. Hierva a fuego suave hasta que se torne traslúcida, alrededor de 10 minutos. Retire la olla del calor y deje enfriar los cítricos dentro del jarabe.
4. Escurra las cáscaras (reserve el jarabe para otros usos), y espárzalas en una placa cubierta con papel manteca para secarlas un poco. Mezcle con una cantidad adicional de azúcar si lo desea. Las cáscaras azucaradas se conservarán en un recipiente hermético hasta 2 semanas (no refrigere).

notas de la cocina de Anna

1. Un trozo de cáscara de naranja o de limón confitada puede agregarle brillo a una simple torta de chocolate, o un toque festivo a un postre de frutas, o coronar una crème de caramelo.
2. El jarabe reservado posee una espléndida esencia cítrica. Utilícelo para escalfar peras, endulzar el té, el té helado o el café, o para pincelar un budín.

GLOSARIO

- **BUTTERMILK:** o crema ácida. Se consigue envasada en algunos países, pero usted la puede lograr agregando 2 cucharaditas (10 ml) de jugo de limón en 1 taza (250 ml) de leche semi-descremada (con 1-2% de tenor graso) y revolviendo hasta combinar.

- **PUNTO LETRA:** Cuando se baten los huevos(con batidora eléctrica) junto con el azúcar, la preparación luego de unos minutos de batido intenso (aproximadamente 10 o 12 minutos) se transforma, tornándose más clara y más espesa. A tal punto que al levantar las espátulas de la batidora y caer la mezcla, la consistencia es tal que se puede formar una letra sin que se deforme y permaneciendo en el lugar. También se le llama punto cinta pues al levantar las espátulas con parte de la preparación, la mezcla cae en forma continua como una cinta sin que se deforme.

- **PIROTINES:** También llamados capacillos en México y cápsulas (España), son recipientes en papel con un tratamiento resistente al calor que mantienen su color y forma en el horneado y sirven de "taza" a los cupcakes.

- **AZÚCAR IMPALPABLE:** o azúcar glas/extrafino/ azúcar nevada/azúcar de flor. Se obtiene pulverizando o moliendo el azúcar granulado a tamaño de polvo. En las preparaciones comerciales se les añade un porcentaje menor de almidón.

- **RAMEKIN:** Un ramekín es un pequeño cuenco de bordes altos y rectos, usado generalmente para hornear porciones individuales. Puede ser de cerámica, barro o vidrio.

- **MANÍ:** cacahuate/cacahuete.

- **SÉSAMO:** ajonjolí.

- **DAMASCOS:** albaricoques, chabacanos.

- **BICARBONATO DE SODIO:** bicarbonato de soda.

- **CREMA DE LECHE:** Nata líquida.

- **MOLDE BUNDT:** Es un molde acanalado con un tubo central, similar a una flanera con un patrón en espiral, que se inspira en la forma del postre tradicional alemán *Gugelhopf.*

- **PACANAS/NUECES PECAN:** nuez de la isla o nuez encarcelada.

- **DURAZNO:** melocotón.

- **FRUTILLAS:** fresa/fresón

- **ANANÁ:** piña.

INDICE

Números de página con ilustraciones están en azul

A

Acciones comunes en repostería, 3
Almendras
  Amaretti, 35
  Barras de chocolate y coco, 70
  Barras de frutilla, avena y almendras, 316
  Biscotti de chocolate y almendras, 39, 41
  Budines navideños de whisky, 252
  Crème brulée con crocante de almendras, 195, 193
  Cuadraditos de canela, manzana y almendras con Streusel, 73
  Macarons de zanahoria y almendras, 291
  Madeleines de naranja bañadas en chocolate, 37
  Masitas de almendras, 36, 41
  reemplazo de leche de vaca por leche de almendra, 259
  Shortbread de miel y almendras, 293
  Tabla de conversión, 6
  Tarta frangipane de arándanos rojos, 115
  Torta de libra de limón y almendras, 300
Almidón de maíz, 18, 290
Amapola, semillas de
  Torta de libra de semillas de amapola con glaseado de limón, 158
  Torta de nueces y semillas de amapola, 304-305
Amaretti, 35
Ananá/Piña
  Muffins de la pileta de la cocina, 213, 215
  Pan de yogur, 221
  Tarta de piña colada, 112
Angel Food Cake, 154
Arándanos
  Cobbler de durazno y bayas, 126, 127
  Cobbler de frutos rojos, 278
  Galletas de avena y arándanos secos, 33
  Mini tartas de arándanos y crema de coco, 280, 281
  Muffins de arándanos de la vieja escuela, 212, 215
  Tarta de frutas cocidas, 90–91
  Tarta de frutas frescas, 88–89
  Torta de arándanos y trigo sarraceno, 220
Arándanos rojos
  Rollls de chocolate y arándanos, 234, 235
  Tarta frangipane de arándanos rojos, 115
  Clafoutis de arándanos y naranjas, 207
  Scons de arándanos rojos y trigo espelta, 230
  Brownies cargados de arándanos, coco y malvavisco 56
  Cuadraditos de avena y frutos secos, 74, 75
  Muffins de avena con arándanos y pera, 215
  tips y consejos, 114
  Compota de arándanos rojos y vainilla, 321
  Budines navideños de whisky, 252
Arroz
  Postre de arroz con leche, 206
  Postre de arroz con leche de almendras y miel, 310
arroz, harina de
  Pan de banana y naranja, 297
  Brownies, 292

Base para tarta libre de gluten, 296
  en recetas libres de gluten, 289, 295
  Torta para café de avellanas y canela, 294, 295
  Shortbread de miel y almendras, 293
arroz, leche de
  Postre de arroz con leche de almendras y miel, 310
  as replacement for cow's milk, 259
Cheesecake de chocolate sustanciosa, 168
Torta de vainilla con cobertura de fudge de chocolate, 144, 145
Avellanas
  Crema de manteca de chocolate y avellanas, 170
  Biscotti de coco y avellanas, 40, 41
  Dobos Torte, 168–170, 169
  Torta para café de avellanas y canela, 294, 295
  Arrollado de café y avellanas, 248, 249
  Linzer cookies de avellanas y frambuesas, 43
  Torta de ricotta y avellanas, 134, 135
  Tabla de conversión, 6
Avena
  Cheesecake de chocolate y naranja, 279
  Crujiente de frutas clásico, 123
  Manzanas al horno ricas en fibra (variación), 317
  Cuadraditos de avena y frutos secos, 74, 75
  Cookies de avena y pasas, 21, 23
  Muffins de avena con arándanos y pera, 215
  Barras de frutillas, avena y almendras, 316
  tips y consejos, 20, 288
  Tabla de conversión, 6
Azúcar de frutas
  Angel Food Cake, 154
Azúcara demerara, 12
  Scons de arándanos rojos y trigo espelta, 230
  Triángulos de azúcar demerara, 27
Azúcar negra, tips y consejos 5, 6, 13, 18

B

Baileys®, licor
  Salsa crema de caramelo (variación), 201, 320
  Soufflés de chocolate y Baileys®, 198–199, 201
Bajas en grasas, recetas 307–317
  Amaretti, 35
  Angel Food Cake, 154
  Pan de manzana, canela y pasas, 311, 315
  Torta de arándanos y trigo sarraceno, 220
  Muffins de salvado y pasas, 213, 215
  Macarons de zanahoria y almendras, 291
  Scons de arándanos rojos y trigo espelta, 230
  Pudding cremoso de café, 314
  Manzanas al horno ricas en fibra, 317
  Postre de arroz con leche de almendras y miel, 310
  Scons de jarabe de arce y pasas, 262, 263
  Muffins de calabaza, húmedos y tiernos, 312
  Soufflés de frambuesa, 201, 202
  Barras de frutillas, avena y almendras, 316
  Biscotti de chocolate y almendras, 39, 41
Bajas en azucar, recetas, 307–309, 312–313, 315–317
  Pan de manzana, canela y pasas, 311, 315
  Torta de arándanos y trigo sarraceno, 220

udding cremoso de café, 314
Manzanas al horno ricas en fibra, 317
Postre de arroz con leche de almendras y miel,
310
Galette de durazno y frambuesas (variación),
296, 297
ana
arras de banana y nuez, 66, 67
udín de pan de banana y chocolate, 204, 205
Muffins de banana y coco, 215
an de banana y chips de chocolate, 224, 225
an de banana y naranja, 297
an de banana y nueces, 277
astel cremoso de banana y chocolate con cobertura de manteca de maní, 97
ras. Ver Cuadraditos y barras
ras de chocolate y coco, 70
es para tartas
Masa de tarta de chocolate, 117
Masa para tarta libre de lactosa y libre de huevo,
264
Masa doble para tarta, 83
ough, 82–83, 263
ase para tarta libre de gluten, 296, 296, 297
raham cracker crusts and substitutes, 160,
161, 263
Masa de tarta con frutos secos, 114
ie dough, 78–83, 263
Masa de tarta sablée, 108
Masa de tarta dulce (tarte sucreé), 104
ps y consejos, 78–83, 97, 108, 109
idores, 3, 6, 79, 81, 161.
as Ver también frutos rojos por nombre
avlovas de chocolate, 306
obbler de durazno y bayas, 126, 127
obbler de frutos rojos, 278
onsejos y sugerencas, 124
cotti, 38–41
Biscotti de coco y avellanas, 40, 41
iscotti de chocolate y almendras, 39, 41
iscotti de limón y nueces macadamia, 42
arbon
rifle de manzana y crema de bourbon, 236-237
ndy
Arrollado de café y avellanas, 248, 249
rema de manteca de chocolate y avellanas, 170
alsa de chocolate, 201, 320
Torta Tiramisú, 174, 175
Tuiles, 34
wnies, 54–56
Blondies de manteca de maní, 54
Brownies, 292
y hornos convectores, 9
Brownies cargados de arándanos, coco y
malvavisco 56
Brownies fudge de chocolate, 54, 57
Brownies de moka con harina integral, 55, 57
dines y tortas de libra, 156–160
qué moldes para horno elegir, 8
Torta de zanahoria y manzana, 160
Bundt cake de zucchini y nueces con glaseado
de chocolate, 158
Torta de libra de semillas de amapola con gla-
seado de limón, 158
Torta de libra de miel y dátiles, 159
Torta de libra de limón y almendras, 300
Torta de libra marmolada, 156, 157

Bundt cakes. Ver Budines y torats de libra
Buttermilk, 12. Ver también receta, 323
Butterscotch, salsa
Salsa crema de caramelo, 201, 320

C

Cacao
Brownies, 292
Torta de chocolate en capas con cobertura de
caramelo, 146, 147
Linzer cookies de chocolate y malvaviscos,
44, 45
Pavlovas de chocolate, 306
Torta libre de lactosa de chocolate, 270, 271
Barras D'Artagnan, 69, 71
Brownies fudge de chocolate, 54, 57
Brownies cargados de arándanos, coco y mal-
vavisco 56
Linzer cookies de avellanas y frambuesas, 43
Barras de manteca de maní de Namaimo, 68, 69
Cupcakes de terciopelo rojo, 138
tips y consejos, 10
Biscotti de chocolate y almendras, 39, 41
Pudding tibio de chocolate y cereza, 284, 285
Café
Pudding cremoso de café, 314 Brownies de
moka con harina integral, 55, 57
Arrollado de café y avellanas, 248, 249
Tarta de mousse de café, 122
Torta Tiramisú, 174, 175
Calabaza
Muffins de calabaza, húmedos y tiernos, 312
Cheesecake de chocolate y calabaza, 118, 119
Pastel de calabaza, 98
tips y consejos, 310
Canela
Pan de manzana, canela y pasas, 311, 315
Cuadraditos de canela, manzana y almendras
con Streusel, 72
Ruedas de canela, 30
Torta de canela y streusel, 217, 219
Galletitas de canela, 50
Torta para café de avellanas y canela, 294, 295
Snickerdoodles, 24
Caramelo
Tarta invertida de manzana y caramelo, 176,
177
Cobertura de caramelo, 146, 147
Soufflés de caramelo, 203
Shortbreads de caramelo y nuez, 62, 63
Salsa crema de caramelo, 201, 320
Casa de pan de jengibre, 252–254, 253
Cerámica, moldes para hornear de 7
Cerezas
Tarta de frutas cocidas, 90–91
Torta de frutas festiva, 272
Torta Lady Baltimore, 172
Pudding tibio de chocolate y cereza, 284, 285
Chai
Cupcakes especiados con cobertura de coco,
140, 141
Cheesecake, 161–168
Cheesecake de chocolate y naranja, 279
y hornos convectores, 9

Cheesecake europeo de limón, 162, 163
Cheesecake de vainilla, 161
Tarta de piña colada, 112
Cheesecake de chocolate y calabaza, 118, 119
Cheesecake de chocolate sustanciosa, 168
Cheesecake de lavanda y frutilla/fresa, 106
tips y consejos, 160–161, 164
Cheesecake de chocolate blanco, frambuesas y
lima 164, 165
Chocolate. Ver también Cacao; Chocolate blanco
Soufflés de chocolate y Baileys®, 198–199, 201
Budín de pan de banana y chocolate, 204, 205
Pan de banana y chips de chocolate, 224, 225
Barras de chocolate y coco, 70
Brownies, 292
Pastel cremoso de banana y chocolate con cober-
tura de manteca de maní, 97
Torta chiffon de chocolate, 154
Cookies de chips de chocolate, 15, 19, 20, 278
Rollls de chocolate y arándanos, 234, 235
Masa de tarta de chocolate, 117
Madeleines de naranja bañadas en chocolate, 38
Bundt cake de zucchini y nueces con glaseado de
chocolate, 158
Crema de manteca de chocolate y avellanas, 170
Torta de chocolate en capas con cobertura de
caramelo, 146, 147
Linzer cookies de chocolate y malvaviscos, 44, 45
Cheesecake de chocolate y naranja, 279
Pavlovas de chocolate, 306
Cuadraditos de chocolate, maní y pretzels, 72
Pastel de chocolate y nueces pecan, 99
Arrollado de chocolate y frambuesa, 245
Virutas de chocolate, 322
Mantecadas de chocolate, 28
Salsa de chocolate, 201, 320
Tarta flan de frutas clásica, 107
Pudding cremoso de café, 314
Torta libre de lactosa de chocolate, 270, 271
Barras D'Artagnan, 69, 71
Brownies fudge de chocolate, 54, 57
Cookies de chips de chocolate libres de huevo, 278
Torta de chocolate sin harina, 136, 137
Brownies de moka con harina integral, 55, 57
Cobertura fudge de chocolate, 144, 145
Brownies cargados de arándanos, coco y malva-
visco 56
Trifle de pan de jengibre y chocolate, 240
Arrollado de café y avellanas, 248, 249
Aro de fruitcake liviano, 250, 251
Cuadraditos de jarabe de arce, nueces pecan y
chocolate, 60, 61
Torta de libra marmolada, 156, 157
derretir, 10-11
Tarta sedosa de chocolate, 124, 125
Tarta de mousse de café, 122
Blondies de manteca de maní, 54
Trifle de pera, Grand Marnier y chocolate blanco,
242, 243
Cheesecake de chocolate y calabaza, 118, 119
Rugelach de frambuesa y chocolate blanco, 45, 46
Cheesecake de chocolate sustanciosa, 168
Tarta rocky road, 116
Pudding de chocolate y 5 especias al vapor, 302,
303
sustitutos, 116

tips y consejos, 10–11
Cupcakes con centro de trufa de chocolate, 142
Biscotti de chocolate y almendras, 39, 41
Sacher Torte vienesa, 166, 167
Pudding tibio de chocolate y cereza, 284, 285
Scons de chocolate blanco y pimienta 227–231
Cheesecake de chocolate blanco, frambuesas y lima 164, 165

Ciruelas
Trifle de frutas, crema y vino dulce, 241

Ciruelas pasas
Aro de fruitcake liviano, 250, 251
Cuadraditos de avena y frutos secos, 74, 75

Coberturas
coberturas de crema de manteca, 151, 171
Cobertura de caramelo, 146, 147
Crema de manteca de chocolate y avellanas, 170
Cobertura de coco, 139, 140
Cobertura de queso crema 138, 185, 186, 188
Cobertura de crema, 139, 141
Barras de banana y nuez, 66, 67
Brownies de moka con harina integral, 55, 57
Cupcakes de vainilla, 282, 283
Cobertura fudge de chocolate, 144, 145
Cobertura de crema de manteca de limón, 152, 181
Cobertura de merengue y jarabe de arce, 153, 271
Cobertura de 7 minutos, 149, 150
tips y consejos, 146
Crema de manteca italiana, 151

Coco
Muffins de banana y coco, 215
Mini tartas de arándanos y crema de coco, 280, 281
Barras de chocolate y coco, 70
Pastel de coco con cobertura de 7 minutos, 148–150, 149
Biscotti de coco y avellanas, 40, 41
Cobertura de coco, 139, 140
Masa para tarta libre de lactosa y libre de huevo, 264
Brownies cargados de arándanos, coco y malvavisco 56
Muffins de la pileta de la cocina, 213, 215
Medallones de lima y coco, 29
Tarta de piña colada, 112
Tarta de frambuesa y nueces pecan, 120, 121
aceite virgen de coco como reemplazo de manteca, 259
Cupcakes especiados con cobertura de coco, 140, 141

Congelar cookies, cuadraditos y barras, 17, 63

Compotas
Compota de frambuesa, 321
Compota de arándanos rojos y vainilla, 321

Leche condensada
Crème Brûlée de dulce de leche, 192
Trifle de pan de jengibre y chocolate, 240

Hornos convectores, 9, 90, 92
Tarta de frutas cocidas, 90–91

Cookies, 14–49. See also Biscotti; Shortbread; Squares and bars
Masitas de almendras, 36, 39
Amaretti, 35
Crumble de manzana, 128
Pepas de damasco y nueces, 47, 48

Cookies de azúcar negra, 18
Masa básica de azúcar blanca, 23
Galletas de avena y arándanos secos, 33
Macarons de zanahoria y almendras, 291
Lenguas de gato, 36
Cookies de chips de chocolate, 15, 19, 20, 278
Madeleines de naranja bañadas en chocolate, 38
Linzer cookies de chocolate y malvaviscos, 44, 45
Ruedas de canela, 30
Galletitas de canela, 50
y hornos convectores, 9
Masitas de grosella con crema de limón, 45
Galletitas de jengibre, 25
cookies a la cuchara, 18–25
Cookies de chips de chocolate libres de huevo, 278
congelar, 17, 63
Cookies de té verde, sésamo y jengibre, 32
Linzer cookies de avellanas y frambuesas, 43
icebox/chilled cookies, 29–32
lace cookies, 33, 36, 39
Lenguas de gato, 36
linzer cookies, 42, 43, 45
Galletas de jengibre, 49
Cookies de melaza, 21, 23
Cookies de avena y pasas, 21, 23
Cookies de manteca/mantequilla de maní, 22, 23
Cookies de encaje con nueces pecan, 37, 39
Rugelach de frambuesa y chocolate blanco, 45, 46
galletas para heladera/freezer, 30–32
galletitas rellenas, 43–50
Galletas de naranja y toffee con sal, 31
galletas de manteca, 26–38
Snickerdoodles, 24
consejos de conservación, 34
Toffees, 24
Tuiles, 34
Triángulos de vainilla y harina de maíz, 27

Crema
Trifle de manzana y crema de bourbon, 236-237
Soufflés de caramelo, 203
Crema chantilly, 321
Salsa de chocolate, 201, 320
Flan, 196, 197
Crème brûlée clásico de vainilla, 191, 193
Cobertura de crema, 139, 141
Salsa crema de caramelo, 201, 320
Crème Fraîche, 321
Crème Brûlée de dulce de leche, 192
Trifle de frutas, crema y vino dulce, 241
Posset de limón, 208
Tarta de limón (Tarte au Citron), 111
Crème Brûlée con crocante de almendras, 195
Tarta sedosa de chocolate, 124, 125
Tarteletas de crema portuguesa, 102, 105, 102, 103
tips y consejos, 10
Torta Tiramisú, 174, 175
Torta tres leches, 173
Crema inglesa de vainilla, 320
Tarta de Crème Brûlée de vainilla, 110

Crema de manteca (buttercream)
Crema de manteca francesa, 151

Cremar, terminología, 4

Crème brûlées
Crème brûlée clásico de vainilla, 191, 193
Crème Brûlée de dulce de leche, 192
Tarta de Crème Brûlée de vainilla, 110

Crème Fraîche, 321
Pavlovas de chocolate, 306

Cuadraditos, 50–75. S
Cuadraditos de chocolate, maní y pretzels, 72
Cuadraditos de canela, manzana y almendras con Streusel, 72
Cuadraditos de dátiles, 65
Cuadrados de limón, 261
Cuadraditos de avena y frutos secos, 74, 75

Crumbles. Ver Crujientes, cobblers y crumbles

Cupcakes, 135–142. Ver Muffins
Cupcakes de vainilla, 282, 283
Cupcakes de limón y merengue, 135
Cupcakes de terciopelo rojo, 138
Cupcakes especiados con cobertura de coco, 140, 141
Cupcakes de frutillas con crema, 138, 139
Cupcakes con centro de trufa de chocolate, 142

Cremas, 190–208
Soufflés de chocolate y Baileys®, 198–199, 201
Budines cocidos, 204–206
Budín de pan de banana y chocolate, 204, 205
Mini tartas de arándanos y crema de coco, 280, 281
Soufflés de caramelo, 203
Tarta flan de frutas clásica, 107
Flan, 196, 197
Crème brûlée clásico de vainilla, 191, 193
y hornos convectores, 9
Clafoutis de arándanos y naranjas, 207
Postre de arroz con leche, 206
crème brûlées, 191–195
cremas de caramelo, 194–198
Budín de naranjas y medialunas, 206
Crème Brûlée de dulce de leche, 192
Crema de caramelo con jengibre y té verde, 198
Posset de limón, 208
Crème Brûlée con crocante de almendras, 195
Soufflés de frambuesa, 201, 202
Crema caramelo de sésamo y miel
soufflés, 199–203
tips y consejos, 199, 200, 202

D

Damascos
Aro de fruitcake liviano, 250, 251
Budines navideños de whisky, 252
Pepas de damasco y nueces, 47, 48
Sacher Torte vienesa, 166, 167
Torta leudada de damasco, 218
Trifle de crema, frutas y vino dulce, 241

Dátiles
Torta de libra de miel y dátiles, 159
Cuadraditos de dátiles, 65
Torta Lady Baltimore, 172
Aro de fruitcake liviano, 250, 251
Cuadraditos de avena y frutos secos, 74, 75
Budines navideños de whisky, 252

Decoraciones, 321
Cáscaras cítricas confitadas, 322
Virutas de chocolate, 322
Crocante de frutos secos, 322

Desayuno. Ver Tortas para café; Muffins; Panes

rápidos; Scons; Rolls
Dobos Torte, 168–170, 169
Duraznos/melocotones
    Tarta de frutas cocidas, 90–91
    Tarta de frutas frescas, 88–89
    Trifle de frutas, crema y vino dulce, 241
    Pan de yogur, 221
    Cobbler de durazno y bayas, 126, 127
    Crumble de duraznos y harina Kamut, 76, 77
    Galette de durazno y frambuesa, 298, 299

F

Facturas. 232-236
Fiestas, postres para las, 239–254
    Arrollado de chocolate y frambuesa, 245
    Arrollado de café y avellanas, 248, 249
    Aro de fruitcake liviano, 250, 251
    Casa de pan de jengibre, 252–254, 253
Frambuesa
    Arrollado de chocolate y frambuesa, 245Tarta de
      frutas cocidas, 90–91
    Cobbler de frutos rojos, 278
    Tarta de frutas frescas, 88–89
    Linzer cookies de avellanas y frambuesas, 43
    Key Lime Pie, 264
    Cobbler de durazno y bayas, 126, 127
    Rugelach de frambuesa y chocolate blanco, 45,
      46
    Compota de frambuesa, 321
    Coulis de frambuesa, 320
    Barras de crumble de frambuesa, 73
    Galette de durazno y frambuesa, 298, 299
    Tarta de frambuesa y nueces pecan, 120, 121
    Soufflés de frambuesa, 201, 202
    Cheesecake de chocolate blanco, frambuesas y
      lima 164, 165
Fruta confitada
    Cáscaras cítricas confitadas, 321
    Torta de frutas festiva, 272
    Rolls calientes cruzados, 236
    Aro de fruitcake liviano, 250, 251
Frutos secos, 28, 55
    Crocante de frutos secos, 322
    Masa de tarta con frutos secos, 114
    sustitutos, 28
    Tabla de conversión, 6
    Torta de frutas festiva, 272
Fondant
    Torta de limón con fondant para boda en
      primavera, 178–183, 179, 182–183
Fruitcakes, 249–251, 270
    Torta de frutas festiva, 272
    Aro de fruitcake liviano, 250, 251
    Budines navideños de whisky, 252
Frutas
    Crujiente de frutas clásico, 123
    Tarta flan de frutas clásica, 107
    Tarta de frutas frescas, 88–89
    tips y consejos, 89, 114, 124
Frutillas/fresas
    Tarta de frutas frescas, 88–89
    Barras de frutillas, avena y almendras, 316
    Torta de queso crema y frutillas, 222, 223
    Cheesecake de lavanda y frutilla/fresa, 106
    Cupcakes de frutillas con crema, 138, 139

G

Galletitas de jengibre, 25
Gluten-free, 289–306.
    Amaretti, 35
    Soufflés de chocolate y Baileys®, 198–199, 201
    Pan de banana y naranja, 297
    Soufflés de caramelo, 203
    Macarons de zanahoria y almendras, 291
    Brownies, 292
    Pavlovas de chocolate, 306
    Flan, 196, 197
    Crème brûlée clásico de vainilla, 191, 193
    Clafoutis de arándanos y naranjas, 207
    Pudding cremoso de café, 314
    Postre de arroz con leche, 206
    Crème Brûlée de dulce de leche, 192
    Torta de chocolate sin harina, 136, 137
    Base para tarta libre de gluten, 296
    Crema de caramelo con jengibre y té verde, 198
    Torta para café de avellanas y canela, 294, 295
    Shortbread de miel y almendras, 293
    Postre de arroz con leche de almendras y miel,
      310
    Torta de libra de limón y almendras, 300
    Cobertura de crema de manteca de limón, 152
    Crema de limón, 152
    Posset de limón, 208
    Crème Brûlée con crocante de almendras, 195
    Cobertura de merengue y jarabe de arce, 153
    Galette de durazno y frambuesa, 298, 299
    Soufflés de frambuesa, 201, 202
    reemplazos y sustitutos, 288–289
    Cheesecake de chocolate sustanciosa, 168
    Crema caramelo de sésamo y miel
    Cobertura de 7 minutos, 149, 150
    Pudding de chocolate y 5 especias al vapor, 302,
      303
    tips y consejos, 288–289
    Torta de nueces y semillas de amapola, 304-305
    Mini tartas de arándanos y crema de coco, 280,
      281
Grand Marnier liqueur
    Salsa crema de caramelo, 201, 320
    Trifle de pera, Grand Marnier y chocolate
      blanco, 242, 243
Grosellas
    Scons de grosellas, 228
    Masitas de grosella con crema de limón, 45
    Rolls calientes cruzados, 236
    Trifle de pera, Grand Marnier y chocolate
      blanco, 242, 243

H

Harina
    alternativas a la harina de trigo en recetas sin
      gluten, 289
    medidas, 4, 5
    Tabla de conversión, 6
Harina de garbanzo en recetas libres de gluten, 288
Harina de maiz
    Triángulos de vainilla y harina de maíz, 27
Higos
    Torta Lady Baltimore, 172
    Aro de fruitcake liviano, 250, 251
    Budines navideños de whisky, 252

Huevo, recetas libres de 273–285
    Scons de manzana, cheddar y nueces 226, 231
    Muffins de pasas y puré de manzanas, 277
    Pan de banana y nueces, 277
    Cobbler de frutos rojos, 278
    Mini tartas de arándanos y crema de coco, 280,
      281
    Mini tartas de manteca sin manteca, 268, 269
    Cobertura de caramelo, 146, 147
    Cookies de chips de chocolate, 278
    Cheesecake de chocolate y naranja, 279
    Mantecadas de chocolate, 28
    Cuadraditos de canela, manzana y almendras
      con Streusel, 72
    Ruedas de canela, 30
    Crujiente de frutas clásico, 123
    Pudding cremoso de café, 314
    Masa para tarta libre de lactosa y libre de huevo,
      264
    Torta libre de lactosa de chocolate, 270, 271
    Triángulos de azúcar demerara, 27
    Cobbler de frutos rojos, 278
    Cookies de chips de chocolate libres de huevo,
      278
    Torta de frutas festiva, 272
    Cupcakes de vainilla, 282, 283
    Cobertura fudge de chocolate, 144, 145
    Manzanas al horno ricas en fibra, 317
    Shortbread de miel y almendras, 293
    Postre de arroz con leche de almendras y miel,
      310
    Rolls calientes cruzados, 236
    Key Lime Pie, 264
    Posset de limón, 208
    Medallones de lima y coco, 29
    Cuadrados de limón, 261
    Scons de jarabe de arce y pasas, 262, 263
    Masa de tarta con frutos secos, 114
    Cuadraditos de avena y frutos secos, 74, 75
    Crumble de duraznos y harina Kamut, 76, 77
    Cookies de encaje con nueces pecan, 37, 39
    Bolas de nieve de pistacho, 28
    Rugelach de frambuesa y chocolate blanco, 45,
      46
    Barras de crumble de frambuesa, 73
    Barras de frutillas, avena y almendras, 316
    tips y consejos, 274–275
    Shortbread tradicionales, 26
    Triángulos de vainilla y harina de maíz, 27
    Pudding tibio de chocolate y cereza, 284, 285
Huevos. *Ver también* Merengues
    Angel Food Cake, 154
    Torta chiffon de chocolate, 154
    Pavlovas de chocolate, 306
    sustitutos para huevo, 275
    tips y consejos, 10, 56, 78

I

J

Jengibre
    Casa de pan de jengibre, 254–256, 255
    confitado, 322
    Cookies de té verde, sésamo y jengibre, 32
    Crema de caramelo con jengibre y té verde, 198

Galletas de jengibre, 49
Galletitas de jengibre, 25
Tarta de pan de jengibre rellena, 96
Torta de pan de jengibre, 134
Trifle de pan de jengibre y chocolate, 240

K

Kahlua
Salsa crema de caramelo, 201, 320
Key Lime Pie, 264
Muffins de la pileta de la cocina, 213, 215

L

Lactosa, recetas libres de 258–272
Amaretti, 35
Angel Food Cake, 154
Pan de manzana, canela y pasas, 311, 315
Muffins de pasas y puré de manzanas, 277
Pan de banana y naranja, 297
Pan de banana y nueces, 277
Mini tartas de arándanos y crema de coco, 280, 281
Mini tartas de manteca sin manteca, 268, 269
Torta de zanahoria y manzana, 160
Brownies, 292
Biscotti de coco y avellanas, 40, 41
Masa para tarta libre de lactosa y libre de huevo, 264
Torta libre de lactosa de chocolate, 270, 271
Cookies de chips de chocolate libres de huevo, 278
Torta de frutas festiva, 272
Torta de zanahorias esponjosa, 263
Cupcakes de vainilla, 282, 283
Manzanas al horno ricas en fibra, 317
Postre de arroz con leche de almendras y miel, 310
Cuadraditos de dátiles, 65
Key Lime Pie, 264
Muffins de la pileta de la cocina, 213, 215
Cuadrados de limón, 261
Cobertura de merengue y jarabe de arce, 153
Scons de jarabe de arce y pasas, 262, 263
Soufflés de frambuesa, 201, 202
reemplazos y sustitutos, 259
Cobertura de 7 minutos, 149, 150
Barras de frutillas, avena y almendras, 316
tips y consejos, 258–259
Biscotti de chocolate y almendras, 39, 41
Tarta de vainilla, caramelo y merengue, 266, 267
Budines navideños de whisky, 252
Lavanda
Cheesecake de lavanda y frutilla/fresa, 106
Leche, 12
Crema caramelo de sésamo y miel, 194
sustitutos para recetas libres de lactosa, 259
tips y consejos, 10
Torta tres leches, 173
Legumbres, harina de, en recetas sin gluten, 289
Lenguas de gato, 36
Lima
Key Lime Pie, 264
Medallones de lima y coco, 29
Tarta de piña colada, 112
Cheesecake de chocolate blanco, frambuesas y

lima 164, 165
Limón
Cáscaras cítricas confitadas, 322
Cuadraditos de crema de limón, 58, 59
Masitas de grosella con crema de limón, 45
Cheesecake europeo de limón, 162, 163
Torta de libra de semillas de amapola con glaseado de limón, 158
Muffins de la pileta de la cocina, 213, 215
Torta de libra de limón y almendras, 300
Cobertura de crema de manteca de limón, 152, 181
Crema de limón (lemon curd), 152, 184
Torta en capas rellena con crema de limón y cubierta con crema de manteca, 146-147
Biscotti de limón y nueces macadamia, 42
Cupcakes de limón y merengue, 135
Lemon pie, 93-95
Posset de limón, 208
Tarta de limón (Tarte au Citron), 111
Cuadrados de limón, 261
Rugelach de frambuesa y chocolate blanco, 45, 46
Torta de limón con fondant para boda en primavera, 178–183, 179, 182–183
Cuadraditos de limón 50, 58, 59
Cuadrados de limón, 261
Linzer cookies, 42, 43, 45

M

Macarons
Macarons de zanahoria y almendras, 291
Madeleines
Madeleines de naranja bañadas en chocolate, 38
Malvavisco
Linzer cookies de chocolate y malvaviscos, 44, 45
Brownies cargados de arándanos, coco y malvavisco 56
Tarta rocky road, 116
Mango
Coulis de mango, 321
Coulis de mango, 321
Maní
Cuadraditos de chocolate, maní y pretzels, 72
Barras de manteca de maní de Namaimo, 68, 69
Jarabe de arce
Torta chiffon de Earl Grey con cobertura de jarabe de arce, 143
Crème Brûlée con crocante de almendras, 195
Galletas de jengibre, 49
Cobertura de merengue y jarabe de arce, 153, 271
Cuadraditos de jarabe de arce, nueces pecan y chocolate, 60, 61
Scons de jarabe de arce y pasas, 262, 263
Crocante de frutos secos, 322
Manteca/mantequilla
Mini tartas de manteca sin manteca, 268, 269
Salsa crema de caramelo, 201, 320
Tarteletas de crema portuguesa, 102, 105
Tarteletas de pasas de uva, 101, 103
sustitutos para recetas libres de lactosa, 259
tips y consejos, 14, 79
Tabla de conversión, 6
Coberturas de crema de manteca, 146-147, 170
Manteca de maní

Pastel cremoso de banana y chocolate con cobertura de manteca de maní, 97
Blondies de manteca de maní, 54
Cookies de manteca/mantequilla de maní, 22, 23
Barras de manteca de maní de Namaimo, 68, 69
Manteca/Mantequilla de manzana
Pan de manzana, canela y pasas, 311, 313
Manzanas
Barras de manzana, nuez y pasas, 64
Cobbler de frutos rojos, 278
consejos, 85
Crumble de manzana, 128
Cuadraditos de canela, manzana y almendras con Streusel, 72
Manzanas al horno ricas en fibra, 317
Muffins de la pileta de la cocina, 213, 215
Muffins de pasas y puré de manzanas, 277
Pan de manzana, canela y pasas, 311, 315
Pastel de mincemeat, 100
Scons de manzana, cheddar y nueces 226, 231
Streusel de manzana, 84
Tarta cannoli de manzana, 108
Tarta invertida de manzana y caramelo, 176, 177
Tarta de manzanas caramelizadas, 86, 87
Torta de puré de manzana y nueces pecan, 216
Torta de zanahoria y manzana, 160
Trifle de manzana y crema de bourbon, 247, 246
Margarina, 79, 260
Mascarpone
Trifle de frutas, crema y vino dulce, 241
Torta Tiramisú, 174, 175
Melaza, 5, 11. Ver también azúcar negra
Cookies de melaza, 21, 23
Pan de yogur, 221
Merengues, 81–82
Torta chiffon de Earl Grey con cobertura de jarabe de arce, 143
Merengue italiano, 93,266, 267
Torta Lady Baltimore, 172
Cupcakes de limón y merengue, 135
Lemon pie, 93-95
Cobertura de merengue y jarabe de arce, 153, 271
Cobertura de 7 minutos, 149, 150
Tarta de vainilla, caramelo y merengue, 266, 267
Miel
Torta de arándanos y trigo sarraceno, 220
Shortbread de miel y almendras, 293
Torta de libra de miel y dátiles, 159
Postre de arroz con leche de almendras y miel, 310
medir, 5
Crema caramelo de sésamo y miel
Mincemeat, 100
Pastel de mincemeat, 100
Moras
Tarta de frutas cocidas, 90–91
Mousse
Tarta de mousse de café, 122
Muffins, 209–214. See also Cupcakes
Muffins de pasas y puré de manzanas, 277
Muffins de banana y coco, 215
Muffins de salvado y pasas, 213, 215
y hornos convectores, 9
Muffins de la pileta de la cocina, 213, 215
Muffins de calabaza, húmedos y tiernos, 312
Muffins de avena con arándanos y pera, 215

Muffins de arándanos de la vieja escuela, 212, 215

N

Naranjas
Pan de banana y naranja, 297
Cáscaras cítricas confitadas, 322
Madeleines de naranja bañadas en chocolate, 38
Cheesecake de chocolate y naranja, 279
Clafoutis de arándanos y naranjas, 207
Budín de naranjas y medialunas, 206
Barras de banana y nuez, 66, 67
Galletas de naranja y toffee con sal, 31
Torta de semolina con jarabe de naranja, 132
Tuiles, 34
Budines navideños de whisky, 252
Nueces de macadamia
Biscotti de limón y nueces macadamia, 42
Nueces pecan
Pastel de chocolate y nueces pecan, 99
Torta Lady Baltimore, 172
Aro de fruitcake liviano, 250, 251
Cuadraditos de jarabe de arce, nueces pecan y chocolate, 60, 61
Cookies de encaje con nueces pecan, 37, 39
Torta de puré de manzana y nueces pecan, 216
Tarta de frambuesa y nueces pecan, 120, 121
Budines navideños de whisky, 252
Tabla de conversión, 6
Barras de manteca de maní de Namaimo, 68, 69

O

P

Panes rápidos, 209–210.
Pan de manzana, canela y pasas, 311, 315
Pan de banana y naranja, 297
Pan de banana y nueces, 277
Pan de banana y chips de chocolate, 224, 225
y hornos convectores, 9
Pan de yogur, 221
Papa, harina y almidón de
Pan de banana y naranja, 297
en recetas sin gluten, 289
Pasas de uva
Pan de manzana, canela y pasas, 311, 315
Barras de manzana, nuez y pasas, 64
Muffins de pasas y puré de manzanas, 277
Muffins de salvado y pasas, 213, 215
Torta de frutas festiva, 272
Manzanas al horno ricas en fibra (variación), 317
Muffins de la pileta de la cocina, 213, 215
Scons de jarabe de arce y pasas, 262, 263
Cookies de avena y pasas, 21, 23
Tarteletas de pasas de uva, 101, 103
tips y consejos, 260
Budines navideños de whisky, 252
Pasteles, 128–187. See also Cheesecake; Tortas para café; Cupcakes; Muffins; Budines y tortas de libra; Pasteles para bodas y ocasiones especiales
Angel Food Cake, 154
Pastel de coco con cobertura de 7 minutos, 148–150, 149

Tarta invertida de manzana y caramelo, 176, 177
Torta chiffon de chocolate, 154
Torta de chocolate en capas con cobertura de caramelo, 146, 147
tortas clásicas, 144–148
Torta de pan de jengibre, 134
y hornos convectores, 9
Torta libre de lactosa de chocolate, 270, 271
Torta chiffon de Earl Grey con cobertura de jarabe de arce, 143
Torta de chocolate sin harina, 136, 137
Torta de zanahorias esponjosa, 263
Torta de ricotta y avellanas, 134, 135
Torta en capas rellena con crema de limón y cubierta con crema de manteca/mantequilla 146–147
Torta de vainilla con cobertura de fudge de chocolate, 144, 145
Torta de semolina con jarabe de naranja, 132
pasteles simples, 132–136
barritas tipo tarta, 64–66
Pudding de chocolate y 5 especias al vapor, 302, 303
Torta de nueces y semillas de amapola, 304-305
Pudding tibio de chocolate y cereza, 284, 285
pasteles batidos, 154
Pavlovas
Pavlovas de chocolate, 306
Peras
Trifle de frutas, crema y vino dulce, 241
Muffins de avena con arándanos y pera, 215
Trifle de pera, Grand Marnier y chocolate blanco, 242, 243
Pimienta
Scons de chocolate blanco y pimienta 227–231
Pistachos
Bolas de nieve de pistacho, 28
Polvo de hornear, sustitutos al huevo, 275
Pretzels
Cuadraditos de chocolate, maní y pretzels, 72
Puddings
cocidos, 203–205
Pudding cremoso de café, 314
Postre de arroz con leche de almendras y miel, 310
Pudding de chocolate y 5 especias al vapor, 302, 303
Pudding tibio de chocolate y cereza, 284, 285

Q

Queso cheddar
Scons de manzana, cheddar y nueces 226, 231
Queso cottage
Cheesecake europeo de limón, 162, 163
Queso crema. Ver también Cheesecake
Torta de zanahoria con cobertura de queso crema para boda en otoño, 185–188, 187, 188
Cobertura de queso crema 138, 185, 186, 188
Cuadraditos de crema de limón, 58, 59
Trifle de frutas, crema y vino dulce, 241
Tarta de piña colada, 112
Rugelach de frambuesa y chocolate blanco, 45, 46
Cupcakes de terciopelo rojo, 138
Rolls especiales, 232, 235
Torta de queso crema y frutillas, 222, 223

Cupcakes de frutillas con crema, 138, 139

R

Recetas básicas
Cookies de azúcar negra, 18
Masa básica de azúcar blanca, 23
Masa de tarta de chocolate, 117
cookies, 17, 22
Masa para tarta libre de lactosa y libre de huevo, 264
Masa doble para tarta, 83
Masa de tarta con frutos secos, 114
Masa de tarta sablée, 108
Masa de tarta dulce (tarte sucreé), 104
Pan de banana y chips de chocolate, 224, 225
Salsa de chocolate, 201, 320
Crujiente de frutas clásico, 123
Tarta flan de frutas clásica, 107
Torta de pan de jengibre, 134
Flan, 196, 197
Crème brûlée clásico de vainilla, 191, 193
Muffins de arándanos de la vieja escuela, 212, 215
Shortbread tradicionales, 26
Crujientes, cobblers y crumbles, 123–128
Crumble de manzana, 128
Crujiente de frutas clásico, 123
cuadraditos tipo crumble, 73-76
Cobbler de frutos rojos, 278
Manzanas al horno ricas en fibra (variación), 317
Rellenos y coberturas. Ver también Decoraciones; Tartas y pasteles; Salsas
Crema de limón (lemon curd), 152, 184
Tarta flan de frutas clásica, 107
Flan, 196, 197
sustitutos de huevo, 275
Manzanas al horno ricas en fibra (variación), 317
Remolacha
Cupcakes de terciopelo rojo, 138
Ricotta
Tarta cannoli de manzana, 108
Cheesecake europeo de limón, 162, 163
Torta de ricotta y avellanas, 134, 135
tips y consejos, 132
Ron
Aro de fruitcake liviano, 250, 251
sustitutos, 112
Ruibarbo
Tarta de frutas frescas, 88–89

S

Sal, 12–13
Galletas de naranja y toffee con sal, 31
Salsas, 320–322
Crema chantilly, 321
Salsa de chocolate, 201, 320
Salsa crema de caramelo, 201, 320
Crème Fraîche, 321
Coulis de mango, 321
Compota de frambuesa, 321
Coulis de frambuesa, 320Compota de arándanos rojos y vainilla, 321
Crema inglesa de vainilla, 320
Salvado
Muffins de salvado y pasas, 213, 215
Manzanas al horno ricas en fibra (variación), 317

Scons, 209–210, 225–230
　　Scons de manzana, cheddar y nueces 226, 231
　　Scons de arándanos rojos y trigo espelta, 230
　　Scons de grosellas, 228
　　Scons de jarabe de arce y pasas, 262, 263
　　Scons de chocolate blanco y pimienta 227–231
Semolina
　　Torta de semolina con jarabe de naranja, 132
Sésamo, semillas y aceite de
　　Cookies de té verde, sésamo y jengibre, 32Crema
　　　　caramelo de sésamo y miel
Shortbread, 25–38
　　Shortbreads de caramelo y nuez, 62, 63
　　Mantecadas de chocolate, 28y hornos convec-
　　　　tores, 9
　　Cuadraditos de crema de limón, 58, 59Triángu-
　　　　los de azúcar demerara, 27
　　Shortbread de miel y almendras, 293
　　Medallones de lima y coco, 29
　　Cuadraditos de jarabe de arce, nueces pecan y
　　　　chocolate, 60, 61
　　Bolas de nieve de pistacho, 28
　　shaped shortbread cookies, 27–28
　　Cuadraditos de limón 50, 58, 59
Sorgo, harina de
　　Base para tarta libre de gluten, 296
Soufflés, 199, 200, 202
Streusels

T
Tapioca
　　Base para tarta libre de gluten, 296
　　en tartas, 90
　　Torta para café de avellanas y canela, 294, 295
Tartas 77–128
　　Tarta cannoli de manzana, 108
　　Crumble de manzana, 128
　　Mini tartas de arándanos y crema de coco, 280,
　　　　281
　　Mini tartas de manteca sin manteca, 268, 269
　　Pastel cremoso de banana y chocolate con cober-
　　　　tura de manteca de maní, 97
　　tartas con masa de chocolate, 117–124
　　Masa de tarta de chocolate, 117
　　Pastel de chocolate y nueces pecan, 99
　　Crujiente de frutas clásico, 123
　　Tarta flan de frutas clásica, 107
　　cobblers, crisps, and crumbles, 124–127
　　y hornos convectores, 9, 89, 91
　　Tarta de frutas cocidas, 90–91
　　Tarta frangipane de arándanos rojos, 115
　　rartas con rellenos cocidos, 93–100
　　tips para bases de tarta, 79–84, 98
　　Masa para tarta libre de lactosa y libre de huevo,
　　　　264
　　Masa doble para tarta, 83
　　Streusel de manzana, 84, 85
　　Tarta de frutas frescas, 88–89
　　Tarta de pan de jengibre rellena, 96
　　Base para tarta libre de gluten, 296
　　Key Lime Pie, 264
　　Lemon pie, 93-95
　　Tarta de limón (Tarte au Citron), 111
　　Tarta sedosa de chocolate, 124, 125
　　Pastel de mincemeat, 100

Tarta de mousse de café, 122
tartas con masa de frutos secos, 114–120
　　Masa de tarta con frutos secos, 114
　　Cobbler de durazno y bayas, 126, 127
　　Tarta de piña colada, 112
　　Tarteletas de crema portuguesa, 102, 105, 102,
　　　　103
　　Cheesecake de chocolate y calabaza, 118, 119
　　Pastel de calabaza, 98
　　Tarteletas de pasas de uva, 101, 103
　　Galette de durazno y frambuesa, 298, 299
　　Tarta de frambuesa y nueces pecan, 120, 121
　　　　Tarta rocky road, 116
　　Masa de tarta sablée, 108
　　Cheesecake de lavanda y frutilla/fresa, 106
　　Masa de tarta dulce (tarte sucreé), 104
　　Tarta de Crème Brûlée de vainilla, 110
　　Tarta de vainilla, caramelo y merengue, 266, 267
Te
　　　　Torta chiffon de Earl Grey con cobertura de
　　　　　　jarabe de arce, 143
Té verde
　　Crema de caramelo con jengibre y té verde, 198
　　Cookies de té verde, sésamo y jengibre, 32
Goma de guar en recetas sin gluten, 289
Tortas para café, 209–210, 215–221
　　Torta leudada de damasco, 218
　　Torta de arándanos y trigo sarraceno, 220
　　Torta de canela y streusel, 217, 219
　　cuadraditos tipo crumble, 73-76Torta para café
　　　　de avellanas y canela, 294, 295
　　Torta de puré de manzana y nueces pecan, 216
　　Torta de queso crema y frutillas, 222, 223
Trifles, 239–245
　　Trifle de manzana y crema de bourbon, 236-237
　　Trifle de pan de jengibre y chocolate, 240
　　Trifle de frutas, crema y vino dulce, 241
　　Trifle de pera, Grand Marnier y chocolate
　　　　blanco, 242, 243
Trigo sarraceno
　　Torta de arándanos y trigo sarraceno, 220

V
Vainilla
　　Crème brûlée clásico de vainilla, 191, 193
　　Salsa crema de caramelo, 201, 320
　　Cupcakes de vainilla, 282, 283
　　Cheesecake de vainilla, 161
　　Torta de vainilla con cobertura de fudge de
　　　　chocolate, 144, 145
　　tips y consejos, 13, 190
　　Triángulos de vainilla y harina de maíz, 27
　　Compota de arándanos rojos y vainilla, 321
　　Crema inglesa de vainilla, 320
　　Tarta de Crème Brûlée de vainilla, 110
　　Tarta de vainilla, caramelo y merengue, 266, 267
Vainillas/bizcochos a la cuchara/soletas
　　Trifle de frutas, crema y vino dulce, 241
　　Torta Tiramisú, 174, 175
Vino dulce
　　Trifle de frutas, crema y vino dulce, 241

Z
Zanahorias
　　Torta de zanahoria con cobertura de queso
　　　　crema para boda en otoño, 185–188, 187, 188
　　Macarons de zanahoria y almendras, 291

Torta de zanahoria y manzana, 160
Torta de zanahorias esponjosa, 263
Muffins de la pileta de la cocina, 213, 215
Rolls de trigo integral y zanahora, 233, 235